天皇の軍隊と日中戦争

藤原　彰

大月書店

目次

【論　文】

【回　想】

【追　悼】

【論文】

凡　例

一、本書への収録にあたり、初出刊行物での明らかな誤字、脱字はことわらずに訂正した。
一、引用史料における旧字体はすべて新字体に改めた。
一、出典表示の形式は、それぞれの論文でまちまちであったものを、統一した形式に改めた。

天皇の軍隊の特色
――虐殺と性暴力の原因――

一 天皇の軍隊の成立

日本の軍隊が、世界に類をみないほどの不合理と暴力の組織となり、南京大虐殺に象徴されるような虐殺と性暴力を犯したのには、どんな原因があったのだろうか。本来日本人というのは温和な農耕民族で、残虐さがその本性ではないという民俗学者の意見があるぐらいなのに、どうしてアジア太平洋戦争で、非人道的な戦争犯罪を大規模に犯すことになったのだろうか。それを天皇の軍隊としての成立と、その発展の過程の中で探ってみることにしよう。

近世までの武士団に代って、日本の軍隊が西欧式の近代軍隊として発足するのは、明治維新直後からである。そのさいの特色として、天皇親率の軍隊であるという建前を強調し、徴兵制を採用して各層の人民から兵士を徴集した。このさい手本としたのはフランスの徴兵制度であった。

ところでフランスの徴兵制は、フランス革命によって生まれたものである。それまでの絶対王政の傭兵軍に代る革命政権の徴兵軍は、革命によって解放された農民層から徴集された兵士を基盤にしていた。すなわち、それまでの農奴身分から解放されて、独立自営の農民となった層が兵士の主体であった。彼らは革命によって成立したフランス国家を守ることは、解放された自分たちの身分と土地を守ることになるのを知っていた。それだから、自発的な戦闘意志と愛国心をもっていたのである。フランス革命に干渉して攻め込んでいたオーストリアやプロイセンなど周辺諸国の国王の軍隊である傭兵軍と、その点で決定的な差違があった。ナポレオンの初期の軍隊の連戦連勝の原因は、この兵士の自発性と愛国心にあったのである。

フランス革命と明治維新の違いは、農民解放を実現し、独立自営の農民層を生み出したかどうかにある。明治維新では、地租改正が示すように、封建的年貢は高率の地租に代ったが、農民の地位はいぜん極めて低かった。また地主小作制度を残したために、貧困な多数の小作農民を再生産することになった。さらに当初の徴兵制は、広汎な免役・代人の規定があり、官公吏、資産家、地主などは徴兵を免れた。結局徴集された兵士は、貧困な小作農民層に集中していた。彼らに独立自営農民を基盤にしたフランス国民軍にみるような自発的戦闘意志を期待することは不可能であった。

絶対主義傭兵軍の時代の戦術は横隊戦術であって、兵士はぎっしり隊伍を組み、軍楽隊による鼓舞で勇気を奮い立たせて、整列して敵に向かって前進したのである。ところが一八世紀から一九世紀に代る時期、産業革命の進展によって武器が進歩し、大砲や小銃の威力が増大した。密集した横隊は徒らに損害を招くので、兵士は損害を避けるために散開しなければならなかった。バラバラに散開してもなお敵に向かって進むためには、兵士個人の自発的戦闘意志が必要である。フランス国民軍はまさにこの時代の要請に適合したのである。

自発性を持たない兵士を、近代的な散開戦術の中で戦闘に駆り立てるためには、命令にたいする絶対服従を強制する以外にはなかった。世界各国の軍隊に比べても、とくにきびしい規律と教育によって、絶対服従が習性になるまで訓練し、強制的に前線に向かわせようとしたのである。そのためには、平時から兵営内で、厳しい規律と苛酷な懲罰によって兵士に絶対服従を強制した。それは兵士に自分の頭で考える余裕を与えず、命令に機械的に服従する習慣をつけさせるまで行なわれた。兵営内の内務班生活での非合理な習慣や私的制裁もそのためであった。「真空地帯」と呼ばれるような軍隊内での兵士の地位も、こうした絶対服従の強制のあらわれであった。このような兵士の人格の完全な無視が、日本軍隊の特色の一つである。すなわち厳しい規律と苛酷な懲罰によって、どんな命令にたいしても絶対に服従することを強制したのである。

二　近代日本社会の特徴と軍隊

こうした日本の軍隊を生み出した背景には、明治以後の日本社会の特徴がある。封建社会から近代への転換にさいして、ヨーロッパでもアメリカでも掲げられた理想は、人権と自由であった。フランス革命でもアメリカの独立でも、成立しつつある近代市民社会を基礎として、人権の確立と自由の獲得が目標とされたのである。ところが明治維新は、人権と自由を抜きにした近代化を目標としたものであった。そのスローガンは「富国強兵」であって、経済と軍事だけの近代化を目ざしたものであった。そこに抜け落ちていた人権と自由を獲得しようとしたのが自由民権運動だったが、その運動を弾圧することで成立したのが天皇制国家であった。一八八九年発布の大日本帝国憲法は、国民を「臣民」と呼び、見事に人権と自由を欠如させた欽定憲法だったのである。

一八七二年のマリア・ルーズ号事件（ペルー船が清国人奴隷を乗せて横浜に入港した事件）では、日本では国家が人身売買を公認していると指摘されて問題になった。政府は太政官布告で「芸妓娼妓」の解放令を出したが、遊廓を廃止する意志はなかった。遊女屋は貸座敷業者と名を変え、人身売買と公娼制度は、貧困な農村の存在と人権感覚の欠如を土台として、敗戦後まで存在しつづけたのである。

一般社会で人権が尊重されていなかったぐらいだから、強制と服従を主とする軍隊内では、兵士の人権はまったく無視されていた。一八七一年に軍紀維持のために制定された海陸軍刑律は、のちの陸海軍刑法の母胎となったものだが、刑罰の厳しさと、身分差別の大きさを特徴としている。刑罰を将校にたいするもの、下士にたいするもの、卒夫にたいするものに分け、将校には自裁、奪官、回籍、退職、降官、閉門の六種、下士には死刑、徒刑、放逐、黜等《ちゅつとう》、降等、禁錮の六種、卒夫には死刑、徒刑、放逐、杖刑、笞刑、禁錮の六種を課することにしていた。将校には自裁、閉門など武士道的刑を残す一方で、兵卒には杖刑や笞刑という奴隷制的な刑を課するものであった。この刑律は、一八八一年に陸、海軍各刑法に分離され、一九〇八年に全面的に改正し整備された。抗命や対上官犯罪などに極めて厳しいのが特徴で、軍刑法犯罪を裁く特別の裁判所として、陸海軍それぞれに軍法会議が設けられていた。

また刑法によらない軽易な非違にたいするものとして、一九一一年制定の陸、海軍懲罰令があり、陸軍では中隊長以上、海軍では分隊長以上の指揮官が、部下にたいする懲罰権を持っていた。これは裁判に依らないで、指揮官の判断で懲罰を課することができるもので、陸軍では三〇日以内の重・軽営倉、海軍では三〇日以内の拘禁などの種類があった。

こうした刑や罰のほかに、日常的に兵士を苦しめたのが、陸海軍ともに不法に行なわれていた私的制裁であった。軍隊経験者はいずれも、陰湿な私的制裁が初年兵にとっていかに苦痛だったかを語っている。つまり人権と自由を欠いた社会を反映して、軍隊内部はいっそう兵士の人権を無視した牢獄と化していたということができる。

三　アジア諸国民への差別意識

天皇制の軍隊は、早い時期から近隣のアジア諸国への侵略のための軍隊としての性格を持っていた。維新直後からの征韓論に見られるように、国内の矛盾を対外侵略に転化させる必要があったからである。一八七七（明治一〇）年西南戦争によって最後の士族反乱を鎮圧し、国内統一を達成すると、早くも隣国朝鮮へ目が向かい、対外軍備の強化が図られることになる。

朝鮮侵略の第一歩である一八八二と八四年の二度の京城事変（壬午事変と甲申事変）は、清国軍の武力に圧倒されて失敗したが、それ以後は朝鮮植民地化のための清国との戦争準備に国の総力をあげた。国民に最大限の負担を強いて軍備を大拡張し、一〇年間かかって近代化された陸海軍を整備した。

日清戦争は、小型ながら均衡のとれた近代的軍隊となっていた日本軍と、前近代的な老大国清国軍との戦いであった。一八九四年九月の陸軍による平壌の占領と、同時に起った黄海の海戦で簡単に決着がついた。この結果、イギリス帝国主義は、アジアにおける民族運動抑圧のための番犬として、日本を利用する道を選んだのである。

イギリスの支持のもとに、早熟な帝国主義国としての道を歩みはじめた日本の次の敵はロシアであった。

日清戦争勝利後の一〇年間は、対露戦準備のための期間となり、国民には「臥薪嘗胆」を説いて陸海軍を拡張した。

一九〇四〜五年の日露戦争は、日本の背後にはイギリス、アメリカ、ロシアの背後にドイツ、フランスのある帝国主義戦争であり、その餌食となったのは朝鮮や中国であった。この戦争は、日清戦争のような楽勝ではなく、大きな犠牲を払い、ロシア国内の革命情勢にも助けられて、ようやく勝利を得た。その結果朝鮮を植民地として獲得し、さらに南満州の利権を奪って中国侵略への足がかりをつかんだのである。

日露戦争後の日本の歩みは、一貫して中国への侵略の拡大であった。一九一二年清朝が滅亡し、中国が軍閥の抗争時代に入ると、これに介入して権益の拡大を図った。一九一五年の二一カ条要求いらい、中国への植民地拡大の動きは一貫している。

こうして日本が帝国主義国となり、朝鮮や中国を植民地としていく過程で、朝鮮人や中国人にたいする差別意識、蔑視感が育てられていった。もともと日本は長い歴史の中で、中国や朝鮮から多くのものを学んできた。稲作や鉄器の輸入にはじまり、文字も学問も宗教も文化もすべてが大陸からの輸入であった。だから日本人は、朝鮮や中国にたいして尊敬と親愛の情を持っていたはずなのである。

ところが明治維新以後、一転して日本が近代化の道を歩み、朝鮮や中国が封建社会にとどまっていたために、立場が逆になった。実は日本が先進国となったのは、経済と軍事の面だけだったことは前に述べた通りである。ところが、武力が優越しているだけなのに、文化も歴史もすべての面で日本が秀れているという意識が、政府によって国民に計画的に植えつけられていった。武力侵略を進めるためには、優越感と差別意識が必要だったのである。

また明治維新いらい日本が欧米に学び、多くの面で西洋にたいする劣等感を持ってきた。その裏返しが、アジアにたいする優越感となった面も大きい。「脱亜入欧」という言葉はその表現である。このアジア蔑視が、日清・日露戦争の勝利と、その後の中国侵略の進展によってさらに加重されたのである。

差別感はまた恐怖感にもつながる。関東大震災にさいし、民衆がおこした朝鮮人、中国人にたいする虐殺事件はそのあらわれである。官憲が民衆の反感をそらすために、意識的にデマをふりまいた面もあるが、差別していることの裏返しが恐怖感となり、デマに躍らされたのである。いずれにせよ隣人を軽蔑したり憎悪したりする悲しむべき意識が、計画的に育てられていたことも不幸の原因である。

このように、日本社会の中で育成されてきた隣国などのアジア人にたいする差別意識は、軍隊の中ではいっそう拡大した。侵攻し、占領した軍隊は、占領下の民衆にたいして優越感と支配者意識を持っている。それがかねてからのアジア蔑視と重なって、いっそう拡大することになる。朝鮮や中国での日本軍の現地民衆にたいする態度には、占領軍の支配者意識とアジア人蔑視が重なっていたのである。

さらに前に述べたように日本軍隊自体が自国民と兵士の人権を無視する構造をもっていた。兵士の人権を認めないぐらいだから、占領下の敵国民の人権など認めるはずがない。また抑圧された兵士は、その抑圧の捌け口をより弱い者である捕虜や占領下の民衆に向けることになる。アジア人蔑視に抑圧委譲の原理が重なって、日本軍の中国民衆への暴行が多発したといえよう。

四　生命の軽視

人権感覚を欠いた日本の軍隊は、兵士の生命を軽視する点にも特徴があった。貧困な国民大衆から、一片の令状でいくらでも兵士が補充できるとして、その生命をきわめて軽く扱ったのである。

創設期の軍隊の基幹となったのは旧武士階級であり、彼らの精神的基盤として武士道があった。武士道の大きな特徴は、「葉隠」が言うように「武士道と云は死ぬ事と見付けたり」とする、死を恐れず、潔いものとすることにあった。一八八二年に天皇が下付し、日本軍隊の金科玉条とされた軍人勅諭にも、「死は鴻毛よりも軽しと覚悟せよ」と、生命を惜しむなと説いている。明治維新後急速に普及した義務教育においても、日本国民としての最大の栄誉は、兵士となって天皇のために死ぬことだと教えている。

兵士の生命を尊重せず、生命を守る配慮に極端に欠けていたのが日本軍隊の特徴であった。圧倒的勝利に終った日清戦争をみてみると、日本陸軍の戦死、戦傷死者はわずか一四一七名に過ぎないのに、病死者はその一〇倍近くの一万一八九四名に達している。また患者総数は延べ一七万一一六四人に達し、出動部隊の総人員一七万三九一七人に匹敵する数となっている。これは軍陣衛生にたいする配慮が不足し、兵士に苛酷劣悪な衛生状態を強いた結果である。

日清戦争では悪疫疾病に兵士を斃したが、日露戦争の場合は兵士を肉弾として戦い、膨大な犠牲を出した。火力装備の劣る日本軍は、白兵突撃に頼るばかりで、ロシア軍の砲弾の集中と、機関銃の斉射になぎ倒された。ベトンで固めた旅順要塞にたいし、銃剣だけに頼る決死隊の総攻撃をくりかえして死体の山を築いたのであった。

旅順だけでなく、遼陽や奉天の会戦でも、日本軍は肉弾突撃をくりかえし、莫大な犠牲を払ってようやく勝利を得ている。この戦争は、砲火の威力の増大、とりわけ機関銃の出現による損害の増加で、軍事史の上に画期を示し、各国軍の戦法にも変化をもたらしたのである。ところが日本軍は、その変化を受け容れなかった。損害を物ともせず、生命をかけて肉弾突撃をする攻撃精神こそが勝利の要因だと信じたのである。

日露戦争後の日本軍は、科学技術の進歩、兵器の発達による殺傷威力の増大にもかかわらず、白兵突撃万能主義を堅持し、精神力こそ勝利の最大要素だと主張しつづけた。その点では第一次世界大戦の教訓も学ばなかった。兵士の生命の軽視を土台にした白兵突撃と精神主義の強調が、アジア太平洋戦争における大きな犠牲につながるのである。

兵士の生命の軽視がもっとも極端に現れたのが、補給の無視であった。兵士の健康と生命を維持するために欠かせないのが、兵站線の確保であり、補給、輸送の維持である。ところが精神主義を強調する日本軍には、補給、輸送についての配慮が乏しかった。「武士は食わねど高楊子」とか、「糧を敵に借る」という言葉が常用されたが、それは補給、輸送を無視して作戦を強行することになるのである。

日中戦争における日本軍は、上海から南京への進軍に典型的にみられるように、補給を無視し、功を競って突進をつづけた。食糧はすべて現地物資に頼ったのである。それは徴発という名の掠奪であった。民衆から食糧、燃料を掠奪しながら南京攻略が進展したことが、南京大虐殺の原因の一つであることは明らかである。

物資豊富な中国での食糧の現地調達に慣れた日本軍は、太平洋の戦場でも補給無視の兵力派遣をくりかえした。ガダルカナルやニューギニアでの大量餓死の悲劇は、兵士の生命の軽視のもたらした究極の姿である。アジア太平洋戦争における日本軍の死没者二三〇万人の半数以上が、餓死か栄養失調を原因とする病死である事実を直視しなければならない。

自国軍の兵士にたいしてさえこのような処遇をしていた軍隊が、敵国軍の捕虜や占領下の人民をどう扱ったかは、言わずと明らかであろう。

五　服従の強制とその責任

兵士の自主性を認めず、その生命を軽視している日本の軍隊が、その存立の基礎として重要視したのは、軍紀を確立し、絶対服従を強制することであった。

かつての軍隊経験者が、異口同音に述べることは、内務班生活での苛酷な私的制裁と、理不尽な服従の強制についてである。日露戦争後の一九〇八年に改定された『軍隊内務書』は、その綱領第一に「軍紀ハ軍隊成立ノ大本ナリ　故ニ軍隊ハ必ス常ニ軍紀ノ振作ヲ要ス　将校ト下士官トヲ問ハス時ト所トヲ論セス上官ノ命令ニ服従シ法規ヲ恪守シ熱誠以テ軍務ニ努力ス　之ヲ軍紀振作ノ実証トス　而テ服従ハ軍紀ヲ維持スルノ要道タリ　上官ト部下トノ間ニ於テ絶対ニ之ヲ励行シ慣習遂ニ其性ヲ成スニ至ラシムルヲ要ス」と示していた。すなわち、絶対服従が慣習となるまでに、兵営生活の中で習熟させるのだとしている。軍隊内務（兵営での日常生活のこと）とは、兵士の自我を徹底的に抑圧し、命令にたいする絶対服従が本能的習慣となるまでに習熟させる訓練場だったのである。

服従を強制するために、命令に権威を持たせることが必要であった。軍人勅諭の中の「下級のものは上官の命を承ること実は直に朕が命を承る義なりと心得よ」という言葉が金科玉条とされ、その遵守を求められたのである。命令に関しては、是非や合理性を問題にすることは許されず、無条件で服従することが要求され、「抗命」は重い軍刑法犯罪とされていた。

服従の強制とともに強調されたのは、天皇を頂点とする指揮命令系統、すなわち統帥系統を重視することである。上から下への師団、旅団、聯隊、大隊、中隊という直属の指揮系統は、もっとも尊重すべきものとされ、下級者にとって直属の上官は、神の如き絶対者とされた。初年兵が入営したとき、真っさきに憶えさせられるのは、師団長以下の直属上官の官姓名であったことに、この指揮系統の重視の考え方があらわれている。

軍部が政治に介入し、国策を左右するようになってからは、天皇の統帥権の確立ということが、軍の権威と権力を保障する武器となったことは周知の通りである。統帥権の独立ということを楯として、軍部は政府や財界の関与を排除し、その独裁体制を樹立していったのである。

指揮命令系統すなわち統帥権が尊重されているということは、当然責任を伴うはずである。命令は絶対であり、それへの服従が強制される代りに、命令の結果の責任は、指揮官が負うべきものである。その行きつくところは直属の上長、最終的には天皇に至るはずである。すなわち軍隊では、命令なしの行為は存在せず、個々の兵士の命令にもとづく行為まで、すべて指揮官が責任を負うものであった。

ところが天皇制国家は、天皇の「神聖不可侵」を原則とし、天皇の責任を問うことができない「君主無答責」の建前をとっていた。すべての行為は指揮命令系統にもとづくものとしながら、最高責任者である天皇は責任を問われないという無責任きわまりない体系であった。つまり責任はすべて指揮官にありながら、最高指揮官である天皇に責任はないという矛盾にみちた原理に立っていたのである。

陸軍ははじめはフランス陸軍にならっており、その陸軍日典を翻訳したものが軍隊内務書の原型となっている。そこでも服従が強調されているが、「下の者命令の不都合を訴ふる事あらば、先づ其命令に服従し然る後ならでは訴ふる事を許さず」と、不都合な命令については訴える余地を残していた。しかし日露戦争後の内務書の改定では、命令にたいする絶対服従が強調され、訴えの余地はなくなっている。不正不合理な命令でも、服従が強制されるようになったのである。この点が欧米の軍隊との大きな違いで、不正な命令への服従の是非は、戦後のＢＣ級裁判での大きな争点であった。この点でも天皇を頂点とする指揮系統の責任は大きいと言えよう。

六　軍隊の拡大と軍紀の崩壊

日中戦争開始後の日本軍は、思いもよらぬ戦争の拡大と、それに伴う軍隊の急膨張による矛盾をかかえることになった。辛亥革命後の中国が、軍閥間の抗争に明け暮れていたこと、日本国内で中国にたいする差別感が育てられていたこともあって、日本の政府や軍の指導者の間には中国にたいする蔑視感がひろがっていた。一九三一年の満州事変による中国東北の占領にたいしても、中国国民政府が抵抗しなかったことにより、こうした蔑視感はいっそう強くなった。

一九三七年盧溝橋事件がおこると、近衛文麿首相、広田弘毅外相ら政府首脳も、杉山元陸相ら軍中央部も、一撃を与えれば中国は簡単に屈伏するだろうと甘くみていた。陸軍の中にも、参謀本部の作戦部長石原莞爾少将などの現地解決を図る不拡大派があった。石原は、日本軍としては対ソ戦の準備に専念すべき時期なのだから、中国と事を構えて、ナポレオンがスペインに深入りしてゲリラ戦に悩まされたような失敗を冒すべきではないと主張していた。ところが近衛、広田、杉山らの拡大派は、中国の抵抗力を見くびって、内地から増援部隊さえ送れば事件は簡単に片付くと予想し、不拡大派を押えて派兵を強行したのである。

だがこのとき、一九三七年の中国は、六年前の満州事変のときの中国とは異なっていた。日本の侵略がつづく中で、中国国民の民族意識はようやくたかまり、抗日のための民族統一の動きが大きな流れとなっていた。政治的にも軍閥割拠の状態から抜け出し、国民党と共産党との第二次合作に向かっていた。経済的にも英米の援助による幣制改革が成功し、統一市場が成立しつつあった。かつての分裂国家から、近代的国民国家へと転換しはじめていたのである。

拡大派が二カ月で片付くと予想した戦闘は、中国軍の烈しい抵抗で思いもかけない規模に拡大することになった。とくに上海に戦火が波及してからの激戦で、日本軍の苦戦がつづき、次々に増援兵力を送らなければならなくなった。このため兵力も、弾薬や資材も、予想もしなかった規模にふくれ上った。

もともと日本陸軍は、対ソ戦争を第一の目標としていた。中国との戦争が拡大しても、対ソ戦の準備を怠るわけにはいかなかった。そして対ソ用の現役師団をなるべく動かさないで中国に兵力を送るために、特設師団を多数動員した。特設師団というのは現役二年、予備役五年半を終了したあと、一〇年間服する年齢の高い後備役兵を召集して臨時に編成する部隊である。一九三七年後半から三八年にかけて、多数の特設師団が中国に派遣されることになった。現役を終ってから数年から十数年も経ってから召集された兵士たちが、特設師団の主力を構成していたということになる。また彼らの多くは、結婚して三人も四人も子供があるのが普通だった。「後顧の憂い」の多い兵士たちだったといえる。上海の激戦で生じた数万の戦死者の多くが、こうした後備兵だったのである。それだけに士気の衰え、軍紀の弛緩が生じやすかったのである。

軍隊の急速な拡大による素質の低下、士気、軍紀の弛緩も、掠奪、暴行などの戦争犯罪を多発させる原因を作ったといえる。

七　虐殺とその責任

以上は日本の軍隊、すなわち天皇の軍隊の特色を、人権の無視と生命の軽視、アジア諸国民への蔑視、軍紀の崩壊などの面から概観した。次にアジア太平洋戦争における日本軍の戦争犯罪の具体例、とくに虐殺と性暴力の二点を考察することとする。

虐殺の問題では、もっとも組織的で大規模な例として、南京における捕虜の殺害を取り上げてみよう。言うまでもなく捕虜は、日本政府も加入し批准している「陸戦の法規慣例に関する条約」などで、人道的に処遇すべきことが定められている。日本はみずからを近代国家として世界に認知させようとしている時期は、戦時国際法の遵守を心がけており、天皇の日清、日露、第一次大戦の宣戦の詔書には、国際法を守れという言葉が入っていた。そして日露戦争におけるロシア人捕虜、第一次大戦におけるドイツ人捕虜を好遇したとされている。しかしここでも、アジア人にたいする二重基準が存在しており、日清戦争では旅順で清国兵捕虜の虐殺が行なわれている。

満州事変後の一九三三年、陸軍歩兵学校は、『対支那軍戦闘法ノ研究』という参考書を配布した。その中に「捕虜ノ処置」という項目があり、次のように書かれている。

捕虜ハ他列国人ニ対スル如ク必ズシモ之レヲ後送監禁シテ戦局ヲ待ツヲ要セズ、特別ノ場合ノ外之レヲ現地又ハ他ノ地方ニ移シ釈放シテ可ナリ支那人ハ戸籍法完全ナラザルノミナラズ特ニ兵員ハ浮浪者多ク其存在ヲ確認セラレアルモノ少キヲ以テ仮リニ之レヲ殺害又ハ他ノ地方ニ放ツモ世間的ニ問題トナルコト無シ

すなわち中国兵の捕虜は、他国人のように国際法にもとづく処置をしなくてもよい、殺しても問題にはならないと教えているのである。

日中戦争がおこり、華北で日本軍が総攻撃を行なった直後の三七年八月五日、陸軍次官は支那駐屯軍参謀長あてに「陸支密第一九八号　交戦法規ノ適用ニ関スル件」として、次のような通牒を出した。

一、現下ノ情勢ニ於テ帝国ハ対支全面戦争ヲ為シアラザルヲ以テ「陸戦ノ法規慣例ニ関スル条約其ノ他交戦法規ニ関スル諸条約」ノ具体的事項ヲ悉ク適用シテ行動スルコトハ適当ナラズ

これにつづいて「例へバ、戦利品、俘虜等ノ名称ノ使用」はなるべく避けるようにと指示している。つまりこの「事変」には戦時関係法は適用しない。「俘虜」(捕虜の軍用語)という言葉は使うなと指示したのである。こうした指示を受けた第一線の部隊は、捕虜は作るな、殺してしまえというのが、軍の方針だと受け取るのは当然であった。

上海の戦闘で中国軍の主力を取り逃した日本軍は、南京攻略にさいしては完全な包囲作戦を計画した。中国軍側も、首都である南京を最後まで固守しようとしたため、一〇万もの防衛軍の大半が逃げ遅れて、日本軍に捕えられた。この大量の捕虜が虐殺の犠牲となったのである。

日本軍の最高指揮官である中支那方面軍司令官松井石根大将にも、国際法にもとづいて捕虜を処遇しな

ければならないという認識は乏しかった。戦後の回想の中で「さういふやうな勢で捕虜も相当出来たけれども、捕虜に食はせる物もない。さういふ状態で戦闘しつゝ捕虜が出来るから捕虜を始末することが出来ない。それでちよん斬つてしまうといふことになつた」と述べている。軍中央の最高司令官がこのような認識しか持っていなかったことが、捕虜の大量虐殺につながったのである。

上海派遣軍の情報主任参謀長勇中佐が、捕虜は皆殺せと電話で勝手に命令していたという証言もある。同軍隷下の各部隊にも、捕虜を殺せという命令があったという証言が多い（藤原彰『南京の日本軍』大月書店、一九九七年、に多くの例を紹介した）。

軍の中央部や上級指揮官の、中国軍捕虜にたいするこのような意識が、捕虜の大量虐殺の最大の原因だったということができる。さらにこのときの日本軍が、上海の激戦で大きな損害を受け、中国軍にたいする敵愾心に燃えていたこと、前にあげたように、中国人にたいする差別意識をもっていたこともあって、個人でも捕虜や住民の虐殺に走ったのである。

南京大虐殺が、日本軍の組織的犯罪であるとされるのは、捕虜の大量殺害があるからだが、それ以上に、一般民衆にたいする虐殺として問題なのは三光作戦である。中国共産党とその軍隊である八路軍が、日本軍の戦線の背後に浸透して解放区、遊撃区を作り上げたのにたいして、日本軍とくに華北の北支那方面軍は、一九四一年ごろから大規模な治安粛正作戦を行なった。これは日本軍自らが、燼滅掃蕩作戦（焼きつくし、滅ぼしつくす作戦）と名づけたことでも示されるように、抗日根拠地を徹底的に破壊焼却し、無人化する作戦であった。実際に北支那方面軍は、広大な無人地帯を作ることを作戦目的に掲げている。中国側はこれを「三光政策」（殺しつくし、奪いつくし、焼きつくす政策）と呼んだのである。

三光作戦は、南京大虐殺のような衝撃的な事件ではないが、長期間にわたり、広大な地域で展開されたので、虐殺の被害者数もはるかに多くなっている。その詳細はこれからさらに解明されなければならないが、姫田光義『「三光作戦」とは何だったのか』(岩波ブックレット、一九九五年)、笠原十九司『南京事件と三光作戦』(大月書店、一九九九年)などのすぐれた解説書があり、私も「『三光作戦』と北支那方面軍」(『季刊戦争責任研究』第二〇、二一号、一九九八年六月、九月)で、その軍事的側面を解明した。南京大虐殺も三光作戦も、日本軍が組織的に展開した虐殺であり、その戦争犯罪の典型といえよう。

八　性暴力とその背景

アジア太平洋戦争における日本軍の戦争犯罪の中で、もっとも解明が遅れているのは強制連行、強姦、輪姦、強姦殺害、強制性奴隷などの性暴力である。これは加害者側が記録を残さないこと、被害者側も告発しにくい事情があることなどによって、一九九〇年代になって、ようやく問題にされはじめた分野なのである。

家永教科書裁判の第三次訴訟の争点の一つは、南京における日本軍の強姦についてであった。家永教科書の原稿が、南京占領のさいに「日本軍将兵のなかには中国婦人をはずかしめたりするものが少なくなかった」となっていたのを、文部省の検定では、「軍隊において士卒が婦女を暴行する現象が生ずるのは世界共通のことであるから、日本軍についてのみそのことに言及するのは、選択・配列上不適切であり、また特定の事項を強調しすぎる」という修正意見(書き直さなければ不合格になる)をつけ、削除させられたのである。私はこの裁判の第一審で家永側の証人になり、意見書を提出するとともに証言を行なった(本多勝一編『裁かれた南京大虐殺』晩聲社、一九八九年)。

しかしアジア太平洋戦争における日本軍の性暴力の実態は、文部省のいうようなどこの軍隊にも共通するような生易しいものではなかったし、その一端が最近ようやく明らかにされつつある。この裁判でも、一九九三年一〇月二〇日の東京高裁における控訴審判決で、「南京大虐殺」と「婦女への暴行」の二点の記述の検定は違法であると判定され、文部省は上告しなかったので確定した。すなわち、少なくとも日本軍将兵による強姦の存在を、裁判も政府も認めたのである。

前にあげた日本軍の人権感覚の欠如、アジア人への蔑視、それに加えての軍紀の崩壊によって、アジア太平洋戦争での日本軍の性犯罪は夥しい数に上っていたはずである。ただ性犯罪は、その性質上実態の解明がきわめて困難である。

一例をあげると、一九三七年一〇月杭州湾に上陸し、南京攻略戦に参加した第十軍の場合、軍法会議を管轄する法務部の陣中日誌が残されている(『続・現代史資料・軍事警察』みすず書房、一九八二年)。それによると、三八年二月までの被告事件中強姦は既決二二人、未決二人となっている。また三七年一二月二〇日付の同軍参謀長の麾下部隊宛通牒で、次のように注意を促している。

掠奪婦女暴行放火等ノ厳禁ニ関シテハ屢次訓示セラレタル所ナルモ、本次南京攻略ノ実績ニ徴スルニ婦女暴行ノミニテモ百余件ニ上ル忌ムベキ事態ヲ発生セルヲ以テ、重複ヲモ顧ミズ注意スル所アラントス

参謀長の通牒と軍法会議にかかった数との間に大きな差があるのは、事件が表面化するのはごく一部で

あることを示している。

強姦が刑法による親告罪であるので、被害者が訴え出ることが少なく、事件となるのが少ないのである。また幹部の中には、事件になると面倒だから、強姦したあと殺してしまえと指導する者が多かったとも語られている。事件化したのは、九牛の一毛に過ぎなかったといえるであろう。

アジア太平洋戦争、とりわけ中国戦線における日本軍の戦争犯罪の特徴は、性暴力の異常な多さである。前掲の笠原『南京事件と三光作戦』は、中国側の調査研究にもとづいた日本軍の性暴力の実態の一端を明らかにしているが、その内容は目を蔽うばかりである。軍の性犯罪の異常さとその膨大さは、特筆されなければならないであろう。

この日本軍の性暴力の多出の背景には、すでに述べてきたこの時期の日本軍の特質がある。すなわち近代日本の社会と、その中での軍隊が、著しく人権感覚を欠如していたこと、その中でアジア諸民族にたいする差別意識が意図的に養われたことなどが、性犯罪の背景にあったといえる。さらに予期しない戦争の拡大によって、軍隊が膨大な数に拡大し、素質、訓練が低下して、軍紀が乱れていったことも、性犯罪多出の温床になったのである。

こうした背景があったにせよ、日本軍の性犯罪多出の主要な責任が、軍中央部や現地の高級指揮官にあったことも疑いのない事実である。すなわち軍の基本は、戦闘第一主義であるとし、人権や人道を軽視していたことである。最後の支那派遣軍総司令官であった岡村寧次大将は、戦後の一九五四年四月一八日偕行社で行なった講演で、武漢作戦の前に第十一軍司令官になったときのこととして、次のように語っている。

軍司令官着任后先ず某師団長を訪問したところ、同師団長は「私の師団の将兵は戦闘第一主義に徹し、勇剛絶倫なるも掠奪、強姦等の非行を軽視し、団結心強きも排他心も強い。南京事件は前師団長時代のことであるが相当暴行をしたことは確実である云々」と、公平率直に報告した。

前後の関係から、この某師団長というのは、第六師団長稲葉四郎中将であり、前師団長とは、戦後の南京での、中国国民政府側の戦犯裁判で死刑になった谷寿夫中将のことである。当時の軍の高級幹部が、戦闘第一主義で、強姦は必要悪として軽視していたことが現れている。

岡村はさきの講演のつづきで、さらに次のようにも述べている。

当時各兵団は数十名の慰安婦を同行していた。兵站の重要なる一機関になっているが、強姦予防のために上司も黙認と云ふ有様であったのである。日露戦争時代には慰安婦の同行は無かったが強姦も無かったのである。

我が陸軍では、昭和七年春第一次上海事変の際、海軍側に倣って、公然慰安婦を設けたのが最初である。その当時極めて少数ではあったが、強姦罪が発生したが、此慰安婦を始めてからは、全く此犯罪が無くなったのを記憶している。然るに昭和十二年の今日慰安婦を同行しても、なお多くの強姦する者を続出するのである。

すなわち、南京攻略戦後は「慰安婦」が制度化していたが、性犯罪は続出していたとしている。軍が性犯罪防止のためにとった唯一の対策が、それ自体がよりひどい性犯罪というべき「慰安婦」すなわち性奴隷制度だったことが、ここに示されているといえよう。軍の中央部は、人権や人道、さらには国際法を無視し、第一線部隊の性犯罪防止にたいする配慮を怠った責任を免れることはできない。それどころか、唯一の対策として、「慰安婦」、「慰安所」という性奴隷制度を組織的に採用した戦争犯罪を犯したのである。その歴史を明らかにし、責任を追及することは、まさに現代の課題であろう。

VAWW-NET Japan 編『加害の精神構造と戦後責任』(緑風出版、二〇〇〇年)、所収

南京攻略戦の展開

一　南京戦の開始

一九三七年一二月一日、大本営は大陸命第七号で中支那方面軍の戦闘序列を発令し、さらに大陸命第八号で「中支那方面軍司令官ハ海軍ト協同シテ敵国首都南京ヲ攻略スベシ」と命令した[1]。南京攻略がはじめて正式に命令されたのである。

だが大本営が南京攻略の命令をだした一二月一日には、すでに上海派遣軍も第一〇軍も、南京へ向かって進撃しつつあった。大陸命にもとづいた同日付の中支那方面軍の命令は、上海派遣軍にたいしては、一二月五日ごろ主力の行動を開始し、重点を丹陽、句容道において磨盤山山系西方に進出するとともに一部で揚子江左岸より敵の背後を攻撃すること、第一〇軍にたいしては、一二月三日ごろ主力の行動を開始して、主力は溧水、一部は蕪湖へ進出することであった[2]。しかしすでに両軍は、この命令に先立って南京へ向かって急進していたのである。上海派遣軍は一一月二九日常州に進出してなおも前進中であり、一二月二日には方面軍命令が五日以後の行動を指示していた丹陽を占領した。第一〇軍は一一月三〇日には広徳を占領し、軍司令官柳川平助中将は、「独断をもって南京に向かう追撃準備を促進せんとす[3]」、と称して前進を部署していた。つまり大本営や中支那方面軍の命令をまたずに、両軍は事前に南京に向かっての進撃をはじめていたのである。

一二月一日付の方面軍の命令の意図は、一挙に南京へ進むのではなく、南京の防衛陣地の前面でいったん態勢を整えるとともに、南京にたいする完全な包囲網を完成して、防衛軍の殲滅を図ろうとしたものであった。ところが南京一番乗りの功名心にかられた第一線部隊は、方面軍の統制を超えて急進をつづけた。こうして上海戦にひきつづいて、十分な準備が整わないままに南京攻略戦がはじまることになったのである。

本書*「上海戦と南京進撃戦——南京大虐殺の序章」で述べているように、上海派遣軍は上海から南京への進路で、第一〇軍は金山衛に上陸してからの道筋で、いたるところで略奪・強姦・放火・虐殺を重ねていた。すでに吉田裕『天皇の軍隊と南京事件』（青木書店）や、本多勝一『南京への道』（朝日文庫）が主張しているように、南京大虐殺をとりあげるときには、当然この南京への進路での出来事をも問題にすべきである。

＊（編注）この論文のなかで「本書」とあるのはすべて『南京大虐殺の研究』（晩聲社、一九九二年）のことである。

ところで、南京大虐殺、あるいは南京事件として被害者の数をあげる場合、地域と場所についてはどの範囲が適当であろうか。上海でも南京への進路でも事件がおこっているのだから、そのすべてを集計しなければならないのだが、南京の名を冠するのはどの範囲かを一応はきめておくべきであろう。つまり、南京戦というのはどこからどこまでかということでもある。日本側にとっては南京攻略戦が、中国側にとっては南京防衛戦が、どこからどこまでで、何時から何時までなのかを区切っておくべきである。そこで本稿では、南京攻略戦と呼ぶのは、次の範囲の時期と地域とする。

時期としては、大本営および中支那方面軍が南京攻略を命令した一九三七年一二月一日から、南京城を占領し、城内の治安粛正工作が一段落したと日本側が認めた翌一九三八年一月五日までとする。範囲としては、一二月一日ごろに日本軍の先頭が前進しつつあった常州から広徳の線が、ほぼ中国軍の南京外郭防衛線である南京市外囲線にあたるので、この線から揚子江の両岸までの地域とする。この範囲での日本軍の行動を、南京攻略戦としてとりあげることにする。

一二月一日の方面軍命令にもとづき、上海派遣軍は第一六師団、第九師団を並列して、南京へ向かって磨盤山山系に進出させ、天谷支隊と第一三師団を揚子江の北岸に進出させるため、鎮江に前進させた。第一〇軍は第一一四師団、第六師団を並列して、南京へ向かって溧水付近に進出させ、第一八師団を蕪湖付近に進出させるとともに、国崎支隊を揚子江を渡って浦口に進出するよう準備させた。また河用砲艦からなる海軍の第一一戦隊も、南京に向かって揚子江を遡江した。

このように中支那方面軍の南京攻略計画は、首都南京を完全に包囲して、中国南京防衛軍の殲滅を図ろうとするものであった。上海戦線の中国軍が、第一〇軍の杭州湾上陸による背後の遮断を恐れて、いちはやく総退却したのにかんがみ、今度は完全な包囲網をつくりあげようとしたからである。

南京の地形は、北方と西方を大河揚子江に扼されており、東方と南方から進撃する日本軍にとって、揚子江の障害を利用して包囲することが容易であった。また本書Ⅲ部の笠原論文が明らかにしているように、当初の中国側の防衛計画は、地形上の不利を忍んでも首都南京を固守することであった。そのことも、日本軍の包囲網完成にとり有利であった。こうして、南京防衛軍の大半が日本軍の包囲から脱け出すことができず、それが大量の捕虜が生じた原因となった。そのうえ南京は、首都として多数の市民を擁しており、その多くが逃げ道をふさがれて市内に残留していたから、いっそう惨劇の規模を大きくしたのである。

二　南京攻略戦の作戦計画

このように南京攻略戦は、きわめて準備不十分なままで開始されたのであった。仮想敵国のソ連軍については研究を重ね、綿密な作戦計画をたてている参謀本部も、中国軍との戦争を本格的に検討してはいなかった。もともと対中国戦争についての本格的な作戦計画は、存在していなかった。一九一八年帝国国防方針、所要兵力、用兵綱領の補修および改定が行なわれた際に、仮想敵国は「露、米、支」となってはじめて中国が加えられ、さらに一九二三年にも改定が行なわれて「米、露、支」が仮想敵国とされた。しかし仮想敵国にあげたからといって中国にたいしては、国家対国家としての全面的な戦争計画がたてられていたわけではなかった。年度作戦計画のなかに必要な地域に出兵して要地を占拠する策案がある程度であった。これは中国を近代的統一国家としては認めず、軍閥割拠の地方分権状態にあるという考え方にもとづくものであった。「要するに対支作戦の全般にわたり、対支武力行使の必要な動機、中国国内政情、第三国の態度など、その他幾多確定不能の要素があるので、計画の具体的部分ははなはだ少なく、多くは臨機にこれを定められることにした」とされている(4)。

満州事変後の新たな情勢のなかで、一九三六年六月三日、帝国国防方針および用兵綱領に第三次の改定が行なわれた(5)。はじめはこのなかの、用兵綱領の「支那」にたいする作戦については、『戦史叢書』では資料が失なわれているので推測で作成したとなっていた。その後の島貫武治執筆「国防方針、所要兵力、

用兵綱領の変遷」によるものは、次のようになっている。(6)

支那ヲ敵トスル場合ニ於ケル作戦ハ左ノ要領ニ従フ
北支那、中支那及南支那地方中情勢ニ応ジ所要ノ方面ニ於ケル敵ヲ撃破シ諸要地ヲ占領スルヲ以テ目的トス　之カ為陸軍ハ海軍ト協同シテ所要彊域ノ敵ヲ撃破シ諸要地ヲ占領ス
海軍ハ敵艦隊ヲ撃滅シ支那沿海及揚子江水域ヲ制圧シ陸軍ト協力シテ所要ノ要地ヲ占領ス

さらに参謀本部では、この用兵綱領を基礎として、「昭和十二年度対支作戦計画」を、一九三六年八月ごろ策定した。(7)それによると、「北支に作戦する場合」には、従来の二個軍（五個師団）のほか、状況によってさらに三個師団を増加し、必要に応じ「北支五省」に作戦を進めることもありうるとした。「中支」にたいしては、従来の第九軍（三個師団）による上海付近を占領する計画に加えて、新たに第一〇軍（二個師団）を杭州湾に上陸させ、両軍策応して南京に向かい作戦し、上海、杭州、南京をふくむ三角地帯を占領、確保するよう計画した。そしてこの場合は、「北支那方面」など他方面にたいする作戦は行なうべきではないとした。「南支那」にたいする作戦計画は、前年度通り一個師団で、主力福州、一部厦門、要すれば汕頭を占領するものであった。

この作戦計画で、はじめて華北五省の占領や、南京の攻略などという具体的でかつ積極的な内容があらわれた。これは同じ三六年八月に広田内閣が策定した「第二次北支処理要綱」に呼応したもので、華北五省に防共親日地帯をつくるという華北分離工作を支援するものであった。また上海付近への派兵を南京占領にまで拡大したのは、この方面の中国軍の防備態勢の強化に対応したものであった。

しかしこのような参謀本部の事前の作戦計画も、上海派遣軍の編成から南京攻略にいたる現実の作戦の推移も、中国の現状にたいする認識を大きく誤っていた。一九三五年一一月の国民政府による幣制改革、同年一二月の一二・九運動をきっかけとする抗日民族運動の昂揚などにより、中国の「統一化」が急速に進展しつつあった。一九三六年一二月の西安事件は、日本が期待したような中国の分裂をもたらすどころか、第二次国共合作への道を拓く契機となった。そして三七年七月以来の日本の侵略開始によって、抗日民族統一戦線が最終的に成立した。中国が全民族的な抗戦体制をつくりあげているとき、もはや局地に作戦を限定できるはずはなかったのである。

このように、日本陸軍はもともと中国を統一国家として認識せず、中国を仮想敵国としていながらも、本格的な戦争計画をたてることなく、局地の占領を計画していただけであった。ようやく南京占領をふくむ、華中への派兵を計画した一九三七年度作戦計画の場合でさえも、中国との全面戦争という事態を予想したものではなかった。つまり、首都南京の攻略戦のもっている意味が、作戦の責任機関である参謀本部にさえも十分に理解されていなかったのである。

一九三六〜三七年のころは、五〇〇〇年の歴史をもち、五億の人口を擁する大国である中国が、まさに近代的統一国家への道をはじめて踏み出したときだったのである。統一へ向かっての民族的昂揚は、日本の侵略にたいする抵抗のなかで燃え上っていた。このことへの十分な認識なしに、上海戦線での中国軍の崩壊を見てずるずると南京攻略戦へなだれ込んでいったのが日本軍の作戦の実情であった。

このことのなかに、南京大虐殺を生み出す原因がふくまれている。第一は、中国への軽視観、蔑視観から、近代国家の首都へ攻略戦をすすめるにあたっての国際法への配慮が、きわめて不十分であったことである。この点については別に後で述べられるが、一般民衆や外国公館、居留民にたいしての戦禍の波及を避ける配慮が、極端に乏しかったことは明らかである。

上海の戦況を打開するため、第一〇軍を杭州湾に上陸させ、さらに上海派遣軍と第一〇軍を統一指揮するために、一一月七日、中支那方面軍の編成が命令された。しかしこの方面軍の編成は、きわめて変則的であった。司令部の機構は小さなもので、多くは、上海派遣軍司令部の人員が兼務していた。参謀長以下数人の参謀だけが新たに任命されたが、参謀長は、参謀本部第三部長塚田攻少将、参謀副長は、参謀本部第三課長武藤章大佐、以下の参謀も、いずれも参謀本部の職員で、参謀本部に籍をおいたまま、出張の形式で派遣された。方面軍は、直属の兵站部隊などをまったくもっていなかった。これは、上海から遠くへ進攻するつもりはなく、後方が局限されていたからである。こうした編成の方面軍が、騎虎の勢いで南京に殺到したのだから、後方の準備がまったく欠け、外交や渉外の機能もほとんどもっていなかった。しかも南京にあった公使館、上海にあった総領事館をはじめとする外務省の機関との連繋も悪かった。悪いというより、軍は外交官を邪魔もの扱いにし、暴行を制止しようとした外交官が、身の危険を感じるほどだったと報告している。

第二に、方面軍も軍も、軍紀風紀対策についての配慮が足りなかった。方面軍にはもともと、直属の憲兵がなく、両軍のごく少数の憲兵で、数万の大軍の取締まりを行なうことは不可能に近かった。第一〇軍に従軍した憲兵の上砂勝七も「何分数個師団二十万の大軍に配属された憲兵の数僅かに百名足らずでは、如何とも方法がない(8)」と、取締まりの困難を慨嘆している。

このように、中国を仮想敵国に加えながらも、ソ連重視、中国軽視の陸軍の考え方から、南京攻略作戦についての計画や準備が、きわめて不十分であった。さらに作戦軍の後方、兵站がほとんど準備されていないのに、両軍は功を急いで補給を無視して急進撃した。こうしたことから、食糧の多くを徴発にたよらざるを得なくなった。これが住民との接触をふやし、掠奪、暴行の機会も多くなった一因ということができる。

三　南京の攻略戦

中支那方面軍の一二月一日の命令は、磨盤山山系から溧水の線、すなわち南京の外郭陣地の前面に両軍を一旦停止させて、そこで攻略を準備させようとするものであった。しかし上海派遣軍の第一六、第九師団、第一〇軍の第一一四、第六師団は、轡を並べて南京に向かって進む形となった。各部隊はいずれも「南京一番乗り」の功名心にかられ、停止線を無視して先を争って急進した。

方面軍は一二月四日両軍の南京攻略準備の線を統制し、さらに七日、南京の攻略および入城を統制するための「南京城攻略要領」を示達した。そして九日、中国側の南京防衛軍に開城を勧告したが、一〇日正午の期限までに回答がないとし、一〇日午後一時攻撃続行を命じた。

第一線の各師団は、方面軍や軍の統制をこえて、南京に向かって殺到していったのが実情である。上海派遣軍の第一六師団は、一〇日には南京城の東の紫金山の攻撃をはじめて、一二日に山頂南北の線を占領した。第九師団は東南から南京に急進し、九日未明には一部が光華門付近の城壁に達したが、ここで数日間の苦戦をすることになる。また上海派遣軍は、揚子江下流方面への中国軍の退路を遮断するために、鎮江で北岸への渡河のために待機中であった第一三師団から旅団長の指揮する歩兵一個連隊の山田支隊を引きぬいて、第一六師団の右翼に増加して烏龍山、幕府山を攻撃させた。さらに一一日に第二線兵団である第三師団から歩兵一個連隊の先遣線を派遣させて、第九師団の左翼に進出させ、南京攻撃に参加させた。

南方から南京に向かった第一〇軍の第一一四、第六の両師団は、並列して八日に第一線陣地を突破し、一〇日には南京城の南にある雨花台の複廓陣地の攻撃を開始した。一〇日に蕪湖を占領した第一八師団にたいしては、次の杭州攻撃準備のため蕪湖に集結を命じた。また退路遮断のために、国崎支隊を一一日に慈湖鎮付近で揚子江を渡河させ、南京対岸の浦口に向かって前進させた。

こうして南京攻略に直接参加した部隊は、次の通りとなった。上海派遣軍の第九、第一六師団、山田支隊（第一三師団の歩兵第六五連隊基幹）、第三師団の先遣隊（歩兵第六八連隊）、第一〇軍では、第六、第一一四師団、国崎支隊（第五師団の歩兵第四一連隊基幹）、その他に海軍の第一一戦隊である。その総兵力は、歩兵大隊数にして五七個大隊であった。

一二月一二日には、南京城城壁の東方からは第一六、第九師団、南方からは第一一四、第六師団が激しい攻撃をつづけていた。また北方と西方の城壁と揚子江との間の退路を遮断するため、北方からは山田支隊が、西方からは第六師団の歩兵第四五連隊が前進し、揚子江の対岸には国崎支隊が、江上には海軍が一三日には到着し、完全包囲網が完成した。

一方中国側の南京防衛司令官唐生智は、一二月一二日の午後五時に、はじめて撤退命令を発し、午後六時にはまっさきに渡河して撤退した。それまで固守を命令され、日本軍の包囲下に陥っていた南京防衛軍十数万は、一二日に一挙に崩壊する⑨。その経過は本書Ⅲ部の笠原論文に詳述されている。

南京城を攻撃中であった日本軍の各部隊は一三日の朝には中国軍の撤退を知った。指揮組織の崩壊した中国軍は、城外では小グループに分かれて日本軍の間隙を縫って右往左往し、いたるところで混戦がおこったり、投降したりした。城内の中国兵の大部分は、西北の挹江門に殺到して大混乱をおこした。下関からは、船、筏、木材などにつかまって対岸に逃れようとしたり、あるいは河岸ぞいに上流や下流方面に脱出を図って日本軍と遭遇することになった。そのため一二月一三日から一四日にかけて、下関をはじめ幕府山、堯化門、江東門その他で、大量の捕虜が生じたのである。

逃げ場を閉ざされ、戦意を失なった中国兵が続々と投降したのだが、混戦乱闘のなかでその多くが殺害された。第一六師団長中島今朝吾中将の日記の一二月一三日の項に、「到ル処ニ捕虜ヲ見、到底其始末ニ堪ヘザル程ナリ」、「大体捕虜ハセヌ方針ナレバ、片端ヨリ之ヲ片付クルコト、ナシタル〔レ〕共、千五千一万ノ群集トナレバ之ガ武装ヲ解除スルコトスラ出来ズ」、「後ニ到リテ知ル処ニ依リテ佐々木部隊丈ニテ処理セシモノ約一万五千、大〔太〕平門ニ於ケル守備ノ一中隊長ガ処理セシモノ約一三〇〇、其仙鶴門附近ニ集結シタルモノ約七八千人アリ、尚続々投降シ来ル」、「此七八千人、之ヲ片付クルニハ相当大ナル壕ヲ要シ、中々見当ラズ、一案トシテハ百二百ニ分割シタル後適当ノケ〔カ〕処ニ誘キテ処理スル予定ナリ」⑽と書かれているのは、その混乱の状況をあらわしている。

「中島日記」に「佐々木部隊」と書かれている歩兵第三〇旅団長佐々木到一少将の日記の一二月一三日の項には「此の日、我支隊の作戦地域内に遺棄された敵屍は一万数千に上り、その外、装甲車が江上に撃滅したもの並に各部隊の俘虜を合算すれば、我支隊のみにて二万以上の敵は解決されているはずである。午後二時ごろ概して掃討を終って背後を安全にし、部隊を纏めつつ前進、和平門に至る。その後、俘虜続々投降し来り数千に達す。激昂せる兵は上官の制止を肯かばこそ片はしより殺戮する。多数戦友の流血と十日間の辛酸を顧みれば、兵隊ならずとも『皆やってしまえ』と云い度くなる」⑾と書かれている。

師団長、旅団長がその日記に、このように書いているほどだから、一三日から一四日にかけての南京城内の混乱と、そのなかで発生した大量の捕虜殺害の状況が推察できる。南京攻略にかかわった日本軍のなかの、いくつかの部隊の戦闘詳報が、防衛庁防衛研究所図書館に保存されていて、捕虜の処置について記録を残している。すなわち、歩兵第三八連隊、歩兵第三三連隊、歩兵第六六連隊第一大隊、歩兵第四一連隊第一二中隊、歩兵第七連隊、戦車第一連隊第一中隊などの各隊の分である。

右のなか、歩兵第三三連隊の戦闘詳報第三号付表の一二月一〇日から一二月一四日までの鹵獲表には、さらに「俘虜」として「将校一四、准士官下士官兵三〇八二」とあり、備考には「俘虜ハ処断ス」となっている。「敵ノ遺棄死体」の概数として、「一〇日二二〇、一一日三七〇、一二日七四〇、一三日五五〇〇、以上合計六八三〇」をあげ、「十二月十三日ノ分ハ処決セシ敗残兵ヲ含ム」と書かれている。すなわちこの連隊は一二月一三日に三〇九六名の俘虜を捕えたが、「処断」または「処決」したという報告になっている。

歩兵第六六連隊第一大隊の戦闘詳報には、一二日午後から一三日午前にかけて雨花門外で「一六五七」の捕虜を得たとあり、歩兵第三八連隊戦闘詳報第一二号の附表には、同連隊第一〇中隊が、一四日午前堯化門付近で「七二〇〇」の捕虜を得たとされている。その他に戦闘詳報に明記している捕虜の数は、国崎支隊の歩兵第四一連隊第一二中隊が一四日夜から一五日朝にかけて江心洲で「二三五〇」、歩兵第三三連隊第二大隊が一四日に獅子山で「約二〇〇」、戦車第一大隊第一中隊が一四日に難民区周辺で「約二五〇」、歩兵第七連隊が、一三日から二四日にかけての難民区の掃蕩で「六六七〇」などである。

戦闘詳報の他に各部隊が残す公式の記録として陣中日誌がある。防衛庁に保存されている陣中日誌はごく少数しかないが、そのなかの「歩兵第二〇連隊第四中隊陣中日誌」には、一二月一四日午前難民区の東側で、同中隊が三二八名の捕虜を捕え、全員を銃殺したと記録されている。

このように、いくつかの戦闘詳報や陣中日誌が捕虜の集団的殺害を記録しているのである。虐殺は一部の心ない将兵が混乱のなかでやったことで、日本軍の組織的行為ではないという、教科書検定での文部省の言い分が、いかに欺瞞的かが軍自身の記録で証明されている。

さらに公式の記録が残っていないからといって、それ以外の部隊がまったく虐殺に関係がないというわけにはいかない。本書Ⅱ部でくわしくとりあげる山田支隊が幕府山で一万四七七七名の捕虜を得たと報ぜられた事件がある。この一万四七七七人という大量の捕虜とその処置については公式記録はないが、当時の朝日新聞はじめ各紙が報道し、参謀本部編の『支那事変陸戦概史』上巻にも記述されており、『戦史叢書』も、『南京戦史』もとりあげざるを得なかったのである。

戦闘詳報や陣中日誌などの公式記録を残さなかった部隊でも、多数の捕虜を得て、これを処断した場合が少なくはないはずである。公式記録に載っているものや、あまりにも証言が多くて無視できないものだけは、やむを得ず集計し、その他は資料がないから捕虜も虐殺もたいしてなかったという『南京戦史』の方法は、何としても虐殺の数を少なくしたいという立場からの、説得力のない態度である。捕虜としていったん収容したものを、組織的に虐殺したことが、南京事件のもっとも重大な問題なのである。

また戦闘詳報などの公式記録の数字が、必ずしも正確なものといい難いという主張がある。『南京戦史』も、「これらの数は戦果として部隊の功績上申の資料であったことから過大に表示されていることだけはほぼ間違いなかろうとおもわれる」[12]としている。もちろんこれらの記録の数字が、絶対に正確であるという根拠がない。しかし虐殺の人数を問題にするときに限って、数字が誇大であるとして少数に修正するということも、たいへん意図的であるといわなければならない。

虐殺が行なわれたかどうかが問題になっているときに、加害者である日本軍の資料に、捕虜を「処断」、「処分」したとか、「射殺」したと明記してあることが重要なのである。すなわち捕虜の殺害が、国際法違反であり、重大な人道的犯罪であるという認識が、記録作成者にまったくなかったから、このような記述がなされたのである。したがって「処断」「射殺」などの記述がなく、たんに捕虜を獲得したとだけ書かれている場合も、処置がされたのかどうか疑わしいと見るべきであろう。だから、記録の数は疑わしいから、実際は少なかったという主張は、記録は残っていないが、他にも虐殺が行なわれたのではないか、という推定と相殺されてしまうのである。

四　捕虜の組織的虐殺

一二月一三日から一四日にかけて、日本軍に完全に包囲され、指揮系統が崩壊して戦意を失なった中国軍が、集団的に投降し、大量の捕虜が発生した。この捕虜の大集団を、日本軍が組織的に殺害したのが、南京大虐殺のなかでの大きな問題である。なぜ日本軍が組織的虐殺を行なったのかを解明することこそが課題である。

日中戦争における日本軍には、捕虜に人道的待遇をあたえるという観念がはじめから欠如していた。近代ヨーロッパでは、フランス革命以後の人権思想の発達から、捕虜を人道的に扱うための陸戦法規がつぎつぎにつくられ、一八九九年と一九〇七年の二度のハーグ平和会議で集大成された。欧米列強なみの近代化をめざした日本も、戦時国際法の遵守を心がけていた。日清戦争、日露戦争、第一次世界大戦（対独戦争）の三つの戦争での天皇の宣戦の詔書には、いずれも国際法の遵守を求める言葉が入っていた。ところが日中戦争は、規模においてはそれまでで最大の戦争になったにもかかわらず、宣戦の詔書は出されなかった。宣戦布告をしなかったのは、アメリカからの軍需物資の輸入をつづけたいという、実利的な理由もあったが、宣戦布告をするだけの大義名分を欠いていたこと、いつの間にかずるずると予想しない大戦争にのめりこんだことも理由であった。

宣戦布告にかわる戦争の宣言にあたるものは、戦線を上海に拡大したさいの一九三七年八月一五日の政府声明である。これには「暴戻な支那軍の膺懲」を目的にあげていた。同年九月四日の第七二臨時議会開院式の天皇の勅語も同様である。「暴支膺懲」というスローガンには、中国を対等な国家と考えない差別意識があらわれている。

また戦争のはじめから日本の政府にも軍にも、中国の民族意識や国家的統一を無視し、簡単な一撃で中国を屈服させることができるという軽視感があった。だから戦争といわず「事変」でおし通したのである。さらに軍中央は、戦争でなく事変だから、戦争法規は適用しないという態度をとった。華北の戦線が拡大した三七年八月五日、陸軍次官から支那駐屯軍参謀長あての通牒では、「現下の情勢に於て帝国は対支全面戦争を為しあらざるを以て『陸戦の法規慣例に関する条約其の他交戦法規に関する諸条約』の具体的事項を悉く適用して行動することは適当ならず」とし、さらに「日支全面戦を相手側に先んじて決心せりと見らるゝ如き言動（例へば戦利品、俘虜等の名称の使用）」は避けるよう指示している。(13) その後も各部隊にたいし、同じ趣旨の通牒が逐次伝えられたとされている。すなわちこの「事変」には「国際法規は適用しない。俘虜（捕虜）という言葉は使わない」というのが陸軍省の方針だとして、各部隊に伝えられたのである。

さらに日本軍には、中国軍、中国人にたいする蔑視観が存在していた。陸軍歩兵学校が一九三三年一月に作成した『対支那軍戦闘法ノ研究』という参考書がある。香月清司教育部長の序によると、教官氷見大佐の研究で、学生および召集佐官にたいする教育用として刊行されたとされている。そのなかに「捕虜ノ処置」の項があり、次のように書かれている。

> 捕虜ハ他列国人ニ対スル如ク必スシモ之レヲ後送監禁シテ戦局ヲ待ツヲ要セス、特別ノ場合ノ外之レヲ現地又ハ他ノ地方ニ移シ釈放シテ可ナリ。
>
> 支那人ハ戸籍法完全ナラサルノミナラス特ニ兵員ハ浮浪者多ク其存在ヲ確認セラレアルモノ少キヲ以テ仮リニ之レヲ殺害又ハ他ノ地方ニ放ツモ世間的ニ問題トナルコト無シ。[14]

このように日本軍は中国人、中国兵を蔑視し、国際法上の捕虜として待遇する必要がないし、たとえ殺しても問題にならないという考え方を、堂々と歩兵学校の参考書に記述していたのである。

国際法を適用せずという中央の通牒を受けていた現地軍は、「捕虜を作るな」「捕虜を処置せよ」とまで命じていた。南京攻略にあたって、軍や師団などの上級司令部が、そのような命令や指示をしたという証言はいくつもある。一二月一四日南京城外仙鶴門付近で、八千から一万の中国兵が投降してきたのを軍司令部に報告した独立攻城重砲第二大隊第一中隊観測班長沢田正久は「直ちに銃殺せよ」と命ぜられたと証言している。[15]この司令部とは、上海派遣軍司令部であろう。また第一六師団の歩兵第三八連隊副官児玉義雄の証言では、連隊の第一線が南京城一、二キロで混戦していたころ、師団副官の声で師団命令として「支那兵の投降を受け入れるな、処置せよ」と電話で伝えられたという。[16]

捕虜処分が正式な命令として出されたという記録を残している戦闘詳報や陣中日誌もある。歩兵第三八連隊戦闘詳報に記載されている一二月一四日午前四時五〇分の歩兵第三〇旅団命令の第七項には、「各隊ハ師団ノ指示アル迄俘虜ヲ受付クルヲ許サズ」(17)とある。また歩兵第六八連隊第三大隊の陣中日誌一二月一六日の項には、「藤田部隊（第三師団）会報追加」として、「爾後捕虜兵ハ一応調査ノ上各隊ニ於テ厳重処分スルコト」(18)とある。前述のように、捕虜の処分を記録している戦闘詳報さえいくつも残されている。

捕虜殺害の状況を具体的に記述してあるのは、歩兵第六六連隊第一大隊の戦闘詳報である。同大隊は一二月一〇日から一三日の間に将校一八、準士官下士官兵一六三九、計一六五七名の捕虜を得た。一二月一三日に次の記事がある。

八、午後二時零分聯隊長ヨリ左ノ命令ヲ受ク

左記

イ、旅団命令ニヨリ捕虜ハ全部殺スヘシ

其ノ方法ハ十数名ヲ捕縛シ逐次銃殺シテハ如何

ロ、兵器ハ集積ノ上別ニ指示スル迄監視ヲ附シ置クヘシ

ハ、聯隊ハ旅団命令ニ依リ主力ヲ以テ城内ヲ掃蕩中ナリ

貴大隊ノ任務ハ前通リ

九、右命令ニ基キ兵器ハ第一第四中隊ニ命シ整理集積セシメ監視兵ヲ附ス

午後三時三十分各中隊ヲ集メ捕虜ノ処分ニ附意見ノ交換ヲナシタル結果各中隊（第一第三第四中隊）ニ等分ニ分配シ監禁室ヨリ五十名宛連レ出シ、第一中隊は《ママ》路営《ママ》地南方谷地第三中隊ハ路営地西南方凹地第四中隊ハ露営地東南谷地附近ニ於テ刺殺セシムルコト、セリ

但シ監禁室ノ周囲ハ厳重ニ警戒兵ヲ配置シ連レ出ス際絶対ニ感知サレサル如ク注意ス

各隊共ニ午後五時準備終リ刺殺ヲ開始シ概ネ午後七時三十分刺殺ヲ終リ
聯隊ニ報告ス
第一中隊ハ当初ノ予定ヲ変更シテ一気ニ監禁シ焼カントシテ失敗セリ
捕虜ハ観念シ恐レス軍刀ノ前ニ首ヲ差シ伸フルモノ銃剣ノ前ニ乗リ出シ従容トシ居ルモノアリタ
ルモ中ニハ泣キ喚キ救助ヲ嘆願セルモノアリ特ニ隊長巡視ノ際ハ各所ニ其ノ声起レリ⑲

これによると、旅団長、連隊長の命令で、大隊が収容中の捕虜をまとめて刺殺したのである。戦闘詳報や陣中日誌が残されているのは僅かだが、これ以外にも個人の日記や回想録などで、命令による捕虜の殺害を記録しているものは多数残されている。捕虜の殺害が、個々の兵士の行為であったのではなく、命令による組織的行為であったことは、疑いのない事実である。

ところが、捕虜の組織的な大量殺害が明らかな事実であるにもかかわらず、これを認めようとせず、教科書検定でこの部分の削除を修正意見（直さなければ合格させないという強い要求）として求めているのが文部省である。一九八二年の教科書問題の国際化にさいし、中国の抗議にたいして日本政府は、宮沢喜一官房長官談話を発表して「是正」を約束した。そのため、虐殺の存在そのものは否定できなくなったので、それ以後は文部省は組織性にこだわるようになった。八三年に提起された家永教科書裁判第三次訴訟も、この点を争っているのである。すなわち、家永教科書の原稿の記述が、「南京占領直後、日本軍は多数の中国軍民を殺害した。南京大虐殺とよばれる」とあったのにたいして、検定は「占領直後に軍が組織的に虐殺したように読み取れる。発生時期や組織性は断定できない」という修正意見をつけた。やむをえず修正して、合格本は「日本軍は、中国軍のはげしい抗戦を撃破しつつ激昂裏に南京を占領し、多数の中国軍民を殺害した。南京大虐殺とよばれる」となり、組織的虐殺の事実がうやむやにされたのである。

捕虜を組織的、集団的に殺害したことが、南京大虐殺を構成する主要な部分である。そして日本軍には、捕虜の殺害が陸戦法規に違反するという認識や、人道に背くという痛みが、存在しなかったか、きわめて乏しかったといわざるを得ない。

五　敗残兵・便衣兵の殺害

南京攻略戦は日本軍による、典型的な包囲作戦であったことはすでに述べた。すなわち北と西を揚子江に託している南京にたいして、日本軍は東方から上海派遣軍の第九、第一六師団と山田支隊、南方から第一〇軍の第六、第一一四師団を並列し、揚子江の対岸には国崎支隊をすすめ、さらに江上からは海軍の第一一戦隊を遡江させて、一二月一三日早朝までには完全な包囲網を完成させた。一方中国軍の南京防衛司令官唐生智は、当初南京固守を叫び、揚子江を渡河して撤退する準備をほとんどしていなかった。蔣介石の命令もあって決心を変更し、撤退命令を出したのは一二月一二日午後五時で、すでに日本軍に包囲されたあとであった。しかも唐生智とその司令部は、真っ先に揚子江左岸に逃れて指揮を放棄してしまったので、取り残された防衛軍の諸部隊は、戦意と組織的統制を失い、完全な混乱状態になって潰走した。

東方や南方の城外にいた部隊は、城門を閉ざされて右往左往し、さらに城内の部隊は唯一の脱出口である挹江門に殺到して、閉められた城門の前に人の山を築いた。また対岸への渡河点である下関には、敗残兵と避難民の大群が集まった。渡河の手段をもたない人々の群れが、江岸ぞいに下流へ、上流へと逃げはじめていた。敗残兵のほとんどは武器をもたず、戦意を完全に喪失していた。これらの兵と難民の混淆した大群集にたいし、日本軍は銃火をあびせて殺戮した。戦闘の帰趨はすでに決しており、兵士たちはほとんどは武器を捨て、抵抗の意志も失っていた。にもかかわらず、日本軍は下関をはじめとする江岸一帯で、無抵抗な群集に襲いかかったのである。これを戦闘行為というのは無理で、一方的な殺戮であり、むしろ虐殺である。

第一六師団の下関・挹江門・馬群の戦闘、第六師団の下関や新河鎮・江東門などの戦闘が、そうした敗残兵殲滅という名の皆殺し作戦だったということができる。そして、無抵抗の敗残兵やそれと混淆している一般市民の多数が、ここで犠牲となったのであった。

また逃げおくれた中国兵の多くは、武器をすて、軍服をぬいで市内に潜伏した。これにたいして、日本軍はまず城内を掃蕩し敗残兵を殲滅するとして、中山路以北を第一六師団、以南を第九師団に分担させて、一二月一三日から掃蕩作戦を開始した。この作戦については「掃蕩要領」を示し、敗残兵の疑いあるものは悉く検挙せよと命じていた。

この初期の掃蕩につづいて、軍服をぬいだ「便衣隊」の大部分は、難民区（国際安全区）へ逃げ込んだとして、翌一四日からは難民区の掃蕩を行なった。このように急いで城内の掃蕩を行なったのは、入城式を急いだためである。方面軍司令部は、上海派遣軍がまだ早過ぎると反対するのを押し切って、一二月一七日に入城式を強行した。これは国内の新聞各紙がはげしい報道競争のあげくに、一二月九日ごろから南京占領を報じていたので、これにたいする面子からも入城式を急いだものと思われる。この入城式に、上海派遣軍司令官朝香宮鳩彦中将が参加するのは当然であった。皇族の身に万一危害がおよんでは申しわけないという配慮が、徹底的な城内掃蕩作戦を行なうことになった理由としてあげられよう。

一七日の入城式を前にして、第九師団の歩兵第七連隊は、一四、一五、一六の三日間難民区内を掃蕩した。「歩兵第七連隊戦闘詳報」[20]によると、この三日間の難民区掃蕩の成果として、「刺射殺数（敗残兵）六六七〇」と記録されている。歩兵第七連隊の直属上官である、歩兵第六旅団長秋山義兊少将が、一二月一三日に出した「掃蕩実施ニ関スル注意」には、「青壮年ハ凡テ敗残兵又ハ便衣隊ト見做シ凡テ之ヲ逮捕監禁スベシ」[21]となっているから、敗残兵として刺殺または射殺されたなかには、一般市民が多数ふくまれていたであろう。

この歩兵第七連隊の難民区掃蕩の実態は、まさに虐殺そのものであったといえよう。難民区にたいしてはくりかえし掃蕩を行なった。それは青壮年を敗残兵または便衣兵とみなし、日本軍の一方的な判断で殺害していったのである。

『南京戦史資料集』には、歩兵第七連隊長伊佐一男大佐、同連隊第二中隊井家又一上等兵、同連隊第一中隊水谷荘一等兵などの日記が収録されている。伊佐連隊長の日記には、一二月一四日に「朝来掃蕩ヲ行フ。地区内ニ難民区アリ。避難民約十万ト算セラル」、一二月一六日に「三日間ニ亙ル掃蕩ニテ約六五〇〇ヲ厳重処分ス」と、簡単な記述があるだけである。しかし井家日記、水谷日記には、この掃蕩の実態が具体的に書かれている。その二、三をあげると次の通りである。

井家日記一二月一六日の項には次の記述がある。

午後又出ける。若い奴を三百三十五名を捕えて来る。避難民の中から敗残兵らしき奴を皆連れ来るのである。全く此の中には家族も居るであろうに。全く此を連れ出すのに只々泣くので困る。手にすがる。体にすがる全く困った。新聞記者が此を記事にせんとして自動車から下りて来るのに日本の大人と想ってから十重二重にまき来る支那人の為、流石の新聞記者もつひに逃げ去る。はしる自動車にすがり引づられて行く。

（中略）

揚子江付近に此の敗残兵三百三十五名を連れて他の兵が射殺に行った。㉒

水谷日記一二月一六日にも次のような記述がある。

午後、中隊は難民区の掃蕩に出た。難民区の街路交差点に、着剣した歩哨を配置して交通遮断の上、各中隊分担の地域内を掃蕩する。

目につく殆どの若者は狩り出される。子供の電車遊びの要領で、縄の輪の中に収容し、四周を着剣した兵隊が取り巻いて連行して来る。各中隊とも何百名も狩り出して来るが、第一中隊は目立って少ない方だった。それでも百数十名を引き立てて来る。その直ぐ後に続いて、家族であろう母や妻らしい者が大勢泣いて放免を頼みに来る。

市民と認められる者は直ぐ帰して、三六名を銃殺する。皆必死に泣いて助命を乞うが致し方もない。真実は判らないが、哀れな犠牲者が多少含まれているとしても、致し方のないことだという。多少の犠牲者は止むを得ない。抗日分子と敗残兵は徹底的に掃蕩せよとの、軍司令官松井大将の命令が出ているから、掃蕩は厳しいものである。㉓

難民区の掃蕩は、第一六師団の歩兵第二〇連隊も行なった。それについての第二〇連隊第四中隊の増田六助伍長の日記には次のように記されている。

十二月十四日　掃蕩
外国租界《ママ》ニ入リ避難民中ニ混リテ居ル敗残兵ノ〔ヲ〕掃蕩ス。第四中隊ノミニテモ五百人ヲ下ラス。
玄武門側ニテ銃殺セリ。各隊ニテモ又同シト云フ。[24]

さらに南京入城後に中隊長の命令で書いた増田氏の作文「南京城内掃蕩ノ巻」には次のように書かれている。

（前略）明くれば一四日、今日は国際委員会の設置して居る難民区へ掃蕩に行くのである。昨日まで必死で抵抗して居た数万の敗残兵は八方より包囲されて唯の一人も逃げて居ない。結局此の難民区へ逃込んで居るのだ。今日こそ虱潰しに草の根を分けても捜し出し、亡き戦友の恨を晴らしてやろうと意気込んで配置に付いた。各小隊〔に〕分れて、それ〳〵複雑な支那家屋を一々索して男は全部取調べた。其□□大きな建物の中に数百名の敗残兵が軍服を脱いで便服と着換へつゝある所を第二小隊の連絡係前原伍長等が見付た。それと言ふので飛び込んで見ると何の其の壮々たる敗残兵だ、旁〔傍〕には小銃、拳銃、青龍刀等兵器が山程積んであるではないか。軍服の儘の者もあれば、早くも支那服に着替へて居る者もあり、又下に軍服を着て上に支那服を纏って居る者もあるが、何れも時候はずれのものや不釣合の物を着て居るので、俄拵〔にわかごしらえ〕である事が一目で解った。片っ端から引っ張り出して裸にして持物の検査をし、道路へ垂下ってゐる電線で引くくり珠々〔数

珠〕つなぎにした。（中略）

夕暗迫る頃六百人近くの敗残兵の大群を引立てゝ玄武門に至り其の近くで一度に銃殺したのであった。(25)

抗戦の意志をなくした兵士を、敗残兵や便衣隊だとして、裁判にかけずに殺害することは、紛れもない不正不法の行為であり、国際法にも人道にも背いている。まして十分な取調べもせず、一般市民をまきこんで大量に殺したことは、大虐殺という以外の何ものでもない。

このことについては、友好国ドイツの外交官もきびしく批判を加えている。一九三八年一月二〇日付南京ドイツ大使館分館のドイツ外務省あて報告では次のように述べている。

中国兵の多数が（一部は武器を棄て、または棄ててなくても抵抗は全く出来ない状態で）安全地帯に逃げ込んだ。少数の警察官では押しとどめることが出来なかったのだ。このため日本軍は大規模な家宅捜査を行い、中国兵であるとの疑いを持たれた者は連行された。一般的には兵隊の特徴として頭の周囲のヘルメットの着用痕、肩のところの銃を担いだ痕跡、背中の背嚢を背負った痕などが調べられた。外国人目撃者の証言によると、日本兵は中国兵に対して何もしないから、であるとか、仕事を与えるから、などの約束でだまして安全地帯から連れだし、それから殺害した、という。何らかのかたちの戒厳令の手続きやそれに類するものは何処にも見られなかったし、このような戦時法の慣習も人間的な作法をも無視したやりかたに於いては、そんな手続きなど出る幕がなかったであろう。(26)

このように、掃蕩の実態は無抵抗な兵士や市民にたいする虐殺に他ならないものであった。

南京大虐殺を否定したり弁護したりする側では、掃蕩の対象となったのは便衣兵であるとし、便衣兵というのは私服に着がえ武器を隠して一般市民を装い、機をみて狙撃を行なう者だと定義し、これは交戦法規違反だから捕虜としての権利を存しないと主張している。したがって便衣兵を現行犯として殺害しても正当防衛行為であり、之を捕えて戦律犯として処刑しても差支えないとしている。安全区の掃蕩はこのような便衣兵の撃滅を目的とした戦闘行為だと弁護している。

しかし難民区内に逃げこんだ中国兵たちはゲリラ戦を遂行しようというほどの戦意をもっていたわけではない。逃げ場を失ない生命の安全を求めて私服に着がえ潜伏したのである。これを十分な調査や裁判もしないで、有無をいわさず殺害したのは弁護の余地のない行為である。ましていい加減な基準で兵士ではない一般市民まで巻き添えにしたのは、虐殺という以外に言いようがないであろう。

六　市民への残虐行為

南京での事件が南京アトロシティーズとか南京レイプの名で世界に知られたのは、一般市民への残虐行為、虐殺や強姦が多出したからである。東京裁判でも外国人や中国人被害者の証言がこの点に集中し、現在でも中国側で証人の発掘がつづいているように、一般市民への日本軍の残虐行為が大きな問題点なのである。

ところが大虐殺説に反論しようとする『南京戦史』は、一般市民にたいする残虐行為については、ほとんど記述していない。わずかに第六章第五節で、金陵大学教授のスマイスが一九三八年春に行なった「南京地区における戦争被害・一九三七年一二月〜一九三八年三月」を、唯一の「確たる資料」だとしてあげているに過ぎない。そしてスマイス調査の一般市民被害総数一万五七六〇人よりも、実際はもっと少ないと結論づけている。

『南京戦史』の目的が「南京事件」の捏造に反論することにあるのならば、なぜ一般市民の殺害について十分な検討を行なわないのだろうか。公式資料がないから取り上げないというのは、公平な立場であるとはいえない。戦闘詳報や陣中日誌が、市民を虐殺したとか、婦女を強姦したとか書くはずがないであろう。

しかし南京での虐殺の事実は、当時から軍の中央でさえ認めていたのである。大本営は、参謀総長閑院宮載仁元帥の名において、中支那方面軍司令官にたいし、一九三八年一月四日に異例の要望を出している。「然レ共一度深ク軍内部ノ実相ニ及ヘハ未タ瑕瑾ノ尠カラサルモノアルヲ認ム　就中軍紀風紀ニ於テ忌々シキ事態ノ発生近時漸ク繁ヲ見之ヲ信セサラント欲スルモ尚疑ハサルヘカラサルモノアリ」[27]と、廻りくどい表現ながら、非行の続出を戒めているのである。

また、わずかながらも日本軍の非行や強姦などの残虐行為の存在を示す資料として、一九三七年一〇月一二日から一九三八年二月二三日までの「第十軍（柳川兵団）法務部陣中日誌」と、一九三八年一月四日から同年二月六日までの「中支那方面軍軍法会議陣中日誌」が残されている。[28]一〇万を越す大軍にたいし、ごく少数の憲兵では、完全な取締まりはほとんど不可能であったし、軍法会議に送られたものも、よほどのものがみせしめに裁かれた程度であったろうと思われる。だから、その資料に示されているのは九牛の一毛にすぎないかも知れないが、しかし目にあまる殺人や強姦があったことは明らかだといえよう。

第一〇軍法務部の陣中日誌によると、一九三八年二月一八日調べの第一〇軍の被告事件一覧表には、既決事件一〇二人中、強姦二二人、殺人二七人、強姦殺人二人、傷害致死二人など、未決一六人中、強姦二人、殺人一人が報告されている。この事例から推測すると、さらに大規模な強姦や殺人が行なわれたであろう。

このことは、南京攻略さらに杭州攻略戦に向かうにさいし、第一〇軍参謀長が麾下諸部隊に発した通牒によっても証明されている。一九三七年一二月二〇日第一〇軍参謀長通牒（丁集参一第一四五号）には、「掠奪婦女暴行放火等ノ厳禁ニ関シテハ屢次訓示セラレタル所ナルモ本次南京攻略ノ実績ニ徴スルニ婦女暴行ノミニテモ百余件ニ上ル忌ムベキ事態ヲ発生セルヲ以テ重複ヲモ顧ミズ注意スル所アラントス」[29]と、強姦の多発について戒めている。

松井方面軍司令官自身でさえ、その「戦陣日記」に強姦の存在を書いている。一二月二〇日の項に「一時我将兵ニヨリ少数ノ奪掠行為（主トシテ家具等ナリ）強姦等モアリシ如ク、多少ハ已ムナキ実情ナリ」、一二月二六日の項に「南京、杭州附近又奪掠、強姦ノ声ヲ聞ク」とあった。強姦が事実無根でないことを認めているのである[30]。

『南京戦史』の編者は、松井日記について「『南京事件』は『外国権益の侵害、中国人民に対する暴行掠奪事件』と捉えられ、のちに問題とされた、いわゆる『虐殺』についての認識は全く無い[31]」としている。最高司令官のこうした認識こそが問題なのである。

だが陸軍の上層部には、南京における日本軍の住民への暴行の認識は存在していた。翌一九三八年八月に、武漢攻略戦の第一一軍司令官として赴任した岡村寧次中将は、その回想録に次のように書いている。

上海に上陸して一、二日の間、先遣の宮崎参謀、中支那派遣軍特務部長原田少将、杭州特務機関長萩原中佐等から聴取したところを総合すれば、次のとおりであった。一、南京攻略時、数万の市民にたいする掠奪強姦等の大暴行があったことは事実である。一、第一線部隊は給養を名として俘虜を殺してしまう弊がある。(32)

すなわち軍の高級幹部さえも、強姦や虐殺の多発を認めざるを得なかったのである。

一般大衆にたいする暴行のなかで、とくに多かったのは強姦であった。家永教科書裁判の第三次訴訟の係争点のひとつも強姦についてだったのである。すなわち、一九八三年度の検定で、家永教科書が脚注に「日本軍将兵のなかには中国婦人をはずかしめたりするものが少なくなかった」との文言を挿入しようとしたところ、検定は「婦人をはずかしめる」という事実があったことは認めるが、「このような出来事は人類の歴史上どの時代のどの戦場でも起ったことであり」とし「特に日本軍の場合だけこれを取り上げるのは、選択と扱いの上で問題がある」として、修正意見を付して削除させたのである。

強姦は、被害者となった女性に与える精神的苦痛ははかり知れないものがあり、それは生涯にわたって被害者を苦しめるものである。さらに事柄の性質上、被害者自身がその事実を公にしたがらないのも特徴である。したがって被害者からの強姦についての資料は、氷山の一角にすぎないものである。それにしても、日中戦争初期、とくに南京戦における日本軍の強姦は問題であり、日清、日露戦争期の日本軍と比較してもきわだっていたのである。

中国戦線における強姦の多発を示すものとして、一九三九(昭和一四)年二月、陸軍次官が関係陸軍部隊に出した通牒「支那事変地ヨリ帰還スル軍隊及軍人ノ言論指導取締ニ関スル件」があげられる。これは中国戦線からの帰還兵が、虐殺や強姦の事実を言い立てるのを取締るようにという通牒であるが、それに参考資料として添付された「事変地ヨリ帰還ノ軍隊・軍人ノ状況」には、強姦についての次のような帰還兵の露骨な言辞が記録されている。(33)

・○○デ親子四人ヲ捕ヘ、娘ハ女郎同様ニ弄ンデ居タガ、親ガ余リ娘ヲ返セト言フノデ親ハ殺シ、残ル娘ハ部隊出発迄相変ワラズ弄ンデ、出発間際ニ殺シテ了。
・或中隊長ハ、「余リ問題ガ起ラヌ様ニ金ヲヤルカ、又ハ用ヲ済マシタ後ハ分ラヌ様ニ殺シテ置ク様ニシロ」ト暗ニ強姦ヲ教ヘテキタ。
・戦争ニ参加シタ軍人ヲ一々調ベタラ、皆殺人・強盗・強姦ノ犯人許リダラウ。
・戦地デハ強姦位ハ何トモ思ハヌ。現行犯ヲ憲兵ニ発見セラレ、発砲シテ抵抗シタ奴モアル。
・約半歳ニ亙ル戦闘中ニ覚エタノハ強姦ト強盗位ノモノダ。

これらは加害者側の資料であるが、いうまでもなく被害者側の資料は多数存在している。また第三者の英・米人の証言や調査も多いが、否定派はこれは日本に敵意をもっている英・米人のものだから信憑性に乏しいと主張している。しかしさきにも引用した中国ドイツ大使館の報告は、一九三六年に日独防共協定を結んだばかりの友好国ドイツの資料である。大使館員のローゼンの本国外務省への報告や、国際安全区の委員長ラーベ（シーメンス社代表でナチス党支部長）らの目撃談が、率直に日本軍の行為を報告し、残虐行為を告発しているのである。三七年一二月二四日のローゼンの外務省あて報告では、「日本兵による民間人にたいする行為の最も忌まわしい事実が明らかになった」として、「それはドイツの政策目標である共産主義の拡大防止に明白に対立するものだ」(34)とまで言っている。

日本兵による強姦の例も数多くとりあげている。三八年一月一五日の同報告では、「日本軍が占領してから一カ月以上も経っているのに、女性や少女の連行と暴行も同じく続いている。この観点から言えば、日本軍はここ南京に於いて自らの恥辱の記念碑をうちたてた」(35)としている。ドイツ大使館や大使の公邸まで、女性を渡せと言って日本兵が侵入してきたことまで報告されている。この一連の報告は、否定することのできない客観的な資料であり、被害者側からみれば敵性証人の証言だといえるであろう。

こうした強姦の多発にたいする対策として、日本軍に特有の従軍慰安婦がつくられ慰安所が設けられたのである。従軍慰安婦そのものは、シベリア出兵のさいにも、強姦防止の手段として存在していた。南京での強姦の大量発生に驚いて、多数の慰安婦集団が武漢攻略戦に同行することになった。慰安所とは、軍公認の売春宿であり、これ以後は日本軍の行くところ、慰安所があるという状態となった。そして日本人女性だけでは足りずに、強制と欺瞞で、多数の朝鮮人慰安婦を戦場に送りこむことになったのである。

上海から南京への途上においても、さらに南京攻略が終わったのちの市内においても、くりかえし行なわれた強姦は、南京戦における大きな日本軍の犯罪である。それは現在に至るまで、中国側に大きな傷痕を残しているだけでなく、日本と朝鮮の問題にまで連なる歴史的な意味をもっている。『南京戦史』がことさらに強姦の問題を避けているのは、南京戦の戦史としてきわめて不完全だといわざるを得ない。

七　『南京戦史』批判

『南京戦史』は、南京大虐殺説に反論することを目的とした意図的な著作である。偕行社理事長原多喜三の「刊行にあたりて」では、捏造されたいわゆる「南京事件」の大虐殺説に反論するための定本を提供するのが本書だとしている。編集委員代表高橋登志郎の「はじめに」では、本書刊行の目的として「南京事件」の実相を明らかにし、「学校の教科書に記載されている『南京事件』の誤った記述を是正してもらう根拠を提供」することだとしている。要するに、大虐殺説に反論することを第一の目的とした本である。

『南京戦史』による大虐殺説への反論は、もっぱら捕虜の殺害問題にしぼられている。そして捕虜大量虐殺についての反論は、主として二つの論点からなっている。第一は、捕虜の殺害は必ずしも国際法に背いた不法行為＝虐殺とはいえないという議論である。第二は、殺害した捕虜の数は約一万六〇〇〇で少数であるとする。そのうえで犠牲者の総数については、一般市民の被害者としてスマイス調査の一万五七六〇をあげ、それも実際はもっと少ないはずだとしている。そして両者の合計三万二〇〇〇以下が死者の合計だと見積っている。要するに、数は二〇万や三〇万の大虐殺ではなく、三万二〇〇〇以下だとし、しかもそのなかの捕虜については国際法に照らした不法殺害の実数ではないし、一般市民についてもスマイス調査よりはさらに少ないのだから、大虐殺ではないと主張しているのである。

第一の点は、戦闘詳報等に捕虜を「銃殺」「処断」と記されているなどで、隠しようもないものを集計したうえで、その数をさらに推定によって少なく修正し、捕虜の「撃滅、処断」は一万六〇〇〇人と計上している。しかもこの数は「戦時国際法に照らした不法殺害」の数ではないとする。すなわち「これら撃滅、処断は概して攻撃、掃蕩、捕虜暴動の鎮圧という戦闘行為の一環として処置されたものである」から必ずしも国際法に違反した不法殺害、すなわち虐殺だといえないと主張する。そしてこの処理についての「当、不当に対する考察は避けた」というのである。[36]

捕虜の殺害を正当化するために、信夫淳平や田岡良一など、戦前の軍部御用学者の説が利用されている。

それは（一）作戦上の必要があるときは、捕虜の人道的取扱いを犠牲にすることもやむを得ない。（二）戦闘の進行中には敵の投降の意を無視して攻撃を継続することもありうる。（三）捕虜が抵抗すれば殺されるのは当然だし、捕虜が足手纏いになれば殺すことも想像できる。などという乱暴な議論である。そのうえでさらに大量殺害のそれぞれの場合について弁護を行なっている。

さきにあげた歩兵第六六連隊第一大隊の戦闘詳報に記されている一二月一二、一三両日の捕虜一六五七名の刺殺については、なぜ連隊長が処断を命じたかは連隊の戦闘詳報やその他の資料がなく不明であるとする。ただ当時の状況は正に戦闘酣であり、中国軍の反撃も随処で行なわれていたことをあげて弁明につとめ、捕虜の数も一六五七人の半分以下だったという一兵士の証言をあげている。(37)

歩兵第三三連隊の戦闘詳報に記載されている一二月一〇日から一四日の間の捕虜三〇九六の捕虜処断については、捕虜の用語が使われているが、その実体は戦闘間の敗残兵、投降兵であったとし、殺害は戦闘間の敗残兵にたいする対応なのか、いったん捕虜としたのちに処置したのかは不明であるとしている。(38)戦闘詳報に捕虜を「刺殺」あるいは「処断」したと明記してある場合についてさえ、それを戦闘行動だと弁明したり、実数はもっと少ないはずだと主張しているのである。

戦闘詳報は残っていないが、当時の新聞記事や参戦者の証言などで有名になり、無視できない前述の山田支隊の幕府山における捕虜一万四七七七名の獲得とその処分についても、同様の取り扱い方である。この件は『戦史叢書』がとりあげており、一万四〇〇〇の中六〇〇〇を釈放して八〇〇〇を捕虜としたが、そのうち四〇〇〇が逃亡し、残り四〇〇〇を釈放するため江岸に連行したら、暴動をおこしたので制圧し、一〇〇〇を射殺しその他の三〇〇〇は逃亡したと書かれている。(39)『南京戦史』もこれを引用したうえで、いくつかの新説を紹介し、「（1）いずれも戦闘詳報等、公式資料に基いたものではない。（2）機関銃射撃は捕虜集団の暴動下におこなわれた。（3）捕虜の数、射殺数とも確認されたものではない」としている。[40]そのうえで実数の推定として、山田支隊の捕虜は当初約六〇〇〇で、そのうち約三〇〇〇が処断、約三〇〇〇が逃亡と計上している。

歩兵第七連隊戦闘詳報の一二月一三日から一二月二四日までの南京城内掃蕩成果表の刺射殺数（敗残兵）六六七〇については、同連隊は入城式までに城内治安を確立すべき責務が課せられていたとし、摘出処断したのは、「便衣を着用した敗残兵」であり、当時の情勢は治安が不穏で、「敗残兵集団は、戦意も抵抗力もない非戦闘員とは見做し得なかった」と弁護している。[41]

要するに敗残兵、便衣兵を殺すのは違法ではない。戦闘詳報に捕虜を処断したと書いてあっても、実体は抵抗の意志をもった敗残兵を殺したのであるから、不法行為とはいえない。だから虐殺ではなかったと主張しているのである。

捕虜を処断したと記録されている各部隊の処置については、「戦闘間の行動であるとか、抵抗、暴動が起きたとか、またはその懸念が大であったとかの理由で行なわれたと推定されるのであるが、その具体的説明は戦闘詳報等には殆ど記述されていない」とし、中国軍の戦闘詳報にも何らの記述がないから、本書では「これら処断の当、不当の問題への論及は避けることとした」[42]と結んでいる。つまり、南京大虐殺事件の最大の問題である捕虜の集団虐殺について、議論はしないというのである。

大虐殺説に反論することを目的としたという『南京戦史』が、肝腎の大虐殺の中心である捕虜の集団虐殺については、弁明に終始したうえで結論を出すのを避けているとしか考えられない。これでは、はじめから反論にならないのである。

第二の点は、捕虜殺害の数をなるべく少なく計算するためにあらゆる方法が取られていることである。

捕虜殺害の事実そのものは認めざるを得ないので、その実数は戦闘詳報等のあげる数字よりははるかに少なかったのだと主張して、多くの個所で数を少ない方に修正している。

まずその前提として、南京防衛軍の総兵力はせいぜい六、七万人しかいなかったと推定して、だから何十万も殺しようがないと主張している。だが総兵力六、七万人というのは、最少限の見積りであり、根拠に乏しく、実数は約一五万人であることは本書Ⅲ部で述べられている通りである。しかも最少限の見積りである総兵力六、七万という判断をもとにして、捕虜などの数字をすべて少ない方に修正しているのである。

『南京戦史』は、「第六表　中国軍捕虜、我が軍に摘出逮捕された敗残兵、便衣兵一覧」として、各部隊の「戦闘詳報」や「陣中日誌」などの資料にもとづいて三万八〇〇〇という数を出している。(43) そのうえで、資料の確度が乏しいなどの理由で、約二万八〇〇〇だと一方的に修正している。そのうえでこの二万八〇〇〇の内訳を、収容約六二〇〇、釈放約三〇〇〇、逃亡約三〇〇〇、処断約一万六〇〇〇だと推定している。

しかし『南京戦史』が公式資料だとしている「戦闘詳報」や「陣中日誌」などを、たとえ一部分でも残している部隊は少数である。南京攻略戦に直接参加したのは、第六、第九、第一六、第一一四師団と、山田支隊、国崎支隊および第三師団先遣隊で、歩兵大隊数では五七大隊になる。そのなかの一六大隊と四個中隊、約三割の部隊だけが公式の記録を残している。その他の部隊も当然捕虜を得たと思われるが、『南京戦史』ではその他の部隊の捕虜の総計を一〇〇〇程度だと推定している。これはいかにも過少である。資料がないから捕虜もなかったし、虐殺もなかったというのは、総数を少なくみせるためとしか考えられない。同書がいたるところで用いている推計という手段を使えば、資料を欠いている部隊も虐殺に関係なかったとは言えないのである。

さらに『南京戦史』は、前に述べたように一般民衆にたいする日本軍の残虐行為についてほとんど触れず、ただスマイス調査を引用して、その数一万五七六〇人よりはさらに少ないと主張している。同書が南京大虐殺説に反論するのを目的とするのであれば、被害者側の証言や資料が最も多い市民や農民の殺害や強姦についてなにひとつ資料もあげず、意見も述べないのは、片手落ちである。一般民衆にたいする加害行為こそが、大虐殺といわれる理由だからである。

また数を少なく計算するために、時間と地域を限定している。時間は一二月一二日以降とし、地域も南京城の内外に限っている。しかし本書Ⅰ部で述べられているように、上海戦から南京戦は継続したものであり、南京攻略戦に限っても、時間や地域はもっと広くとるべきである。南京戦の期間は本稿のはじめで述べたように、大本営と方面軍の南京攻略命令が出た一二月一日からとすべきであろうし、その地域も南京の外郭防衛線であった常州・広徳の線から南京までの範囲をとるべきであろう。

外国人の目に触れ国際的問題となった南京城内だけでなく、南京攻略戦の期間やそれ以後も、日本軍が進撃した広大な地域で一般大衆の虐殺や強姦が繰り返されていたのである。前掲本多勝一『南京への道』、吉田裕『天皇の軍隊と南京事件』などの研究や、井口和起・木坂順一郎・下里正樹編『南京事件京都師団関係資料集』（青木書店）をはじめとする多くの加害者側の証言もそのことを明らかにしている。

南京のドイツ大使館分館の一九三八年二月二六日の報告では、南京近郊江南セメント工場滞在中のドイツ人およびデンマーク人にたいして、三人の農民が陳情書を出し、日本兵の農村地帯における放火、掠奪、虐殺、強姦の事例をあげ、殺された人々七九人のリストを提出している。そのなかでは、南京周辺四〇ないし五〇里にはもはやだれも住んでいない。いたるところで地面に死体が転がり、路上に血だまりができ

ている、と述べて両国の大使にたいし、この地獄からの救済を懇願しているのである。(44)

このような周辺部を加えれば、犠牲者の数はさらに大きなものになるだろうが、今となってはそれを集計する資料を求めることはきわめて難しくなっている。ただ南京攻略戦とそれにつづく治安粛正の間に、日本軍が行なった行為は「大虐殺」、「残虐行為」と表現して間違いない行動であった。南京大虐殺は「まぼろし」だとか「虚構」だとか、中国の作り話だという主張は、一部の政治家や右翼が唱えてはいるが、今では完全に破綻してしまったと言えるであろう。そこで虐殺否定派は戦術を変え、ある程度の事実の存在は認めるが、犠牲者はそんなに多くはないのだから大虐殺とはいえないという数の問題に論点をすりかえたのである。

『南京戦史』の結論は、捕虜の撃滅・処断は一万六〇〇〇だが、それは戦時国際法に照らした不法殺害とはいえない。一般市民の被害はスマイス調査が唯一のものだが、その数である一万五七六〇人よりは実数はさらに少ない、とする。したがって「二〇万、三〇万という数字は全く真実性に欠ける」、「南京事件イコール二〇万、三〇万の大虐殺」というのは誤った認識であり、是正されるべきだというのである。「南京事件」の捏造に反論し、教科書の誤った記述を正すという目的で出発した『南京戦史』は、大虐殺そのものを否定することはできないので、大虐殺イコール二〇万、三〇万の虐殺だとし、二〇万、三〇万の虐殺はなかったのだから大虐殺説は誤りだというふうに論点を変えてしまったのである。

中国南京市の殉難記念館には、たしかに遭難者三〇万と大書してある。この数字は学問的に実証されたものとはいえない。ただ被害者側の主張としては耳を傾ける必要はあるだろう。一方で日本の歴史家として一貫してこの事件の研究に取り組んできた洞富雄は、その著書『決定版・南京大虐殺』（現代史出版会）のなかで、「南京城内外で死んだ中国軍民は、二〇万人をくだらなかったであろう」としている。この二〇万をくだらないというなかには、軍人も市民もふくまれており、戦闘による戦死者も虐殺の犠牲者もあわせた概数である。それらを厳密に区分することはきわめて難しいので、現在のところこうした挙げ方しかできないのであろう。そしてその概数は、期間や区域のとりかたによってはさらに増加するのである。

『南京戦史』が「真実の究明」をめざし、大虐殺否定論にとっては不利な資料を隠匿しなかった方針は、評価に値する。少なくとも捕虜の処断が行なわれた事実を認めることによって、南京大虐殺は虚構だ、まぼろしだという一部の政治家や右翼の議論に、止めをさしたことはたしかである。だが『南京戦史』は、その重点を不法殺害の数は少なかったと主張することにおいて、大虐殺説に反対しているのである。しかし、たとえ捕虜の撃滅処断一万六〇〇〇、市民の被害一万五〇〇〇としても、それは大虐殺である。しかも虐殺は、南京市内に限られるものではない。南京戦の全期間、全地域でも、上海から南京への道程でもくりかえされている。いくら数が少ないと頑張っても、期間や地域のとりかたでは、いくらでも数がふえることに問題が存在しているのである。

中国側のあげる南京での三〇万の大虐殺という数字は、白髪三千丈式の誇張であるとし、それを攻撃することで、南京大虐殺は捏造だときめつけることが、日本人としてとるべき態度だろうか。捕虜の不法な殺害や市民にたいする残虐行為が、正確な数は不明としても多数存在したことは、消し難い事実なのである。数の多少を問題にするのだったら、範囲をひろげればいくらでもその数はふえるのである。

南京の事件は、象徴的にとりあげられているといってもよい。満州事変以来の一五年間の中国戦場で、虐殺はいたるところで行なわれていた。それについては、日本側にも中国側にも多数の証言や記録があり、現在も事実の発掘がつづけられている。中国だけでなく、シンガポール、マレーシア、フィリピンなど、日本の侵略戦争の被害国で、大虐殺の存在が現在も明らかにされつつある。南京はそうした事実の原点といえるのである。

日本軍が、軍紀の弛緩と中国人、アジア諸国人にたいする蔑視観とから、大規模な残虐行為を犯したことは遺憾ながら事実なのである。その事実を直視し、原因の追及と批判を行なうことが、忌まわしい歴史を後世への教訓として生かすことになる。『南京戦史』が、被害者である中国側の主張を捏造だ、誇張だと主張することに終始しているのは、加害者の側の歴史叙述として当を得た態度とはいえない。率直に虐殺の存在を認め、歴史の事実として、それへの批判と反省を忘れてはならないであろう。

(1) 防衛庁防衛研修所戦史室『戦史叢書　支那事変陸軍作戦〈1〉』(朝雲新聞社、一九七五年)、四二二ページ。
(2) 同前、四二三ページ。
(3) 同前、四二四ページ。
(4) 防衛庁防衛研修所戦史室『戦史叢書　大本営陸軍部〈1〉』(朝雲新聞社、一九六七年)、二六〇ページ。
(5) 同前、三九四〜三九七ページ。
(6) 防衛庁防衛研修所戦史室『戦史叢書　支那事変陸軍作戦〈1〉』、一〇二、一〇三ページ。
(7) 同前、一〇三ページ。
(8) 上砂勝七『憲兵三十一年』(東京ライフ社、一九五五年)、一七五ページ。
(9) 笠原十九司「南京防衛軍の崩壊から虐殺まで」『南京大虐殺の現場へ』(朝日新聞社、一九八八年)、九八ページ。
(10) 「南京攻略戦　中島第十六師団長日記」『歴史と人物』増刊号(一九八四年一二月)、二六二ページ。
(11) 南京戦史編集委員会編『南京戦史資料集』(偕行社、一九八九年)、三七七〜三七八ページ。
(12) 南京戦史編集委員会編『南京戦史』(偕行社、一九八九年)、三四五ページ。
(13) 防衛庁防衛研修所戦史室『戦史叢書　支那事変陸軍作戦〈2〉』(朝雲新聞社、一九七六年)、四六五〜四六六ページ。
(14) 『対支那軍戦闘法ノ研究』(陸軍歩兵学校、一九三三年)、七四ページ。
(15) 畝本正己「証言による『南京戦史』(5)」(『偕行』一九八四年八月)。
(16) 同前。

(17) 前掲『南京戦史資料集』、五四五ページ。
(18) 同前、六四八ページ。
(19) 同前、六七三〜六七四ページ。
(20) 同前、六三〇ページ。
(21) 同前、五五一ページ。
(22) 同前、四七六ページ。
(23) 同前、五〇二ページ。
(24) 井口和起・木坂順一郎・下里正樹編『南京事件京都師団関係資料集』（青木書店、一九八九年）、七ページ。
(25) 同前、三二二〜三二三ページ。
(26) 「〇一〇二在中国ドイツ公使館・大使館」の中の「二一〇八日中紛争ナンバー二〇三〜二〇五」（旧東ドイツ国立公文書館所蔵文書）。
(27) 前掲『南京戦史資料集』、五六五ページ。
(28) 『続現代史資料・軍事警察』（みすず書房、一九八二年）、二一八ページ。
(29) 吉田裕『天皇の軍隊と南京事件』（青木書店、一九八六年）、一五七ページ。
(30) 前掲『南京戦史資料集』、二二、二四ページ。
(31) 同前、五一ページ。
(32) 『岡村寧次大将資料（上）』（原書房、一九七〇年）、二九一ページ。
(33) 洞富雄編『日中戦争史資料8　南京事件』（河出書房新社、一九七三年）、三三六〜三三七ページ。
(34) 前掲在中国ドイツ公使館・大使館文書の「ナンバー二三四〜二五九」。
(35) 同前「ナンバー二一四〜二二四」。
(36) 前掲『南京戦史』、三六四、三六六ページ。
(37) 同前、三一七〜三一八ページ。
(38) 同前、三二〇〜三二二ページ。
(39) 前掲『戦史叢書　支那事変陸軍作戦〈1〉』、四三七ページ。
(40) 前掲『南京戦史』、三一四〜三一六ページ。
(41) 同前、三二九〜三三二ページ。

(42) 同前、三三六ページ。
(43) 同前、三六〇〜三六二ページ。
(44) 前掲在中国ドイツ公使館・大使館文書の「ナンバー一一三〜一二〇」。洞富雄・藤原彰・本多勝一編『南京大虐殺の研究』(晩聲社、一九九二年)、所収

日中戦争と戦後補償

一　日中戦争の特質

1　国際法を無視した戦争

日本のアジア太平洋戦争で最も多量の被害を受けたのは、言うまでもなく中国です。日本と中国との戦争は大変異質な状態で始まり、異質な形態を取りました。最初に一九三一年、いわゆる満州事変が始まりましたが、これは国家の軍隊と軍隊との戦いというよりも、むしろ現地住民と日本軍との戦いで事態が展開しました。

住民殺害の典型の平頂山事件の一部落老若男女皆殺し事件は一九三二年、満州事変が始まってから次の一年目に起こっています。事変の当初は反日武装団体は三〇万人と言われていた。これがほぼ数年でほとんど組織的には壊滅していくわけですが、そのためには徹底的な粛清討伐作戦が行われたのです。これは一九〇七年から一九一〇年にかけて四年間、朝鮮半島で行われた日本軍の義兵鎮圧作戦の形態をなぞっています。

もちろん朝鮮人民はやすやすと日本の植民地になったのではありません。一九〇七年に日本が強制的に朝鮮の軍隊を解散させると、それに逆らって義兵が各地に蜂起しました。そしてそれが住民と共に日本の侵略に対して抵抗したのです。これに対して日本は山の中の部落はすべて焼き払ってしまって、ゲリラが潜む拠点をなくす。さらに平地に集団部落を作って、そこに日本軍を駐屯させて、徹底した分散配置でこれを鎮圧するという方法を取って、朝鮮の併合を一九一〇年に成し遂げたのです。

同じことを満州でも行おうとしました。山間の部落を焼き払い、徹底的に武力抵抗する者を追い詰めていく。そして武装団体と住民との見分けがつかない状態の中で住民を殺すことを繰り返して、そして満州の治安維持を成し遂げようとしたのが満州事変の実態でした。

さらに大規模な国家と国家との衝突、これは誰が見ても戦争ですが、その戦争が始まるのは一九三七年ですが、この戦争が始まった時に、日本はこの戦争には国際法規は適用しないことを決めるのです。近代のフランス革命以後人権思想が発達してくると、戦争においても人権を尊重しなければいけないということで、さまざまな戦争に関する国際法規が作られてきます。

日本も近代国家になった時には、欧米諸国並みの文明国だということを示したいために、国際法を守ることを戦争では心掛けました。一八九四年八月一日の対清国宣戦の詔書には「苟モ国際法ニ戻ラサル限リ各々権能ニ応シテ一切ノ手段ヲ尽スニ於テ」と、一九〇四年二月五日の対露国宣戦の詔書には「凡ソ国際条規ノ範囲ニ於テ一切ノ手段ヲ尽シ」と、一九一四年八月二三日の対独国宣戦の詔書でも日露戦争と同部分は同文で、何れも国際法規を守って戦えということを示しています。

ところが一九三七年七月盧溝橋事件から全面的な戦争に発展してきたのに、この戦争は戦争ではないとして、宣戦布告をしないということを政府が決めるのです。宣戦布告をしない理由の一つは、日本が大部分を頼っているアメリカからの軍需品輸入が、アメリカ法の中立法の関係で交戦国に対してはできなくなるということに対する配慮もありましたが、もう一つは、国民に訴えるだけの戦争の大義名分がなかったからです。日本は単に中国に対して侵略をしているので、日本国民が奮い立つような戦争の名分を示すことができなかったのです。

そして陸軍省は、八月五日に支那駐屯軍に対して、以下のような通牒を出します（一九三七年八月五日陸支密第一九八号陸軍次官より支那駐屯軍参謀長宛通牒）。そこでは「現下ノ情勢ニ於テ帝国ハ対支全面戦争ヲ為シアラサルヲ以テ『陸戦ノ法規慣例ニ関スル条約其ノ他交戦法規ニ関スル諸条約』ノ具体事項ヲ悉ク適用シテ行動スルコトハ適当ナラス」とした上で、「日支全面戦ヲ相手側ニ先ンシテ決心セリト見ラルル如キ言動（例へハ戦利品、俘虜等ノ名称ノ使用或ハ軍自ラ交戦法規ヲ其儘適用セリト公称シ其他必要已ムヲ得サルニアラサルニ諸外国ノ神経ヲ刺戟セルカ如キ行動）ハ努メテ之ヲ避ケ」といっています。

そうすると現地の部隊は国際法を守らなくていいんだ。俘虜という言葉を使ってはいけないということは、俘虜を作ってはいけないということだと受け取ってしまいます。

その後次々と中国に派遣するすべての軍に対して、同じ内容の通達が出されていきます。そして大規模な俘虜が実際に発生したのは一九三七年一二月の南京攻略戦においてでした。この時思いもよらない大量の捕虜を獲得した日本軍は、この捕虜を軍としては殺すという方針を取った。これもさまざまな証拠から明らかです。

このようにはじめから中国に対しては国際法を適用しないということで戦争を始めました。そして軍事的には非常に優越的な立場を取っている日本の侵略に対して、中国の正規軍は頑強に抵抗しますが、追い詰められていく。そして日本は最終的には中国の主要な都市と交通線を占領しますが、背後に蜂起した人民の抵抗にてこずるのです。そして中国人民に対してさまざまな迫害を加えるというかたちでこの戦争が経過していきます。

こういったことから見ても、この戦争は国と国とが軍隊と軍隊をもって一応国際法で認められている害敵手段をもって戦ったのではなくて、日本軍が中国の捕虜や無抵抗な民衆に対して暴威を振るうというかたちで戦争が展開していきました。

ですから中国の被害者の大部分は、戦場における戦闘による死者ではなくて、捕虜として殺害されたり、強姦のあげく殺されたり、家を焼かれたりという人々が大変多かった。つまり国際法を守らない戦争だったということが、第一に中国との戦争の特徴に挙げなければならないことだと思います。

2　中国に対する差別意識

この戦争のもう一つの特徴は、日本の中国に対する特別な意識、ある意味では差別意識に基づいていたと言えます。中国人に対しては、これを殺したって構わない。どうしたって構わないという感覚を持っていた。満州事変の経験に鑑みて、日本は対支那軍の戦闘法の研究を始めます。それまで日本陸軍は主たる敵はソ連ですから、対ソ戦の研究をし、対ソ戦の訓練をしていたのですが、満州事変で中国軍と戦うことになったので、改めて中国軍との戦いはどういうふうにやったらいいかという研究を陸軍の学校の一つである歩兵学校でやったわけですが、その教訓を『対支那軍戦闘法ノ研究』というかたちで一九三三年にまとめています。

その中にはいろいろなことが書いてありますが、とくに重要なのは、「捕虜の処置」という項目です。

そこには「捕虜ハ他列国人ニ対スル如ク必スシモ之レヲ後送監禁シテ戦局ヲ待ツヲ要セス、特別ノ場合ノ外之レヲ現地又ハ他ノ地方ニ移シ釈放シテ可ナリ。支那人ハ戸籍法完全ナラサルノミナラス特ニ兵員ハ浮浪者多ク其存在ヲ確認セラレアルモノ少キヲ以テ仮リニ之レヲ殺害又ハ他ノ地方ニ放ツモ世間的ニ問題トナルコト無シ」と書いてあります。そこには、つまり中国人の人権を認めない、非常に差別的な意識がここに表れていると言えます。

一九三七年の全面戦争開始にあたって、日本は、はじめからあれほど大規模な戦争をする気はなかったのです。中国に対しては強大な一撃を与えれば、簡単に屈服するだろうと思って事態を拡大していくわけです。

当時の近衛内閣は、近衛首相も、広田外相も、杉山陸相も、いずれも拡大論者でした。その拡大論者は、実際に起こったような戦争を広げるつもりはなかったのです。一撃を与えれば中国は簡単に屈服すると考えていたのです。ですから大規模な戦争をする用意は日本側にありませんでした。

ところが実際に戦争が広がっていくと、日本が思ったように中国は簡単に屈服しなかった。日本の侵略に対して、ようやくこのころ中国は国家的な、民族的な統一が成し遂げられていったのです。そして日本に対して国民をあげて抵抗するようになった。思いのほかに戦争が長びいてしまうのです。

上海では激戦につぐ激戦で、非常に大きな損害を日本軍が出しました。そしてその損害に苛立って敵がい心にあふれた日本軍が、一気に首都南京に向かって突進していくわけです。

ところがこの時動員された日本軍は、それまでの戦時編制で動員されていったような軍隊ではありませんでした。対ソ戦のために大事な現役の部隊は取っておいたので、急遽召集した後備の部隊が多かった。もう一つは、進攻作戦のつもりではなかったので、後方部隊をほとんど持たなかった。機動力を持たない。

後方部隊を持たない。つまり補給を全く考えない軍隊を持っていったわけです。

ところが上海の戦線が崩壊すると、その軍隊は一番乗りを争って南京に向かって突進していきました。だから後方からの補給はない。糧はすべて敵による。現地で徴発つまり掠奪しながら進んでいったのです。ということは住民との接触はどうしても避けられない。その中で、中国人はすべて敵と思え、女子どもでも敵と思えという感覚を持って、住民に対する虐殺、強姦を繰り返しながら進んでいって、南京攻略戦が展開されていきます。

さらに、上海で中国の大軍を逃してしまったことに鑑みて、南京を完全に包囲して、中国軍が逃げられないようにして攻略戦をやりました。そのために大量の捕虜が出たわけです。ところが日本軍にさえ食料が十分ではない。まして捕虜に食べさせるものはないということから、軍は捕虜を始末してしまえという方針を出したのです。そして組織的に捕虜が殺害されました。

国際法を守らなくていい。俘虜という言葉を使ってはいけないという方針がありますから、いともたやすく捕虜殺害は行われたのです。そのことはその後の中国戦線全体を通じて言えることです。国際法に基づいて行われる戦争では、日露戦争でも、第一次大戦でも、日本は必ず中央に俘虜情報局、各地に俘虜収容所を作って、そこできちんと捕虜を待遇したのですが、日中戦争の全期間を通じて正規の俘虜収容所は作られませんでした。捕虜はみんな現地部隊の胸三寸に任されたわけです。

あの長い期間大軍が中国各地に転戦していったわけですから、その期間にたくさんの捕虜が出ています。その時々の軍や師団や連隊などの戦闘詳報を見ても、捕虜はたくさん報告されているわけです。ところがその捕虜をきちんと捕虜収容所に入れたという記録はありません。みんな殺してしまった。そのためにどれぐらい殺してしまったか見当がつかないのです。

3　中国人民への迫害

さらにこの中国との戦争は、いわば中国人民を敵とする、民族的な抵抗との戦いでした。広い占領地域の点と線を保持するだけの日本軍は、ゲリラ、すなわち中国の人民と戦うことを余儀なくされた。そのためには徹底的な人民抑圧の作戦を行なったのです。

華北では中国八路軍の解放区はどんどん増えていきます。その解放区を封鎖するために周囲に無人地帯を作るということは、周りの地域を人の住んでいない地域にすることです。無人地帯を作るということは、そこにあった部落はみんな焼き払って、そこにいた人間は殺してしまうということです。それを繰り返していったわけです。公然と北支那方面軍の作戦として無人地帯の設定、解放区の封鎖が行われていたのです。これがどれだけ多くの損害を中国人民に与えたか。数え知れないものがあります。

私個人の思い出ですが、私は軍国少年として育って、陸軍士官学校に入って、そして一九四一年、昭和一六年の七月に士官学校を卒業して、満一九歳の陸軍少尉として華北にいきました。そして最初に蜂起した紅槍会匪の討伐作戦に行かされたのですが、それまで私は日本はアジア解放の聖なる戦いをしているんだと教え込まれていました。ところが最初の経験は農民反乱の鎮圧だったわけです。

当時華北は水害で、飢饉で住民は飢えていた。その飢えた民衆から日本に協力しているかいらい政権が苛斂誅求をするので、それに耐えかねて民衆が蜂起したわけです。行ってみると、日本軍が戦っている相手は貧しい農民たちです。

私が見たのは、川原や土手に避難していた痩せ細った母親が、おっぱいが出ないものだから、草の茎をむしって、その汁を赤ちゃんに吸わせている姿でした。それを見て、これが聖戦か、これがアジア解放の戦争かという疑問を持ったのが、私の思想が悪化する原因でした。

そのような感想を持ったのは実は私だけではありません。昭和天皇の弟である三笠宮は幼年学校、士官学校、陸軍大学校というもっともエリートコースを通って、皇族として特別教育を受けて、陸大卒業後に支那派遣軍の参謀として中国に行ったわけですが、その著書の『帝王と墓と民衆』と、『古代オリエント史と私』の二冊の本の中で、自分はなぜ歴史を学ぶことになったかという思い出を書いています。

そこでは、中国に行ってみて初めて、いままで聞かされてきたことと現実との違いに驚いた。日本軍が聖戦の名のもとにものすごい残虐な行為を中国でしている。たとえばある参謀は真面目な顔をして、どうも八路軍の兵士は日本兵と男性としての機能が違うようだと言った。つまり八路軍は強姦をしないということです。あるいはある部隊長が自慢気に、自分は後方から見ていてもわが部隊がどこに進んでいっているのかすぐわかる。それは火の手が上がるからだ。つまり村を焼きながら進んでいくからだと語った。

こうしたことに非常に大きなショックを受けて、戦争に疑問を持ったと三笠宮は書いています。

それは私も同感でした。最近調べた資料の中でもたくさんそういう例は出てきます。たとえば航空軍の司令官が飛行機で山西省の作戦地域を視察すると、至るところに火の手が上がっている。いったいあれは何だと聞いたところ、第一軍参謀長の田中隆吉少将が、部落はみんな焼き払えという命令を出していた。日本軍が討伐作戦で進んでいくと片っぱしから部落に火をつけて焼き払っていくという姿を上から見て、これはおかしいではないかと言って疑問を呈したという資料がありましたが、そのようなことが繰り返されていたわけです。

つまり中国との戦争の期間にどれだけの被害を日本軍が中国人民に与えたか。それははかることができないくらい大きい。しかも正当な戦争の手段として行われる戦闘行為によって起こったものはほんの一部分で、それよりもはるかに大きな部分が、戦争で守るべきことを決めている国際法規に背いていて、戦争と認めていない中で行われた人民に対する軍隊の蛮行であるということに日中戦争の大きな特徴があります。そのことはまず最初に押さえておかなければならないと思います。

二　戦後補償の問題

1　中国の賠償請求権放棄

この戦争で日本がどれだけの侵略行為をして、どれだけの被害を与えたのかということを考える時に、中国の問題は最大であることは当然です。ところがそのことを日本はあまり考えてこなかった。戦後に戦争の責任、あるいはそれにたいする賠償が問題になるのは、サンフランシスコ講和条約ですが、このサンフランシスコ講和会議にはその当時の国際関係の影響で中国は招請されませんでした。

そして日本の講和の相手として二つの中国、つまり北京の中華人民共和国政府と台湾に避難した国民政府のどちらを選ぶかは日本に任されたのです。ところが当時の日本の吉田内閣は、アメリカの圧力があったことはもちろんですが、中国全体を代表する講和会議の相手として選んだのは台湾の国民政府でした。そして台湾政府は一九五二年四月の日華平和条約の中で、日本が自分を中国全体の代表として認めてくれたお返しに、一切の戦争賠償請求権を放棄したのです。

さらにその後二〇年経った一九七二年、今度は北京の中華人民共和国とのあいだで日本は国交を回復します。この時は講和条約には至らないで共同声明でしたが、九月二七日の共同声明では、「中華人民共和国政府は、日中両国民の友好のために、日本国に対する戦争賠償の請求を放棄することを宣言する」としています。さらに、一九七八年八月一二日の日中友好条約では、前文で一九七二年九月二七日の共同声明の遵守を確認するとしています。

ここでご注意いただきたいのは、これはあくまでも国家として戦争賠償を放棄したわけです。ところが日本は中国と戦争していたとは言っていない。一九四一年までは中国とは戦争していないんだと言っていました。これは戦争ではない、国際法を守らないんだと言ってきたわけです。

ということは一切の日本軍が中国で行った行為は犯罪に他ならないということになります。捕虜を殺したり、家を焼いたり、強姦したりした。国家間の戦争賠償は放棄しても、個人のそういう被害に対する弁償を中国側が国として放棄しているわけではないということはここではっきりしていることです。そういう問題が残っているわけです。

そしてその後もうすでに二十数年経過しましたが、この問題については日本側は一切前進していないのです。また中国政府も日本との国家間の友好関係、とくに経済的な借款を受けたり、援助を受けたり、いろいろな問題があるので、日中友好を掲げていました。そして中国政府が政府として日本の残虐行為や、あるいは日本による被害を言い立てることはしなかったのです。

これも私の経験ですが、一九八一年、ちょうど満州事変が始まってから五〇年経った時ですが、九月一八日の柳条湖事件の時に柳条湖に行こうということで団体で出掛けたことがあります。そして九月一八日の当日、つまり五〇年前の日本の中国侵略が始まったその日に、何か記念の催しがあるだろうかと思ったのに何もない。人民日報にも、その時は瀋陽にいましたが、現地の遼寧日報にも一字も書いてない。またわれわれが柳条湖の現地に行こうとしたら、結局行きましたけれども、中国側はなるべくそれを断ろうとする。

さらにせっかくここまで来たのだから、その翌日一九日は平頂山事件の記念日でしたから、平頂山の記念館に行きたいと言ったら、平頂山の記念館はいま修理中だと言う。無理矢理行ったら、修理なんかしていませんで、ちゃんとありました。つまり当時の中国政府の考え方は、被害を言い立てない、日本との友好関係を顧慮して、中国側から被害を言い立てることはしないという態度を取っていたのです。

2　被害の実態と調査の必要

翌年の八二年に教科書問題の国際化という事件がありました。日本が教科書検定で侵略を進出に変えさせたとか、南京大虐殺についての記述にクレームをつけたという問題が大きく報道されて、日本の新聞やテレビがそのことを取り上げたことで、初めて中国は、韓国もそうですが、日本の教科書検定の実態を知って、それに抗議したのです。中国政府も韓国政府も、日本政府に、日本の教科書検定は歴史的事実を歪曲していると抗議をしました。そのことで初めて日本が国内で加害の事実を教えていないということを知って、初めて被害を言い立てるようになったのです。

それからまた二年後の一九八四年、私たちは日本国内で問題になった南京大虐殺の論争に関連して、南京事件調査研究会というのを作って、八四年の一二月に南京に調査団を作って出掛けました。その時南京には何もありませんでした。虐殺の現場に行っても何もない。われわれが行って、日本国内で南京大虐殺があったかなかったかという論争をしているんだということを初めて中国は知ったわけです。

そしてその八四年以後から南京には至るところに虐殺の記念碑が建ち、さらに江東門のところに大規模な殉難記念館が作られたことが示すように、それまでは中国側は被害の問題を取り立てて言わなかったんです。

またそれに関連して、日本の「アジア太平洋戦争地域の戦争犠牲者に思いをはせ、心に刻む会」などが南京から被害者を呼んで、あるいは南京大学の教授でこの問題を検討している高興祖先生を呼んで日本で集会を開くということを何べんも計画したのです。私たちの研究会もそういう計画を何べんも立てたのですが、誰も来ることはできない。ビザを出してくれないのです。つまり中国の公務員が日本に来て、虐殺の証言などしてはいけないという態度を取っているわけです。

去年初めてその刻む会の招待で南京の記念館の館長と被害者が日本にやってきて証言をしましたが、これは画期的なことです。今まではそういう態度をずっと取り続けてきた。もう一つの理由として、被害者の運動が民主化運動に広がることを恐れているのかもしれません。

ですから日本ではあれほど大きな被害を中国に与えていたにもかかわらず、日本国内で中国に対する日本の加害の実態が問題にならなかったのです。たまたま右翼が反撃したので問題になった南京大虐殺があったかなかったかという論争がありました。また今では南京での犠牲者数は二〇万か三〇万か、あるいは二万か二千かという議論をしているけれども、そんな問題ではない。一千万、あるいはもっと大きな数の中国の人命が日本軍の侵略によって失われているのです。

また生命だけではなく、家を焼かれ、あるいは日本の兵士に女性がじゅうりんされ、殺されたという例は数えきれないぐらいある。このことをきちんと調べなければいけません。

実は中国戦線にはたくさんの日本軍が行きました。占領している期間も非常に長い。今度の戦争の体験者は圧倒的に中国戦線です。

おれは戦争に行ってきたと言うおじいさんたちは中国へ行ってきた人が多い。その人たちは何と言っているか。中国ではいい思いをしてきたという人が多いのです。何をしたのか。そういう戦争体験をきちんと日本側で調べて、総括していかなければならないんです。

たまたま韓国人従軍慰安婦問題が数年前から大きな問題になりました。ある酒場でその話をおじいさんたちが話題にしている。あんなものは当たり前だ。みんな経験してきた。みんなお世話になったななんて言っているわけです。そういう体験を年寄りは持っている。そのことがどんなに日本がアジアに対して、とくに中国に対して負っている重い体験であるかを私たちはもっと考えてみなければいけない。そしてそのことはわれわれ自身の責任で調査しなければいけない。

私は戦争のことをやることが自分の使命だと思って、戦後五〇年間戦争のことを調べているのですが、中国に関して言えば、まだまだ足りないことがいっぱいある。いったい何人殺したのかさえはっきりしないのです。非常に大雑把な数しか出ていない。韓国人従軍慰安婦が問題になっていますが、現地では朝鮮人従軍慰安婦よりももっと大きな数の現地調達の中国人の慰安婦、あるいは慰安婦とも言えないような、強制的に日本軍に捕えられた性奴隷の女性たちがたくさんいたという実例を参戦者はみんな知っているわけですが、そのことはほとんど問題にされてこなかった。そういうことを考えなければいけません。

次の問題として、日本はこの戦争で軍は現地で自活するという方針を取っていた。あの一〇〇万の大軍、関東軍を入れたらもっと多い数の軍隊が中国の現地でものをぶんどって生きていたわけです。南方戦線だって、一九四一年に南方作戦を始める時の日本の南方占領地行政実施要領というのでは、軍の現地自活を方針に掲げています。

つまり国内から補給しないで現地で食っていく。現地で食っていくということは、ものをぶんどるということです。掠奪された物資は非常に多い。寒いからといって家具を壊して燃やしてしまうようなことを繰り返していたわけです。そういった被害の総額を加害者の責任として日本はきちんと調べなければいけない。どれだけの国富の損害、人命の損害、あるいはさまざまな屈辱を与えたのかを調べなければいけない。それは日本の責任です。そのことはまったく行われていない。

ですから今度法律家の調査団がその調査をなさるということは非常に大事なことです。いままで私たちは五〇年間もそれを放ってきたわけです。中国がたまたま声を上げなかったから放ってあったわけですが、それではすまないことです。戦後補償の問題にしても、その中でいちばん大きな部分を占めているのは中国です。それがいままでなおざりにされてきたということを私たちは受け止めなければならない。そしてそれをわれわれの責任としてこれからやっていかなければいけないということを痛感します。

私はもう年取ってしまいましたが、これは申し訳ないけれども次の世代に責任をバトンタッチしなければならない。実際にはその戦争を知らなかった、まだ生まれていなかった方々が、日本国民として、日本の歴史の負い目を背中にしょっているということを考えていただきたいと思うので、それをこれからの問題として納得していただきたいというのが私のお願いです。

調査する項目は非常にたくさんあります。今日は実際に調査に行かれた弁護士さんたちが報告なさいますけれども、それ以外にも数えきれないぐらいの課題が残っていることを申しあげて問題提起にします。

一九九五年五月二〇日開催のフォーラム「中国民衆の戦争被害と戦後補償を考える」における講演。のちに『法と民主主義』(三〇〇号、一九九五年八月)、所収

日中戦争における捕虜虐殺

はじめに

一九九五年五月二〇日、日本民主法律家協会と中国人戦争被害法律家調査団による「中国民衆の戦争被害と戦後補償を考える」フォーラムで私は「日中戦争と戦後補償」と題する講演を行った。この講演は『法と民主主義』九五年八月号に掲載されるが、本稿は、同誌の「日中戦争と戦後補償」を補完する内容となるものである。一九三七年以後の日中全面戦争にたいして、日本は宣戦布告をせず、戦時国際法を適用しないと決めたこと、その上中国にたいする差別意識もあって、捕虜を公然と殺害したこと、などはこの講演とあわせて完結することになる。同誌を参照していただければ幸いである。

一 日本軍の対中国軍認識

日露戦争後も、日本の第一の仮想敵国は、ロシア、革命後はソ連であり、とくに陸軍は対ソ戦を第一義的に考えて編制装備を整え、訓練をつんできた。一九一八年の国防方針の補修及び一九二三年の国防方針の改定にさいしては、ロシア、アメリカにつぐ第三の仮想敵国として中国を加えたが、中国にたいする本格的な戦争を計画していたわけではなかった。辛亥革命以後の中国は軍閥の対立抗争がつづき、近代国家としての統一ができてはいなかった。日本は満州の張作霖軍閥を援助するなど、利権の確保と拡大につとめ、これを独立した国家とは認識していなかった。したがって対中国軍戦闘については、対ソ戦の場合のような情報収集も特別な訓練もつんでいなかったのである。

満州事変によって日本軍は、はじめて革命後の中国軍と対戦した。事変当初の東北軍閥軍との戦闘は、中国国民政府に戦闘の意志がなく、指揮官の張学良も軍隊の温存をはかって戦意がなかったので、南嶺や漱江での場合を除いて、大きな戦闘がおこらなかった。激戦となったのは、三二年の上海での第一九路軍との戦闘であった。

三二年一月二九日、上海の海軍陸戦隊と、上海附近駐屯の中国第一九路軍（軍長蔡廷階、広東省の地方軍閥）との間に戦闘がはじまり、二月二日陸軍の出兵を決定、まず第一二師団から混成旅団を、ついで第九師団を派遣した。第九師団は二月下旬、二回にわたる総攻撃を行ったが、中国軍の抵抗が強く大きな損害を出して攻撃は失敗した。そこで陸軍はさらに上海派遣軍（司令官白川義則大将）を編成し、第一一、第一四師団を増派することにした。三月一日第一一師団が中国軍の左側背に上陸し、第九師団が第三次の総攻撃を行うことで、ようやく中国軍を後退させた。こうして一応の面目を保った上で国際連盟への配慮から三月三日停戦を声明し、戦闘を終わったのである。

この上海の戦闘は、はじめて中国軍と真正面から対戦したもので、日本軍にも大きな損害が出た。歩兵第七連隊の大隊長空閑昇少佐は重傷を負い、部下は大隊長を敵前に残して退却したため捕虜になるという事件がおきた。その他にも隊長が戦死したため部隊は統制力を失ったり、恐怖心にかられ敵を過大視したり、その他苦戦にともなうさまざまな戦場心理が報告されている。(1)

このような苦戦を強いられたにもかかわらず、日本軍の対中国軍認識は、依然として中国は統一国家ではなく、その軍隊の多くは私兵で素質劣悪、統制不十分な雑軍だと蔑視していた。一九三三年一月に陸軍歩兵学校が頒布した『対支那軍戦闘法ノ研究(2)』は、教官永見大佐の研究によるものとされている。第一編対正規軍戦闘法ノ研究、第二編対匪賊戦闘法ノ研究、第三編支那軍及匪賊ノ特質の三編からなり、第一編は主として上海事変の経験を踏まえて書かれ、第二編は満州における治安粛正作戦の経験によるものとなっている。

この書が説いているのは、上海における第一九路軍は、蔡軍長の意志と能力、軍の戦意と志気が中国軍の中では突出していた。同じく上海で戦ったその他の第五軍などは、戦力が遥かに劣っていたとしている。そして全体として中国軍は近代軍とはとてもいえない状況にあると軽視しているのである。

中国軍にたいする差別感がとくにあらわれているのは、「対正規軍戦闘法ノ研究」の中の「其六捕虜ノ取扱」の項である。「捕虜ノ取扱」は「甲、武装解除ニ関スル着想」と「乙、捕虜ノ処置」からなっているが、「捕虜ノ処置」の第一項は次のようになっている。

> 捕虜ハ他列国人ニ対スル如ク必スシモ之レヲ後送監禁シテ戦局ヲ待ツヲ要セス、特別ノ場合ノ外之レヲ現地又ハ他ノ地方ニ移シ釈放シテ可ナリ
> 支那人ハ戸籍法完全ナラサルノミナラス特ニ兵員ハ浮浪者多ク其存在ヲ確認セラレアルモノ少キヲ以テ仮リニ之レヲ殺害又ハ他ノ地方ニ放ツモ世間的ニ問題トナルコト無シ

このような中国軍にたいする蔑視感は、一九三三年四月に中央直系軍と戦った関東軍においても同様であった。関東軍は熱河作戦につづいて、万里の長城の古北口附近で国民政府の中央軍四ヶ師と戦った。そのさい捕虜を通じて得た中央軍について、次のように見ている。(3)

募兵に就て

一般志願に依る（失業者にして已むなく糊口を凌ぐ為兵になるもの）ものありと雖も、多くは強制徴集なり。募兵区域にある徴募機関は予め準備せる戸口調査表に依り戸毎に強制募兵す。壮丁一名の家は一名、二名の壮丁ある家は内一名、三名の壮丁ある家は内二名を徴用す、若し之に応ぜざるときは厳罰に処す、家族の悲嘆言語に絶す、故に徴募せられたる壮丁は恰も屠所に赴く小羊の如く戦々兢々として入営す。

このように、中国軍にたいしては、その素質の点でも能力の点でも、まったく軽蔑していたのである。三三年五月関東軍は再び長城線を越えて関内に侵攻し、通州を占領して北平に迫った。これにたいして国民政府は無抵抗で中央軍を撤退させ、停戦を申し出た。五月三一日関東軍と中国軍との間に満州国の存在を黙認するにひとしい塘沽停戦協定が成立したが、これによって日本軍の対中国軍蔑視はいよいよ強くなった。

塘沽停戦協定によって、日中関係は一段落したかにみえたが、その後も日本陸軍は華北にたいする進出工作をつづけ、二年後の三五年六月には、河北省についての日本軍の要求を中国側に認めさせる梅津・何応欽協定を承認させた。このとき支那駐屯軍司令官梅津美治郎中将の下で、実質的に協定成立の立役者となったのが、参謀長酒井隆大佐であった。酒井は、三二年から三四年まで参謀本部の支那課長をしていた陸軍切っての「支那通」であった。酒井は常に、「支那」というのは地名であって、国名や民族名ではないと主張していた。つまり中国人には民族意識も国家意識もないのだから、分割支配が可能だという蔑視感をもっていたのである。

軍人はともかくとして、中国にたいする相当の理解をもっていたはずの民間人でも、中国軍にたいする観念は同じようなものであった。三五年版の東亜同文会の『支那年鑑』の中国軍についての記述は、次のようなものである。

其の実質は依然として傭兵、軍閥の私兵と見て何等差支へない。従つて表面的には約二百万以上の兵力を有し、且つ其の編成及び装備も完成せる如く見ゆるも、其の本質に至つては今尚三千年以前の春秋戦国の軍隊と何等異るところがない。元来支那下層民は無学無智懶惰にして、糊口に窮する者は多く募兵に応ずるを以て立身に対する唯一の道とし来れるもの丶如く、これ『古来好人不当兵』の通俗語を有する所以である。(4)

中国軍にたいする差別意識は、陸軍の対外宣伝用のパンフレットである『帝国及列国の陸軍』にもあらわれており、日中全面戦争開始後の一九三八年版においてさえ、「支那の陸軍は傭兵であって、軍閥の私兵である」(5)と、いまだに書かれている。

このような中国軍にたいする蔑視感が、盧溝橋事件勃発のさいの強硬論、いわゆる拡大派の論拠になっていたのである。このさい一撃をあたえれば、中国はたやすく屈服するだろうという楽観的な見通しが、強硬論の背景にあったのであり、実際に生じたような長期全面戦争などは、まったく予想していなかったのである。そしてこのような楽観論をもっとも強く主張したのが、参謀本部第二部（情報）の支那課（課長重藤千秋大佐）、すなわち中国情報の専門の部局であったことは注目に値いする。

二　中国軍にたいする差別

第一次大戦以前の日本軍は、天皇の宣戦の詔書に「国際法遵守」が明記されていることが示すように、近代国家として国際法に従い、捕虜にたいしても一応人道的処遇をするようにつとめた。ところがそれ以後は、捕虜の人権無視へ転換してしまうのである。神田文人は、その理由として、一、捕虜の人道的処遇が目に余るものであったこと、二、国際法の適用外の、宣戦布告のない海外派兵を目指したのではないかということ、三、軍部の優越的地位から、軍事的配慮を優越させ、国際条約を軽視するに至ったこと、の三点をあげている。(6) 日中戦争における捕虜処遇が、以前の戦争とはまったく違うことは事実であり、神田のあげる三点もその通りだが、中国人にたいする差別意識が捕虜殺害の根底にあることも重要な原因である。

盧溝橋事件がおこると、近衛内閣は七月一一日一一時半から一四時ごろまで首、外、陸、海、蔵の五相会議、一四時から一五時すぎまで閣議を開いた。ここで陸相の提案を容れ、支那駐屯軍を増援するため関東軍と朝鮮軍から派兵（混成二個旅団と第二〇師団）を行うこと、内地三個師団の動員を準備することを決定した。政府は重大決意のもとに「北支」に派兵するという声明を発表し、風見内閣書記官長は今次の北支事件を「事変」と称すると発表した。この日に現地では停戦協定が成立したのだが、政府声明と、同夜近衛首相が政界代表、財界代表、新聞通信関係者代表を首相官邸に集めて自ら決意表明を行ったことは、日本政府の戦争への気構えを内外に示し、事態拡大の原因となった。

朝鮮、満州からの増援部隊がほぼ華北に集中した七月下旬、ふたたび両軍間が緊張して、郎坊事件、広安門事件などの衝突事件がおこった。近衛内閣は七月二七日の閣議で内地三個師団などの動員を承認、参謀本部は支那駐屯軍に平津地方の中国軍攻撃の大命を出した。翌二八日総攻撃を開始した支那駐屯軍は北平、天津一帯を占領、本格的な日中両国間の戦争に発展した。

八月五日、陸軍次官より支那駐屯軍参謀長宛の通牒で、この事変は戦争ではないから戦争法規は適用しない、「俘虜」などの名称は使うなと指示した(7)。同文の通牒が、その後次々に編成される各軍にも送られている。この通牒は、国際法を守らなくてもよいとか、俘虜は作らないようにせよなどと、誤解される恐れが多分にあるものであったといわざるを得ない。すでに戦局は全面戦争化しているのに、宣戦布告をせず、それまでの戦争のように「国際法を守れ」という詔書も出されず、俘虜という言葉（捕虜と同義語で、戦前の軍用語）も使うなと指示されていれば、第一線部隊が捕虜をどう扱うかは想像に難くはない。

この間に戦火は上海にも波及し、八月一三日閣議は上海への陸軍派兵を決定、八月一五日「暴戻支那軍の膺懲」のため「断乎たる措置をとる」という、戦争宣言というべき政府声明を発表した。さらに八月二五日の首、陸、海、外の四相会議で、宣戦布告はしないが、それに代る勅語を出すことを決定し、九月四日、第七二臨時議会開院式の勅語で、「中華民国の反省を促す」という戦争目的を示した。宣戦布告はしないまま戦争に突入したのである。

同じ九月四日杉山元陸相は陸軍全般への訓示を出し、その中で事態はすでに全面戦争であるという認識を次のように示した。

抑ゝ今次ノ事変ハ其ノ因由スル所実ニ南京政府ノ踏襲セル根本国策ニ胚胎ス　即チ既ニ久シキニ亙リテ醞醸セラレタル抗日排日ト近時特ニ顕著トナレル容共政策トニ由リテ激成セラレタルモノニシテ而モ事態ハ愈々拡大シ其ノ実質ハ過去数次ニ亙リテ帝国カ経験シタル所謂事変トハ全ク其ノ趣ヲ異ニシ既ニ全面戦ヘ移行シタルモノナルコトヲ深ク覚悟セサルヘカラス(8)

すでに陸軍自身が、全面戦争であると認識していながら、宣戦布告をせず、国際法を適用せず、俘虜という言葉は使わないという方針は変えなかった。

一八九九年のハーグの国際平和会議では、国際平和条約の他に、「陸戦の法規慣例に関する条約」が調印され、日本もこれに参加している。その後の日露戦争でも、第一次大戦でも、これにもとづいて中央に俘虜情報局が設置され、次々に俘虜収容所が開設されて、国際法にもとづく捕虜の処遇が行われたのである。ところが日中戦争では、全面戦争であると認識していながら、俘虜情報局、俘虜収容所の官制や規則は公布されず、実際に設置もされなかった。

だがそれまでも、中国の戦場では激戦が展開されており、捕虜が生じていないはずはなかった。七月二八日の平津地方撃滅戦では、南苑の第二九軍の第三八師と第一三二師の主力は、支那駐屯軍の第二〇師団と支那駐屯歩兵旅団によって包囲撃滅され、副軍長や一三二師長など五〇〇〇の戦死者を出している。そのさい相当の捕虜があったと思われるし、その後の華北や上海の戦場でも捕虜はなかったとはいえないだろう。
九月二日陸軍次官は北支那方面軍参謀長にたいし、陸支密電二六六号で、「貴軍ニ於ケル俘虜ノ取扱方種々ノ関係上承知致度ニ付回示アリ度」と電報している。（八月三一日に支那駐屯軍が改組され、北支那方面軍、その隷下の第一軍、第二軍の戦闘序列が発令されている。）これにたいし北支那方面軍参謀長は、九月八日に、方軍参三電第二五一号で、次のように陸軍次官に回答している。

武装解除セル敵兵（捕虜）ハ解除後殆ント離散ノ状況ニアリ
北平衛戍病院入院中治癒セルモノハ後送隊トシテ道路構築等ニ使用シアリ未タ治癒セサル者ハ支那側病院ニ於テ収容シアリ又馬家溝ニ於テ武装解除セル冀東保安隊ハ後送隊トシテ使用セラル筈（終）⑨

後送隊の意味は明らかでないが、捕虜についての条約にもとづいた処遇ではないことは明らかである。中央から、捕虜をどう扱っているのか知らせろという問い合わせにたいして、現地軍が答えに窮していた状況が想像される回答だといえよう。
国際法を適用しないとして、捕虜の処置をきちんと決めていなかった陸軍は、海軍から捕えた捕虜を引き渡すといわれて狼狽した。九月三日、海軍の南支部隊の一部（第五水雷戦隊）は、香港沖の東沙諸島（プラタス島）を占領し、中国海軍の将兵を捕え、これを台湾に運んで陸軍に引き渡そうとした。九月六日、台湾軍参謀長は、陸軍次官、参謀次長宛に、台電第五二五号で次のように電報した。

馬公要港部ハ我カ海軍ノ「プラタス」島占領ノ際捕ヘタル支那海軍将校以下二五名ノ投降兵ヲ駆逐艦

朝風ニ乗セ五日午後八時高雄ニ入港シ高雄憲兵ニ其収容方ヲ依頼セリ軍ハ本件ニ関シ何等正式通牒ニ接セサリシモ傍受等ニ依リ予メ承知セシニ依リ台北海軍武官ヲシテ軍ハ本島ニ敵投降兵ヲ収容スルコトヲ欲セス若シ海軍ニ於テ是非台湾軍ニ於テ収容ヲ必要トスル事情アラハ花蓮港ニ揚陸セシメラレ度高雄ハ絶対ニ不可ナルヘキ電文ヲ馬公要塞部《ママ》及朝風ニ午前打電セルニ拘ラス朝風ハ他ニ重要任務アリトテ前記ノ如ク入港シ昨夜高雄税関検疫所ニ収容シアリ

軍ハ海軍カ敵投降兵ヲ適宜処置スルコトナク軍ニ其収容ヲ依頼セルコトハ何等カノ目的アルコトヲ信シ花蓮港ニ廻港《ママ》シテ暫時収容ノ処置ヲ構スヘク手配中ナルモ爾後ノ処置ニ関シ何分ノ指示アリ度

（終）

これにたいし陸軍次官は、九月八日陸支密電三〇三号で、「支那投降兵ノ取扱ニ関シテハ別ニ指示スル迄俘虜ニ準シ取扱ハレ度」と返電した。そして一〇日後の九月一七日になって、陸支密電三七八号で、次のように改めて指示を下した。

陸支密電三〇三号ニ依リ指示シタル俘虜ハ抑留ノ必要ナキニ至リタルヲ以テ適宜釈放ノ上国外追放ノ措置ヲ採ラレ度海軍トハ連絡スミ[10]

俘虜収容所の規則も作らず、設置もしていないのに、しかも中国系住民の住む台湾で、海軍から捕虜を押しつけられて、陸軍が苦慮した様子がうかがわれる事件である。中国軍にたいしては、他の列国軍にたいするように、きちんと国際法にもとづく処遇をしなくてもよいとしていた日本陸軍の差別感が、捕虜の処遇にもっともあらわれていたのである。

三　組織的な捕虜殺害

戦争ではなく事変だといいつづけ、戦争法規を適用しないと決めたこと、捕虜にかんする規則も組織もつくらず、捕虜という言葉さえ使うなと指示したこと、これらの軍中央の方針は、組織的な捕虜の大量虐殺の原因となったものである。さらに大規模な虐殺が実行された南京攻略戦の場合を検討してみると、次のような事情も原因をつくっている。

第一に、日本軍が後方補給を無視して南京に突進したことがあげられる。はじめに軍中央は中国軍の抗戦力を軽視し、上海附近の敵を撃破すれば事変は終わると考えていたので、十分な後方部隊の準備も補給の計画もなかった。上海戦が思いもかけぬ激戦となり、一一月に第一〇軍の杭州湾上陸、第一六師団の白茆江上陸で中国軍が退却すると、今度は各部隊が統制を無視し先を争って南京へ向かったので、補給はまったくつづかず、食糧はすべて掠奪にたよったのである。日本軍自身が食糧がないのだから、捕虜の給養に廻す余裕がなく、簡単に始末せよという命令が出されたのである。

第二に、南京攻略戦が完全な包囲殲滅戦となったことである。上海で中国軍主力を逃した日本軍は、南京では完全に包囲に成功した。西方と北方を揚子江で画されている南京にたいして、東方から上海派遣軍、南方から第一〇軍が包囲した他に、揚子江の対岸には上流から国崎支隊、下流から第一三師団が進み、さらに江上には海軍の第一一戦隊が退路をふさいだ。中国側の防衛軍司令官唐生智は、当初は南京死守を宣言していながら、陥落寸前の一二月一二日になって逃げ出したため、防衛軍の大部分は逃げ遅れて捕虜になったのである。

莫大な数の捕虜を得て処置に窮し、結局は殺すことになった山田支隊は、実際には僅かな歩兵第六五連隊の一連隊だけの兵力で、数倍の捕虜を殺すことになるのである。支隊長山田栴二少将の日記の、捕虜に関する部分は、次のように記述されている。

十二月十四日
捕虜ノ仕末ニ困リ、恰モ発見セシ上元門外ノ学校ニ収容セシ所、一四、七七七名ヲ得タリ、斯ク多クテハ殺スモ生カスモ困ツタモノナリ
十二月十五日
捕虜ノ仕末其他ニテ本間騎兵少尉ヲ南京ニ派遣シ連絡ス
皆殺セトノコトナリ
各隊食糧ナク困却ス
十二月十六日
相田中佐ヲ軍ニ派遣シ、捕虜ノ仕末其他ニテ打合ハセヲナサシム、捕虜ノ監視、誠ニ田山大隊大役ナリ、砲台ノ兵器ハ別トシ小銃五千重機軽機其他多数ヲ得タリ
十二月十八日
捕虜ノ仕末ニテ隊ハ精一杯ナリ、江岸ニ之ヲ視察ス
十二月十九日

捕虜仕末ノ為出発延期、午前総出ニテ努力セシム[11]

大量の捕虜の処置に窮して、軍が殺害を命じたのである。歩兵第六五連隊長の両角業作大佐が戦後にまとめたという手記でも、軍が命令で強引に処置を命じたと書かれている[12]。福島県在住の小野賢二氏が、山田支隊関係の下級将校や兵士の日記類を丹念に収集されているが、それによっても捕虜の殺害が軍の命令で行われたことが明らかである[13]。軍が思わぬ多数の捕虜の処置に困って、命令で組織的に殺害したのである。

南京戦の場合は象徴的な事例である。だが日中戦争の全期間を通じて、日本軍はおびただしい数の中国軍将兵を捕えている。各部隊の戦闘詳報をはじめとする戦果の報告でも、遺棄死体と捕虜の数は、集計が困難なほどに多くが挙げられている。ところが一九四一年の対英米開戦以後に、俘虜情報局と俘虜収容所が設置されるが、それは英米人を対象としたもので、その何倍、何十倍もあったはずの中国人捕虜は対象とされていないのである。その大部分は虐殺され、一部は強制労働に従事させられたのである。

戦争責任と戦後補償の問題を考えるとき、恐らく最大の犠牲者数を出しているのは中国である。中国人捕虜の虐殺や、ようやく最近取り上げられるようになった中国人性奴隷の存在は、これからの大きな研究課題であろう。

(1)　第九師団司令部「上海附近の会戦より観たる戦場心理に就て」(『偕行社記事』一九三二年二月号附録特号)。
(2)　陸軍歩兵学校教育部長香月清司序『対支那軍戦闘法ノ研究』(陸軍歩兵学校、一九三三年一月)。
(3)　関東軍参謀部「俘虜を通じて見たる中央軍に就て」(『偕行社記事』一九三三年八月号)。
(4)　東亜同文会研究編纂部『最新支那年鑑(昭和十年版)』(東亜同文会、一九三五年)。

（5）陸軍省『帝国及列国の陸軍（昭和一三年版）』（陸軍省、一九三八年）。
（6）神田文人「第一次大戦前の日本の俘虜処遇とその転換」（『横浜市立大学論叢』第四五巻、人文科学系列、第一号、一九九四年三月）。
（7）陸軍次官発支那駐屯軍参謀長宛通牒「陸支密第一九八号」（防衛庁防衛研修所戦史室『戦史叢書 支那事変陸軍作戦〈2〉』附録第七、朝雲新聞社、一九七五年）。
（8）「陸軍大臣訓示送附ノ件」昭和一二年陸支密第一六七九号（『陸支密大日記』防衛研究所図書館蔵）。
（9）「北支ニ於ケル俘虜取扱ニ関スル件」昭和一二年陸支密受第一五五三号（『陸支密大日記』防衛研究所図書館蔵）。
（10）「支那投降兵ノ取扱ニ関スル件」昭和一二年陸支密受第一八一二号（『陸支密大日記』防衛研究所図書館蔵）。
（11）「山田栴二日記」（『南京戦史資料集Ⅱ』偕行社、一九九三年）。
（12）「両角業作手記」（同右、この記録は、戦後にまとめられたものの筆写であるというので、一次資料ではない）。
（13）小野氏収集の日記類は二〇名以上の分があり、近く刊行が予定されている。その一部は「宮本省吾陣中日記」（『週刊金曜日』一九九三年一二月一〇日）および「黒須忠信陣中日記」（『週刊金曜日』一九九四年二月四日）として発表されている。

『季刊戦争責任研究』（第九号、一九九五年九月）、所収

「三光作戦」と北支那方面軍

——抗日根拠地への燼滅掃蕩作戦——

はじめに

日中戦争間の日本軍の大規模な残虐行為として知られるのは南京大虐殺であり、その存否や規模をめぐり論争が行われてきた。しかし残虐行為としての本質からいっても、犠牲者の人数からいっても、それ以上に深刻で、しかも規模が比較にならないくらい大きいのが、華北の共産党軍根拠地にたいして、日本軍が行った燼滅掃蕩作戦である。中国側では、日本軍の抗日根拠地にたいするこの作戦をさして、「焼光」(焼きつくす)、「槍光」(奪いつくす)、「殺光」(殺しつくす)の「三光政策」とか、「三光作戦」と呼んだのである。

もちろん日本軍自身が「三光作戦」という言葉を使ったわけではない。それどころか北支那方面軍司令官岡村寧次大将は、一九四三年四月に方面軍全将兵に配布した小冊子『国民政府の参戦と北支那派遣軍将兵』の中で、「焼かず、犯さず、殺さず」の三戒を、全将兵の心得として諭していたのである。しかしその北支那方面軍のこの時期の抗日根拠地掃滅作戦が、まさに「三光」と呼ばれるに相応しい内容の作戦であったのである。

北支那方面軍の抗日根拠地にたいする燼滅掃蕩作戦こそが、中国共産党が名付けた「三光作戦」そのものであることは、すでに何人もの研究者によって指摘されている。江口圭一は、「南京事件に代表される残虐行為は、それ自体が日本軍の作戦目的とされていたのではなく、ある攻略作戦・進攻作戦に随伴して発生したものであるが、一定地域の住民の殺戮そのものを当初からの作戦目的としておこなわれたのが、華北の抗日根拠地にたいする『燼滅掃蕩作戦』『粛正作戦』を典型とする三光作戦（三光政策）である」[1]と三光作戦を定義づけている。姫田光義の『「三光作戦」とは何だったか』では、日中戦争のある時期において、「中国共産党と八路軍が支配して活動する地域と人民にたいして日本軍が展開した燼滅作戦・掃蕩あるいは掃討作戦・治安粛正作戦」での被害を総称して、中国人が「三光」「三光作戦」といったのだとしている。[2]同書ではさらにより具体的な見方として、中国側の『抗日根拠地発展史略』という本に書かれている、次のような記述を紹介している。それは、「一九四一年三月から、日本軍は（各根拠地にたいして）全面封鎖、〝蚕食〟を進め、根拠地周辺に拠点、トーチカや望楼、封鎖壕を大量に建設し、道路を設け……このような基礎のうえに各地区にたいして壊滅的な大〝掃蕩〟を進め、〝三光政策〟を実行した」[3]という、時期と内容を規定した定義である。

このように中国側が名づけた「三光作戦」に該当する日本軍の軍事行動は、確かに存在していた。一九四一年ごろから本格化する抗日根拠地にたいする北支那方面軍の作戦、すなわち根拠地を完全に封鎖し、燼滅、すなわち家や物をすべて焼き払ってしまい、掃蕩、すなわち徹底的に討ち亡ぼしてしまうという作戦が実行された。これには封鎖のための遮断壕の構築や無人地帯の設定をともなうもので、一九四〇年後半にはじまり、四一年に本格化し、四二、四三年に絶頂に達したのである。このような一定地域を燼滅し、住民を殺戮することを内容とした作戦が、なぜ計画され、どのように実行されたかを以下で検討する。

一 「百団大戦」と反撃の報復作戦

日本軍が民族独立運動を抑圧し、その武力抵抗であるゲリラ戦を根絶するために、燼滅という戦術を用いた例は過去にもある。一九〇六年にはじまり、〇七年から激化し、一九一〇年の韓国併合にいたる間の、朝鮮民族の独立擁護闘争である義兵運動の鎮圧に用いた方法である。監視困難な山間の小部落を焼き払い、平地に集団部落を作って住民を移住させ、そこに憲兵や警察を配置するという方法をとることで、武装勢力を民衆から切り離すことに成功したのである。一九三〇年代に「満州国」を作り上げた後も、抗日ゲリラ、とくに共産系の東北抗日聯軍の活動を封殺するために、東部山岳地帯で山間部落の焼き払い、集団部落の建設という方法を踏襲した実績がある。

しかし朝鮮や満州の場合は、対象とした地域は限られており、燼滅された部落の数もそれほど多くはない。それに比べると華北の日本軍占領地域は、面積は一〇〇万平方キロに及び、人口は一億人に達している。ここで日本軍が展開した燼滅掃蕩作戦は、その規模の大きさと残虐さで群を抜いていたのである。

この広大な地域を占領したのが、北支那方面軍であった。一九三七年七月盧溝橋事件がはじまると、従来の支那駐屯軍に兵力を増強して北京、天津一帯を占領したあと、八月三一日支那駐屯軍を改組して北支那方面軍を編成し、華北の作戦を担当させた。一九三八年秋に武漢と広東の攻略戦が終ったあと、大本営はこれ以上の進攻作戦は行わず、現占領地域の確保安定をはかるという戦略持久戦の方針へ転換した。三八年一二月二日、大陸命で次のようにこの方針を明示し、北支那方面軍へも占領地の確保安定という新任務を与えたのである。

大陸命第二百四十一号（昭和十三年十二月二日）

一、大本営ノ企図ハ占拠地域ヲ確保シテ其安定ヲ促進シ堅実ナル長期攻囲ノ態勢ヲ以テ残存抗日勢力ノ制圧衰亡ニ勉ムルニ在リ

二、北支那方面軍司令官ハ現ニ占領シアル北支那地方ノ確保安定ニ任スヘシ　特ニ先ツ北部河北省、山東省、北部山西省並蒙疆地方ニ於ケル要域ノ迅速ナル治安ノ恢復ヲ図リ且主要交通線ヲ確保スルヲ要ス

西蘇尼特、包頭、黄河及黄河氾水地域ヲ越エテ作戦スル場合ハ別命ニ依ル(4)

（以下略）

この命令に示されている北支那方面軍の占領地域は、河北、山東、山西、察哈爾、綏遠の五省と河南省の一部である。方面軍はこれにもとづき、占領区域内の治安粛正作戦を、三八年一二月から四〇年三月の間に三期に分けて行うとともに、三九年四月二〇日には治安粛正要綱を発令した。この治安粛正要綱は、日本軍の分散配置、保甲制度（住民を小単位に組織して連帯責任を負わせる治安制度）の採用などによって、治安地域を拡大していこうというものであった。しかしこの要綱も、実際に行われたこの時期の粛正作戦も、その対象としていたのは、地域内に残存していた国民政府軍や地方軍閥軍であって、中国共産党軍に

たいする認識は甚だ希薄であった。

日中戦争が全面化すると、第二次国共合作は一挙に進展した。三七年八月二二日、華北方面の紅軍は国民革命軍第八路軍三個師に改編されて、国民政府から軍費を支給されることになった。第八路軍総司令には朱徳、副総司令に彭徳懐、その隷下の第一一五師長に林彪、第一二〇師長に賀龍、第一二九師長に劉伯承が任命された。八路軍は直ちに黄河を渡って華北に進攻し、第一一五師は九月末山西省東北部の平型関で日本軍の補給部隊を待ち伏せ攻撃して大きな損害を与えた。その後も国民政府軍が退却すると、日本軍の背後に潜入して、残存した国民政府軍や軍閥軍の一部を改編するなどで次第に勢力を拡大していった。

第八路軍は翌三八年に第一八集団軍と改称したが、その後も八路軍が通称となり、日本側でもそう呼んでいた。八路軍は山西省北部の五台山地区、中南部の太行山脈地区などに次々と解放区を作り上げ、さらに河北省、山東省にも浸透していった。そして民衆の組織化と政治工作をすすめ、三九年ごろまでに、晋察冀辺区、晋冀魯豫辺区、蘇魯豫辺区などの解放区を成立させた（晋は山西、察は察哈爾、冀は河北、魯は山東、豫は河南、蘇は江蘇各省の別名）。さらに日本軍支配地域にたいしても民衆の組織化をすすめ、地下活動をひろげていた。

しかしこのような八路軍の活動について、日本軍側の認識はきわめて甘かった。治安粛正要綱の作成にあたった北支那方面軍作戦課高級参謀吉原矩大佐（のち中将）は、次のように述懐している。「治安粛正の対象としての中国共産党に対する認識は不十分であった。当時は中共軍を必ずしも重視せず、わが占領地域内に残存潜在する蔣系敗残部隊とほぼ同様の残敵、または抗日匪団程度に見て、いずれは掃蕩覆滅されるであろう。たいしたことはなかろうと軽視していた」[5]。また検事で北支那方面軍司令部嘱託として一九三八年から敗戦まで対共産党調査にあたった三和良一は「北支軍の共産軍認識」を五期に区分し、第一期を共産軍の華北への進入から四〇年の百団大戦までとして次のように述べている。「この時期における北支軍の全般傾向は、共産軍と国民党軍との区別がつかない者、又は共産軍の兵力及び装備だけを対象に考えて、特有のゲリラ戦の実効、並びに戦略等の判断には及びもつかず、共産軍に関しては無感覚時代であったとみられる(6)」。

このような北支那方面軍の対共産党軍認識を一変させたのが、一九四〇年八月からの百団大戦であった。百団大戦というのは八路軍側の呼称で、百団（一〇〇個連隊）による攻撃という意味である。一九四〇年八月二〇日夜を期して、日本軍の警備隊、鉄道、通信線などに奇襲攻撃を加えたもので、八月二〇日から九月上旬にいたる第一次攻勢と、九月二二日から一〇月上旬にいたる第二次攻勢があった。この被害は甚大で、鉄道の線路破壊一一四件、四万四六八一メートル、橋梁破壊七三件、通信施設破壊二二四件、電柱の切断、倒壊二四四〇本などの被害を受けた(7)。被害がもっとも多かったのは、山西省東部の石門、太原間を走る石太線で、沿線の日本軍警備隊の拠点二〇が陥落し、多くの犠牲者が出た。また満州の鞍山製鉄所の原料炭の供給地であった井陘炭鉱新鉱も大被害を受け、半年間も出炭不能になった。

山西省の警備を担当し、石太線の警備拠点二〇個所を陥落させられたのは、北支那方面軍隷下の第一軍（軍司令官篠塚義男中将）であった。第一軍は状況が次第に判明すると、抽出できる兵力を集めて直ちに反撃を行うこととし、八月三〇日から石太線南方の八路軍根拠地にたいし、第一次晋中作戦を開始した。しかし日本軍が根拠地を包囲攻撃し八路軍を捕捉しようとしても、八路軍は巧みに逃避し、成果は挙らなかった。それにたいして第一軍は根拠地そのものの燼滅をはかったのである。作戦開始の軍命令にともなう軍参謀長（田中隆吉少将）指示では、「敵根拠地ヲ燼滅掃蕩シ敵ヲシテ将来生存スル能ハザルニ至ラシム(8)」と示している。すなわち根拠地そのものの、燼滅掃蕩を命じたのである。

この作戦は「第一軍作戦経過ノ概要」[9]によれば次のように実行された。独立混成第四、第九旅団をもって、まず太行山脈内の八路軍根拠地に向って進攻する。進攻が終ったら反転して復行作戦を行い、徹底的な燼滅をはかったのである。燼滅の方法は、「第一期晋中作戦復行実施要領」で、「燼滅目標及方法」として次のように示されていた[10]。

二、燼滅目標及方法
1、敵及土民ヲ仮装スル敵
2、敵性アリト認ムル住民中十六才以上六十才迄ノ男子　（殺戮）
3、敵ノ隠匿シアル武器弾薬器具爆薬等
4、敵ノ集積セリト認ムル糧秣
5、敵ノ使用セル文書　（押収携行止ムヲ得サル時ハ焼却）
6、敵性部落　（焼却）

部落の焼却や住民男子の殺戮が、すでに指示されているのである。

日本軍の反撃で一時退避していた八路軍は、九月二二日ごろから第二次の攻勢に転じ、察哈爾省南部や山西省の日本軍小警備隊や交通線を攻撃した。とくに石太線南方の山間地帯の楡社、遼県間の小警備隊数ヵ所は全滅した。これにたいする反撃のため、第一軍は一〇月一一日から一二月初めにかけて、太行山脈の八路軍根拠地にたいし、第二期晋中作戦を行った[11]。この作戦は、第三十六師団、独立混成第四旅団などの兵力をもって、先ず遼県、潞城方面の、ついで河北省沁県一帯の根拠地を燼滅掃蕩しようとするものであった[12]。

この作戦においても主役であった独立混成第四旅団は、その戦闘詳報の中で、「戦闘後ニ於ケル彼我形勢ノ概要」及び「将来ノ参考事項」の項目で、燼滅の具体的な実施方法について、次のように述べている。

第五　戦闘後ニ於ケル彼我形勢ノ概要

八月以降連日ノ討伐及粛正作戦ニヨリ敵第十八集団軍第百二十九師主力ハ徹底的ニ其ノ根拠地ヲ覆滅セラレ加フルニ我ガ徹底的ナ燼滅掃蕩ニヨリ其ノ宿営地タル主要部落ヲ焼却セラレタルト各種軍事施設特ニ兵器工場火薬庫糧秣倉庫等ヲ破壊セラレタルヲ以テ其ノ活潑ナル活動ハ困難ナラン（以下略）

第六　将来ノ参考事項

一、教育訓練（略）

二、其他

1、燼滅ヲ徹底セシムル為各縦隊ニ工兵ヲ附シ又爆薬火焔弾燃焼資料ノ準備ハ絶対ニ必要ナリ

2、燼滅ニ方リ苦力等ノ掠奪行為等軍紀ヲ紊スモノアリ　厳ニ注意ヲ要ス

3、燼滅ナルモ重要書類ノ押収、敵ノ事情調査ニ有利ト認ムル男女ノ生擒ハ努ムベキナリ

ここからは燼滅が徹底的に実行されていたこと、情報収集のための生擒《いけどり》以外の男女は、殺戮されていただろうことが推測できる。

百団大戦にたいする反撃作戦は、北支那方面軍の作戦としても実行された。九月二二日からの八路軍の第二次攻勢で、察哈爾省南部山岳地帯の駐蒙軍独立混成第二旅団の小警備隊が一斉に攻撃を受け、二つの

警備隊が全滅した。これにたいし方面軍は、かねて計画していた晋察冀辺区粛正作戦を、予定を早め、規模を大きくして実行することとし、九月二五日から作戦を開始した。[13]これは方面軍の指揮下に、駐蒙軍、第一軍、第百十師団、独立混成第十五旅団、臨時混成第百一旅団（第二十七師団で編成）が参加し、三期にわたって反復して、察哈爾、山西、河北省境五台山地区の根拠地を覆滅しようとした作戦である。

百団大戦は、日本軍にとってはまったく予想していなかった不意打ちであった。したがってそれにたいする反撃作戦は、押っ取り刀で飛び出した不準備さは否めず、八路軍の主力はいち早く退避したのでこれを捕捉することはできなかった。そこでもっぱら根拠地そのものの覆滅という方法をとったのである。しかも思いもよらぬ莫大な被害、とくに小警備隊の多くの全滅という悲劇を出したことから、そのことへの報復として、燼滅掃蕩という残虐な手段がとられたということができる。第一軍の晋中作戦や方面軍の晋察冀辺区粛正作戦など、四〇年九月から一二月にかけての作戦は、このような報復作戦であったということができよう。

二　方面軍の粛正建設三ヵ年計画

百団大戦は、北支那方面軍の共産党軍にたいする認識を一変させ、その作戦方針を転換させる契機となった。すなわち主敵が国民政府軍から共産党軍に移っただけでなく、軍隊を相手にすることから民衆を相手にする戦いに変化していくのである。その変化の過程を要約すると次のようになる。

北支那方面軍は、年が明けた一九四一年一月一二、一三日、隷下兵団長会同を開き、軍司令官多田駿中将は粛正建設の方針について訓示し、軍の努力の重点を共産党軍に集中すべきこと、共産党とその工作の実体を具体的に把握することの必要を強調した。(14) ついで二月二五、二六日、参謀長会同を開いて、一九四一年度の粛正建設計画を示達し、重点を対共産党施策に置き、敵地区にたいする経済封鎖の強化を指示した。(15)

ところが剿共を重点としたはずの方面軍が、新年度の最初の大規模な作戦として実行したのは、国民政府軍を相手にした中原会戦であった。これは衛立煌を司令長官とする第一戦区軍の約一八万の兵力が、山西省南部、太行山脈の南部と中条山脈の一帯に楔入しているのを撃滅しようとする作戦で、第一軍の強い希望であった。このため華中の第十一軍と第十三軍から、それぞれ一個師団を北支那方面軍に転属させ、四一年五月はじめから、第一軍・方面軍直轄の第二十一、第三十五師団をもってこれを包囲攻撃し、ほとんど撃滅するという成果をあげた。もっともこの作戦にたいしては、方面軍参謀部第二課（情報）などに、重慶軍などはそのままにして、全力で中共軍に当るべきだという反対意見も存在した。結果としては国民政府軍潰滅後のこの地域には、八路軍が次第に浸透してくることになったのである。

なお方面軍はこの中原会戦の戦果を、捕虜三・五万、遺棄死体四・二万と発表し、成功を誇った。これを知った関東軍は、満州東部国境の築城工事に使用するため、陸軍省の認可を受けて北支那方面軍から七〇〇〇の捕虜を譲り受けたこと、これを築城工事に使用したが、その作業能率は良好だったことを報告している。(16) この捕虜のその後の運命は判らないが、軍事上の目的の作業をさせたことだけでも、国際法の捕虜の処遇に反していることは明らかで、中国兵捕虜の取扱いが不法だったことの一例である。

この間に一方では方面軍の共産党についての調査研究がすすみ、党、政、民一体となっているその組織と力量が、容易ならぬものであることが明らかになった。四一年七月に方面軍が支那派遣軍に提出した

「共産軍ノ戦力観察」[17]では次のように述べている。

之ヲ要スルニ共産軍自体ノ戦闘力ハ未ダ極メテ劣弱ニシテ土匪的戦力ヲ脱セズ且今後ニ於テモ急速ナル向上ハ困難ト謂フベシ　然レドモ我治安粛清ノ対象トシテ其ノ軍事的勢力ハ之等共産軍ト共ニ広汎ナル民衆層内ニ潜在スル敵性武装勢力ヲ考慮セザルベカラズ　民衆ト共産軍トノ相関関係ニ於テ軍ノ威圧ニヨルト思想的連繋ニヨルトヲ問ハズ民衆ノ有機的組織活動ハ党ノ地下工作ト相俟テ間接的ニハ共産軍ノ実力ヲ培養シ直接的ニハ其ノ戦闘ヲ幇助シアリテ我治安攪乱ノ実体ハ寧ロ之等民衆ニ在リトモ謂ヒ得ベシ

共産軍それ自体の軍事力はたいしたことはないが、治安攪乱の主体は共産化した民衆であり、これが主敵だとしているのである。

このような対共産党認識の上に立って、一九四一年七月に北支那方面軍司令部は、粛正建設三ヵ年計画を立案した[18]。これがその後の軍の抗日根拠地への粛正作戦の基本方針となったものである。立案にあたったのは、作戦主任の島貫武治中佐で、当時の参謀長は田辺盛武中将、第一(作戦)課長は山本茂一郎大佐、第二(情報)課長は本郷忠夫大佐であった。なお方面軍司令官多田駿中将は七月七日付で大将に進級して軍事参議官となり、新たに岡村寧次大将が方面軍司令官となって新計画の実行にあたることになる。

今後の治安粛正作戦の基本方針を決めることになったこの粛正建設三ヵ年計画の概要は次のようなものであった。先ず方面軍の担任地域を治安状況に応じて治安地区、准治安地区、未治安地区の三つに区分する。治安地区とは、治安が確立し対日協力の新政権側のみでも警備可能で、日本軍の分隊以下の行動が可能な地域、准治安地区とは、軍事的には治安が一応安定しているが、日本軍の常駐がなければ新政権の施策は行うことができず、共産軍の遊撃戦が行われている地域、未治安地区とは、作戦討伐によって一時的に敵勢力を覆滅してもまた共産軍の根拠地となっているいわゆる解放区としている。つまり治安地区は味方地域、准治安地区は敵味方の勢力の入り交っている地域、未治安地区は敵地域としたので、これは中国共産側からみれば倫陥区、遊撃区、解放区（根拠地）にそれぞれ該当することになる。

そして三ヵ年計画では、粛正建設をすすめて、未治安地区を准治安地区に、准治安地区を治安地区へと、次第に治安地区を拡大していくことを目標としていた。この三ヵ年間の到達目標は次の通りであった。

	治安地区	准治安地区	未治安地区
一九四一年七月現在	一〇％	六〇％	三〇％
一九四一年度（第一年度）	二〇％	五〇％	三〇％
一九四二年度（第二年度）	四〇％	四〇％	二〇％
一九四三年度（第三年度）	七〇％	二〇％	一〇％

治安地区を拡大し、未治安地区を縮小させるために、日本軍を重点的に准治安地区に配備して共産勢力を剔抉するとともに、未治安地区にたいしては計画的に討伐作戦を行って、根拠地として再建できないように破壊覆滅するというのがこの計画であった。またこの計画の中でとくに方面軍が重視したのは、未治安地区と准治安地区の間に遮断線を構成して、未治安地区を封鎖し、その衰亡をはかるとともに、准治安地区への共産軍勢力の侵入を防護しようとする計画であった。遮断線は山岳や河川などの自然の地形を利

用することもあるが、平地では人馬の通行を許さないため遮断壕を構築し、監視や火制のための小堡塁を点在させるという方法をとるものであった。また京漢線のような重要交通路を防護するために、その両側にも遮断壕を構築した。このように治安地区の設定と拡大の計画は、遮断線の構築を不可欠の要素とするものであった。

三　遮断壕の構築と無住地帯の設定

北支那方面軍がその任務である華北占領地域の確保安定のために、その主敵を中国共産党軍であるとようやく認定し、治安粛正のための三ヵ年計画を立てて、未治安地区の封鎖を行うこととした。その具体的な方法として採用したのが、地図の上に封鎖線を引いて、各兵団にその線に遮断壕を構築させるという、実際には万里の長城にも匹敵するような膨大な土工量を必要とする工事だったのである。

新たに北支那方面軍司令官となった岡村大将は、四一年一〇月三、四の両日、隷下、指揮下の兵団長会同を召集し、治安粛正についての訓示を行ってその方針を示した。その中でも封鎖及び遮断線の構築が有効な方策だと述べている。方面軍参謀長田辺中将もこの会同での口演で、経済封鎖の強化について述べ、とくに封鎖壕やトーチカの構築が効果があると指示している。

こうして四一年度から治安粛正作戦はもっぱら中国共産党軍を対象とし、その手段として遮断線による根拠地の徹底的な封鎖が行われることになったのである。

この方面軍の封鎖政策は、対米英開戦にともなう新しい情勢の下でもいっそう強化されることになった。

四一年一二月三日、大陸命第五七五号で、支那派遣軍の基本任務として「特ニ対敵封鎖ヲ強化シ敵継戦意図ノ破壊衰亡ニ任ズベシ」と命令され、それにもとづく総長指示でも封鎖の強化が述べられた。一二月一〇日支那派遣軍はさきの大陸命にもとづく総軍命令を下し、北支那方面軍の基本任務を命令したが、その中でも「対敵封鎖ヲ強化ス」を明記していた。⑲方面軍はこれにもとづき、各兵団にたいし敵地区との間に厳重な封鎖線を構築する作業の推進を命じた。

こうして設定された封鎖線、具体的には遮断線は、膨大な量に達した。その概略を一年後の四二年八月の甲集団（北支那方面軍）参謀部『経済封鎖月報（第一巻）⑳』によって要約すると次の通りである。

イ、方面軍が統制計画したもの

(1)　太行山脈内共産軍根拠地並に黄河、新黄河及渦河右岸の外廓の敵に対するものは一部を除き完成。

(2)　太行山脈共産軍に対する遮断壕は一定間隔に配置した小拠点をもつ一連の阻絶線（阻絶壕、石崖、断崖）を構成。

ロ、各兵団の実施せるものは地区により整備の度に相違あり、また治安状況の進展により封鎖線を推進しあり。

ハ、直接遮断線の構成だけでなく、鉄道、水路交通の要点に検問所を設く。

などと述べている。

また封鎖実施状況の中で、封鎖壕の掘開については、次のように書かれている。

各兵団により封鎖地帯を設定し之れに対し封鎖壕を掘開す。平原地区の如く河川等の自然物を以て封鎖線を形成し得られざる場合は、幅六米、深さ四米を基準とする封鎖壕を構築し、掘開不能の地にありては遮断壁を一連に構築し、車馬は勿論人の交通に出入口以外は遮断す。
尚山西地方五台附近にては、封鎖線外に無住地帯を設定して封鎖を強化しあり。

つまり断崖や河川などの自然の地形が利用できない場合は、幅六メートル、深さ四メートルを基準とする遮断壕を掘開すること、場合によっては封鎖線の外側、すなわち未治安地区側に無住地帯を設定しているると述べているのである。月報はさらに各地区ごとに詳しく封鎖実施状況を述べているが、その中で注目すべきなのは、方面軍直轄の第百十師団の場合である。

第百十師団は司令部を石門に置き、保定から邯鄲の間の京漢線を中心とする地区を警備し、東は河北の平原の冀中、冀南の八路軍の軍分区に対し、西は山西との省境の山地の晋察冀辺区の根拠地に対面していた。東の平地方面にたいしては、准治安地区にたいして、物資の交流、遊撃隊の出入を阻止する意味のものであり、西の山地方面にたいしては、八路軍の根拠地にたいして一切の人と物の流出を禁絶する絶対の遮断線であった。また師団は、京漢線を守るために、線路の両側一〇キロメートルに、封鎖の第二線として遮断壕を掘った。すなわち東の平地方面、西の山地方面、京漢線の両側の、合計四本の遮断壕を、南北二〇〇キロメートル以上の地域に掘っていたのである。

この遮断壕の工事が、膨大な強制労働を民衆に強いることになり、武力による無住地帯の設定と相まって、「三光政策」と呼ばれたのである。この点について当時の第二十七歩兵団長鈴木啓久少将（のち中将）

は、次のように回想している。(21)

（一九四二年）八月下旬、方面軍は八路軍支配地区を現政権支配地区から徹底的に隔絶するため、図上に遮断線を示してきたが、それは現地の実情を甚だ無視したものであった。地区隊は本指示により、一連の壕とこれを火制する望楼を構築し、八路軍の移動と物資の流通阻止に努めた。この工事に動員した民衆は延六〇万を超え、農作物の収穫に少なからぬ損害を与えた。これは中共側宣伝工作の乗ずるところとなり、青年の逃亡が続出した。

方面軍はまた八路軍の根拠地である長城線に沿う地区を無住地帯にするよう命じてきた。地区隊は武力を用いて立ち退きを強制したが、この処置は特に住民怨嗟の的となり「三光政策」（焼き尽くし、奪い尽くし、殺しつくす）だとして八路軍の宣伝に利用された。

遮断壕の構築や無住地帯の設定が方面軍の命令で実行されたこと、それには膨大な労働力を必要としたこと、これが「三光政策」だと非難される対象となったこと、が述べられているのである。

この工事のために、どのようにして民衆を狩り出したか、また工事の内容が具体的にどのようなものであったかを見てみよう。この鈴木少将の回想は、一九四二年九月から一一月にかけての、第二十七師団の行った冀東一号終期作戦についてのものである。第二十七師団隷下の支那駐屯歩兵第一聯隊の聯隊史は、この作戦について次のように記述している。(22)

冀東一号終期作戦（九月十日～十一月十五日）

一、二（略）
三、遮断壕による敵の侵入移動の防止
　鉄廠鎮を中心とする敵根拠地帯を封鎖する様に、遵化、豊潤、遷安西方地区を通し完全にこれを囲み孤立化し、長さ約二〇〇粁に及ぶ遮断壕の構築。
四、無住地帯の設定
　馬蘭峪（遵化北西方約三〇粁）から建昌営（遷安北方約二〇粁）まで、幅四粁の帯状の長さ約一〇〇粁に及ぶ無住地帯の設定。

　右作戦を達成させるため、各地区隊は指揮下各隊に対し、受持地区を割付した。各隊は受持分担にしたがい、来る日も来る日も、住民の協力により壕掘りと討伐を実施し、予定期日までに遮断壕の構築を終了した。遮断壕の処々には監視用望楼を作り、主として県警備隊、治安軍部隊を配備した。壕の一箇処に立ち直線に延びた壕を眺めた時は、実に壮観そのものであった。


　これによると、遵化、豊潤、遷安を結ぶ三角地帯は、冀東道の中央の山岳地帯で、八路軍冀東軍区の根拠地であるので、これを取り囲むように二〇〇キロメートルの遮断壕を作り、さらに「満州国」熱河省方面からの八路軍の侵入を防ぐ目的で、長城線の内側に幅四キロメートル、長さ一〇〇キロメートルの無人地帯を、二ヵ月の間に設定したというのである。

　同じ第二十七師団の支那駐屯歩兵第二聯隊の聯隊史も、この作戦について詳しい数字を挙げて記述している。㉓

斯くて十一月六日所命の期限に先立ちて師団の計画並に地区隊独自の計画に基く工事その他の施策を完了せしが、遮断壕二四五粁その他の遮断線工事七四粁計三二九粁、框舎一三二箇堡壘三箇城寨一八個関門二箇計一五五箇を構築し、以上の工事に要せし日数五十二日、作業人員延一、九五七、〇〇〇人、又有線電話新設二五八粁補修一五三粁計四一一粁、自動車道路新設八三粁補修三九二粁計四七五粁、長城無住地帯七六部落一、二三五戸六四五四人、一時無人部落二八部落二、三四二戸一二、〇三六人に達したり。

これによっても、いかに膨大な工事であったかは明らかであろう。第二十七師団の最後のもう一つの歩兵聯隊である支那駐屯歩兵第三聯隊の聯隊史にも、四一年九月以降の冀東一号終期作戦について、次のように同様のことを記述している。(24)

冀東一号後期作戦

一、二（略）

三、遮断壕、框舎、堡壘、城砦等による敵の侵入移動防止（最も大規模な遮断壕は鉄廠鎮を中心とする敵の根拠地帯を封鎖するよう遵化・豊潤・沙河鎮・遷安西方地区を通じ、完全にこれを囲繞孤立化せしむるもので、全長約二百キロであった）。

四、無住地帯の設定、すなわち満州国との出入を遮断するため、長城線内側に馬蘭峪（遵化西方約三十キロ）から建昌営（遷安北方約二十キロ）付近まで、幅約四キロの帯状地帯を無住として所在部落を移動させた。その長さは約百キロに及んだ。

この三つの聯隊史は、師団としての冀東一号終期（後期）作戦のことを重複して記述しているのだが、その規模の大きさと、民衆に与えた苦痛の烈しさは、十分に推察できるのである。

第二十七師団と同じく北支那方面軍の直轄で、京漢線沿線地区を担当していた第百十師団は、前述のように四本もの遮断壕を構築するという大規模な工事を実施した。その具体的な工事実施の一例として、同師団歩兵第百三十九聯隊第三大隊長田中要少佐が残していた史料を掲げておく。四一年後半に、京漢線東側石門南方の柏郷県に駐屯し、東方の冀中軍区の遊撃地区である寧普、隆平の両県との県境に遮断壕を構築した記録である。(25) この師団では遮断壕のことを恵民壕、望楼のことを恵民堡と呼ばせていた。これによると、東方の県境沿いに、図上でおよそ二〇キロメートルの線上に、六個の保塁（望楼）と遮断壕を構築した。期間は四一年七月一九日より九月二三日までの二ヵ月間であった。「構築要領」としては、「苦力差出監督」として「各村一戸一人ノ割ヲ以テ苦力ヲ差出サシメ之ガ督促ノタメ県警二十名ハ五組ニ分シ工事開始前日ヨリ各村落ヲ巡回セリ」と述べている。そして「使用苦力数」は、約八万七〇〇〇名としている。大隊はこの二ヵ月間、「柏郷県ノ粛正及諸工作ノ重点ヲ東方県境付近ニ指向セリ。警備隊ノ粛正行動、新民会ノ宣伝工作、新民分会ノ新設、県知事ノ巡回工作等ヲ七月上旬ヨリ連続（毎日）実施セリ」と報じている。日本軍の監督の下に、中国側（傀儡政権側）武装団体を使って、民衆を動員した状況が示されている。

こうして一九四一年後半から四二年にかけて、北支那方面軍占領地域の全体で、未治安地区を遮断壕で囲いこみ、長城線沿いや五台山地区などに無住地帯を設定するという、大規模な作戦が開始されたのである。

四　燼滅掃蕩作戦の展開

二と三で明らかにしたように、北支那方面軍の治安粛正の基本方針は、未治安地区を封鎖遮断した上で、この地区にたいする徹底的な討伐作戦を行って、共産軍根拠地を破壊覆滅してしまうことであった。このために計画的な燼滅掃蕩作戦が、八路軍根拠地にたいして実行されることになるのである。

ところでこの間に日本の戦争国策は大きく転換し、ついに一九四一年一二月の対米英戦突入に至った。支那派遣軍からも一部の兵力を南方作戦に引き抜かれたが、一二月三日の大陸命第五七五号で示された基本任務は、従来のものと大差はなく、これにもとづいて派遣軍から北支那方面軍に示された一二月一〇日の総作命第三二六号による基本任務も、治安の回復と対敵封鎖の強化という方針に変りはなかった。方面軍は南方作戦開始後も、いっそう治安粛正作戦を活発化して、治安地区の拡大、抗日根拠地の掃滅をはかることになるのである。ここではとくに治安粛正作戦が活発に展開された一九四二年の三つの作戦をとりあげ、燼滅掃蕩作戦の実態を検討することにする。[26]

第三十六師団の太行地区粛正作戦

山西省を作戦地域とする第一軍は、一九四二年二月初旬から約一ヵ月間、冬期山西粛正作戦を実施し、中国共産党軍の撃滅とその根拠地の徹底的な掃蕩をはかった。中でも朱徳の第一八集団軍司令部と劉伯承の第一二九師主力が存在しているとみていた南部太行山脈地区にたいしては、第三十六師団主力を進攻させ、東方からの方面直轄の第百十師団の一部と協力して、根拠地の覆滅をはかったのである。

作戦は四二年二月初旬から三月初旬にかけての約一ヵ月間で実施された(27)。第一期作戦（二月二日〜七日）では、第三十六師団の各隊は、遼県、沁県、襄垣、潞城を発進して、根拠地と目されている桐峪鎮、洪水鎮付近に向って分進合撃をはかったが、大きな兵力とは遭遇しなかった。第二期作戦（二月八日〜一二五日）では、師団主力は第百十師団の一部と協力して、根拠地一帯の徹底的掃蕩を実施し、多数の兵器、資材を鹵獲し、諸施設を覆滅した。とくに第一八集団軍の武器補給拠点である洪水鎮東南一五キロメートルの黄烟洞を、激戦の結果攻略し、大きな戦果をあげた(28)。第三期作戦（二月二六日〜三月四日）では、各部隊は掃蕩を実施しながら原駐地に帰還した。

この作戦は、峻嶮な山岳地帯に存在する共産党軍の根拠地を、二度と利用できないよう徹底的に燼滅掃蕩した上で、日本軍は原駐地に引き揚げるというものだったから、施設の破壊、物資の燼滅は徹底して実行された。この点について、戦史叢書が引用している「第三十六師団歩兵第二百二十二聯隊戦闘詳報」は、教訓として次のような事項を挙げている(29)。

第四　其他

一、今次作戦ニ於ケル徹底セル敵性物資ノ燼滅ハ敵ニ甚大ナル打撃ヲ与ヘタルモ、反面敵ハ之カ報復ト民心把握ノ為日本軍ノ暴虐的破壊工作ナリトノ宣伝ニ狂奔スルナラン、又報復手段トシテ我通信線ノ破壊又ハ交通妨害等益々活潑化スルモノト判断ス

二、今次ノ経験ニ依リ敵ノ物資隠匿法ハ益々巧妙トナリ地雷ノ敷設等モ向上セン

三、敵地区一般住民ノ被害少カラサルヘシ、真ニ敵性物資ナルコト明瞭ナルモノニ制限セサレハ民心

離反永続シ悪影響ヲ齎スニ至ルヘシ

すなわちあまりにも徹底した燼滅作戦にたいしての、反省の念が記述されているのである。

さらにこの作戦で注目すべきことは、日本軍が撤退にさいし、根拠地に大量のびらん性毒剤である「きい一号」を撒布し、復帰してきた共産党軍や住民に、無差別の被害を与えたことである。

日中戦争にさいし、日本軍が「あか筒」「あか弾」などのくしゃみ性毒ガスを大規模に使用してきたことは、すでに多くの史料によって明らかにされている。[30] さらにびらん性の「きい剤」についても、一九三九年五月一三日の北支那方面軍にたいする大陸指第四五二号で、山西省内の僻地において使用することを指示しており、[31] 実際に幾つもの使用例がある。この太行地区粛正作戦において、きい剤を大量に撒布したことについては、「支那事変ニ於ケル化学戦例証集」（陸軍習志野学校）に次のような史料がある。[32]

二一　きい剤ヲ以テ共産軍ノ根拠地ヲ毒化シ殲滅的打撃ヲ与ヘタル例

一般ノ状況

第〇〇〔三十六〕師団ハ太行地区ニ於ケル共産軍ノ撃滅ヲ企図シ二月初旬ヨリ攻撃ヲ開始セリ

戦闘経過ノ概要

一、師団特種作業隊ハ〔四二年〕一月下旬ヨリ潞安ニ於テ教育竝ニ作戦準備ヲ実施中ナリシガ主力ヲ以テ〇〇〔歩兵第二百二十三〕聯隊一部ヲ以テ〇〇〔歩兵第二百二十二〕聯隊ニ配属セラレ、両聯隊ノ掃蕩戦ト密接ニ連繋シ撒毒ヲ実施シ敵根拠地ヲ完封セリ

二、気象

本期間一般ニ晴天ニシテ二回降雪アリ、北北東ノ風発達シ特ニ局地風ハ顕著ナリ
三、使用毒量
きい一号甲〔ドイツ式イペリット〕約三〇〇瓩〔キログラム〕
四、使用場所
兵舎、洞窟、工場、監視哨陣地等ノ要点
五、効果
敵主力ハ我ガ撤退直後根拠地ニ復帰セルタメ、密偵報其他敵ノ無電傍受等ノ諸情報ヲ綜合スルニ、敵ハ数千ノ瓦斯者ヲ出シ内約半数ハ死亡セルモノノ如シ
教訓
陣地ヲ有セズ洞窟、村落等ヲ根拠地トシ政治工作ヲ主トスル共産軍ニ対シテハ此ノ種瓦斯用法ハ効果甚大ナリ
太行地区撒毒実施要図　於〔四二年〕二月自十八至十五日
〔地図省略、撒毒地域として、洪水鎮、桐峪、黄煙洞など一三ヵ所の地名が記入されている〕

〔　〕内は筆者による注記

この太行地区は、山岳地帯で日本軍の駐留が困難な地域であり、また当初からの第一八集団軍の根拠地でもあるので、日本軍側はこれを治安地区にすることは始めから放棄していた。そして日本軍撤退後にまた根拠地とならないように、徹底的な燼滅作戦を行っただけでなく、大規模な毒化地域にしたのである。この作戦について、四二年二月二八日の中国共産党の『解放日報』は、次のような記事を載せた。(33)

敵がこのたびの晋東南（山西省東南部）の中心地を掃蕩したときの焼殺の残虐さは古来まれなものがあった。敵兵は山間沿いに分区して進攻し、行きつ戻りつ掃蕩し、人を見かけると殺し、家を見つけると焼き、物があれば奪い、何が何でも全区を壊滅しようとする狙いであった。（中略）このため敵の騎兵の通ったところは一面荒涼となり、寂として人煙ない状態となった。桐峪鎮だけでも、敵は百余人を惨殺し、死体は通りに横たわり、野良犬が嚙みつき、埋める人すらいなかった。とりわけみじめであったのは武軍寺《(マヽ)》のある小さな村で、敵がびらん性毒剤をまいたために、住民は老若男女を問わずみな中毒し、満身赤くはれ、そののち潰れてただれ、苦しみ喘ぎ、布団の上でのたうちまわる姿であった。

この作戦が、何よりも一般の住民に被害をもたらしたこと、中国側がこれを三光政策だと呼ぶに至ったことは、この点からもうかがわれるのである。

冀中作戦（三号作戦）

河北省中央部の平原地帯、京漢、津浦、石徳、北寧の各鉄道線に囲まれた地域は冀中と呼ばれていたが、その南半部は、共産軍の冀中軍区で、とくに饒陽、安国、深県、粛寧などの鉄道から離れた各県一帯が、根拠地乃至は遊撃区となっていた。北支那方面軍は冀中軍区を一挙に粛正しようとし、四二年五、六月に方面軍としての冀中作戦を計画した。作戦は、従来の警備部隊である第二十七師団と第百十師団に周囲を封鎖させ、第一軍から引き抜いた第四十一師団を中心に、第二十六師団、独立混成第七、第九旅団などから抽出した合計歩兵一八個大隊の兵力を進攻部隊とし、冀中軍区を潰滅させようという作戦であった㉞。

作戦の第一期は五月一日から一〇日までの一〇日間で、各部隊は周辺地区を掃蕩しながら、敵を滏陽河、滹沱河、石徳線に囲まれた三角地帯に圧縮する、第二期は五月一一日から一五日までの五日間で、敵を三角地帯に包囲撃滅する、第三期は五月一六日からの約二五日間で、前段一〇日間で掃蕩を履行し、後半一五日間で残敵を掃滅するという計画であった。作戦は予定通り進められたが、第二期で包囲撃滅するはずの冀中軍区の敵の主力は、すでに包囲網から脱出していた。第三期では各部隊は区域を分担して、徹底的な掃蕩を実施した。

この地域はまったくの平原地帯で、何の遮蔽物もない。共産党側は住民の間に深く浸透し、その組織化につとめていた。そしてほとんどの部落に地下施設を設け、部落と部落の間を地下壕で連絡するなど、抗戦体制も徹底していた。また日本軍の作戦実施を事前に偵知していた様子で、共産軍主力の撃滅はできなかった。それだけに、根拠地の掃蕩は徹底的に行われた。そして第三期の作戦において、いくつもの小戦闘が行われ、住民を巻き込んだ犠牲者が多く出ることになった。その一つが、五月二八日の第百十師団歩兵第百六十三聯隊第一大隊（大隊長大江芳若少佐）が、約一〇〇〇の敵を地下道内で殲滅した安国西南地区北坦村の戦闘である。

戦史叢書には、次のような大隊長の回想が載っている㉟（なおこの原史料は公開されていない）。

大江大隊長の回想

担任地域南部の沙河流域は従来から治安が悪く、民衆は日本軍に親しまず、大隊は再三討伐を実施したが、敵と交戦することができなかった。五月二十七日、召村南東方北坦村付近に中共軍一コ営が坑道作業中との情報を得た。

大隊はその夜、各警備隊駐屯地から企図を秘匿して行動を起こし、路外機動により、払暁までに北坦村を完全包囲した。夜明けと共に戦闘が始まり、敵は猛射を加えてきたが、逐次包囲圏を圧縮して部落に突入したところ、今まで戦闘していた敵兵は忽然と姿を消してしまった。時折り屋根の上から手榴弾の投擲を受け、また数ヵ所で地雷の爆発があった。そこで直ちに部落外囲の坑道および部落内の坑道口を捜索し、隣村に通ずる坑道を遮断した。部落内の坑道、地下室には敵兵が充満しており、頑強に抵抗するので手間取ったが、これをことごとく殲滅し多数の鹵獲品を得た。（以下略）

この回想では、どんな方法で殲滅したのかは明らかにされていない。しかし戦後の同大隊の第四中隊史[36]には、聯隊長上坂勝大佐（のち少将）が、「獄窓思い出の記」として、撫順で戦犯裁判を受けたさいの罪の内容として、次のような一文を寄せている。

（1）毒瓦斯による殺害事件

昭和十七年冀中作戦に於いて、第一大隊が河北省定県北坦村附近に於いて優勢なる敵に遭遇し交戦（竹内大尉戦死）したる際敵は地下壕（共産地区には部落と部落の間に連絡用の壕を設置しあり）に遁入せり。其の壕内には既に附近農民が多数避難して居り、匪賊と混同し住民と区別がつかず、一般住民に対し匪賊を外に出す様要求したが応ぜず、我が方は匪賊を援助するものは敵と見なせとの上司より指示が平素より示されて居り、止むを得ず『赤筒』に点火し壕内に投入したため、窒息するものや苦しまぎれに壕外に脱出する者は射殺又は刺殺等で五百人を殺害した罪。

つまり住民が多数隠れているのを承知の上で、赤筒を投入したことを認めているのである。この件については、最近公開された撫順戦犯管理所における上坂の供述書でも、次のように述べられている。[37]

（1）第一大隊方面

第一大隊は五月二十七日早朝定県を出発し、侵略前進中、同地東南方約二十二粁の地点に於て八路軍と遭遇しました。大隊は直ちに主力を展開して之を包囲攻撃し、八路軍戦士に対して殲滅的打撃を与へたのみならず、多数の平和住民をも殺害いたしました。

大隊は此の戦闘に於て赤筒及緑筒の毒瓦斯を使用し、機関銃の掃射と相俟って八路軍戦士のみならず、逃げ迷ふ住民をも射殺しました。又部落内を『掃蕩』し多数の住民が遁入せる地下壕内に毒瓦斯赤筒、緑筒を投入して窒息せしめ、或は苦情のため飛び出す住民を射殺し刺殺する等の残虐行為をいたしました。私は此の戦闘に於て第一大隊をして八路軍戦士及住民を殺害すること約八百人に上り、又多数の兵器や物資を掠奪させました。以上は第一大隊長大江少佐の報告に依るものであります。

ここにおいても、大江大隊が、戦闘にさいしても、地下壕攻撃においても赤筒を使用したこと、兵士だけでなく一般住民多数をも殺害したことが供述されている。これが根拠地にたいする掃蕩作戦の常態だったのである。

北支那方面軍は、大本営及び支那派遣軍にたいし、この作戦の総合戦果を次のように報告した。[38]

冀中作戦　自五・一 至六・二〇　総合戦果表

交戦回数	二八六
交戦敵兵力	五八、三三八
(敵損害) 遺棄死体	一〇、二五三
捕虜	八、六〇〇

作戦の規模の大きさに比べると、この戦果はそれほど大きいとはいえない。しかも敵の損害の大部分は、時期的にみると第三期の掃蕩によるもので、報告に「別に容疑者二〇五六八」とあることからみても、敵の損害の中には多数の住民が含まれていると考えられる。住民を敵視し、これを対象としたところに、この時期の掃蕩作戦の特質があったといえよう。

大江大隊が殲滅戦を行った河北省定県北坦村は、現在の中国では北疃村にあたる。北疃村には一〇〇〇余人の犠牲者を祀る霊園があり、生存者たちは日本政府にたいして謝罪と霊園修復費用を求めている。生存者の一人である李徳祥の「証言——毒ガスと三光作戦」(39)によれば、村民の被虐殺者は一三〇〇人に上るという。この事件を取材し、現地を訪れ、さらに当の大江大隊長自身にもインタビューを行った石切山英彰「皇軍毒ガス作戦の村」(40)でも、毒ガス使用による住民虐殺を詳しく検討している。あか筒をみどり筒(催涙ガス)に混ぜて使うのは、秘密保持のため軍中央が指示していたことなのである。(41)

冀東作戦（一号作戦）

河北省東北部の冀東地区は、華北と「満州国」とをつなぐ要地であり、かつての冀東自治政府の所在地だが、民衆の抗日意識は強かった。この地域には八路軍の冀東軍区があり、遵化、玉田、豊潤、遷安の四県城を連ねる線内の山岳地帯に、鉄廠鎮を中心として根拠地を築き、活発な行動を続けていた。冀東軍区の八路軍は、四二年一月には対日協力の保安団二個団を全滅させ、二月には支那駐屯歩兵第二聯隊の大隊長田口休助中佐を戦死させるなど、侮り難い勢力を示していた。そこでこの方面を担当する第二十七師団は、方面軍の指導の下に、冀東軍区の根拠地を覆滅するための冀東作戦(一号作戦)を四二年四月から展開することになった㊷。

一号第一期作戦(四・一～六・一〇)では、北部防衛地区隊長(第二十七歩兵団長)鈴木啓久少将の指揮する支那駐屯歩兵第一聯隊と同第二聯隊の主力で、この四角形内の山岳地帯を掃蕩した。なお鈴木の戦犯供述書㊸では、第一聯隊と第三聯隊となっているが、これは記憶違いで、実際に参加したのは第二聯隊である。北支那方面軍司令官岡村寧次大将も、とくにこの作戦を重視し、四月初め前線の両聯隊本部を訪れて激励した。

この地域は地形が複雑で、しかも洞窟が多く、これを利用する八路軍を捕捉することが困難で、結果としては部落の燼滅、住民の殺戮に至ることが多くなった。この地域の中でも魯家峪付近は、燧石の採掘跡を改造した洞窟を八路軍が利用していると見られていた。支那駐屯歩兵第二聯隊の日野原大隊は、四月二二日～五月四日、魯家峪附近の洞窟を剔抉し、多量の軍需品を鹵獲した㊹。鈴木の供述書では、魯家峪を攻撃したのは支那駐屯歩兵第一聯隊で、毒瓦斯を使って洞窟を攻撃し、八路軍一〇〇名、農民二三五名を殺し、魯家峪の部落八〇〇戸総てを焼き払ったと述べている㊺。

一号第一期作戦により、冀東軍区の八路軍主力は、一旦は長城を越えて「満州国」へ避難したが、日本軍の圧力が緩和すると再び冀東地区に戻り、七月から八月にかけて日本軍の小部隊を襲ってこれを全滅させた。そこで一旦元津へ戻っていた第二聯隊の主力を再び冀東に増強し、さらに独立混成第十五旅団も加わって、八月一一日から九月上旬にかけて、一号第二期作戦が行われたが、粛正の成果はあまりなかった。

冀東地区の治安回復が思わしくないので、北支那方面軍が直接乗り出して、徹底的な治安粛正を指導したのが、九月一七日から一一月一五日にかけて行われた冀東（一号）終期作戦である。方面軍は、滄県を中心とする河北省東南部の渤海道の警備を、第二十七師団の支那駐屯歩兵第三聯隊から第四十一師団へ移譲させ、同聯隊を冀東に転用して、第二十七師団の全力で冀東一号終期作戦に当らせた。さらにこの他に、関東軍の一部兵力（熱河省の第九独立守備隊など）や、独立混成第十五旅団などをも、この終期作戦に協力させた。

こうして北支那方面軍の主導の下に展開された冀東一号終期作戦の内容は、すでに「三　遮断壕の構築と無住地帯の設定」で述べたように、鉄廠鎮を中心とする冀東軍区の根拠地を取り囲むように、遵化、玉田、豊潤、遷安を結ぶ長さ二〇〇キロメートルの遮断壕の構築と、長城線内側に幅四キロメートルの無住地帯を設定することであった。そこでも明らかにしたように、この作戦は、その工事量の膨大さもさることながら、部落の燼滅、住民への立退き強制など、まさに「三光政策」と呼ばれるに相応しい内容のものとなったのである。

五　「三光作戦」の被害と効果

前節で例示した三つの作戦は、華北で展開された根拠地にたいする燼滅掃蕩作戦の一部であって、この他にもくりかえし作戦は実行されている。方面軍や軍の作戦だけでなく、もっと下の聯隊、大隊、中隊などの単位でも、日常的に粛正討伐が行われていた。その状況は、断片的に残されている北支那方面軍の戦時月報や、各部隊の戦闘詳報などに見ることができる。日常不断に戦闘が発生しており、燼滅や掃蕩がくりかえされていたのである。

ところでこのような作戦が、一定程度の成果を挙げていたのは、方面軍の三ヵ年計画の第二年目にあたる一九四二年であった。この時期には八路軍側も苦境に立ち、解放区の困難が増大していたことは中国共産党側も認めている。しかし華北の治安は、四二年末を区切りにして、次第に悪化の傾向をたどる。方面軍の目標では、四三年末には治安地区が七〇%、未治安地区が一〇%になるはずだったのが、まったくその逆になってしまったのである。これは太平洋方面の戦況悪化により、華北からも優秀な兵団が引き抜かれ、素質や装備の劣った部隊が増えたこと、日本軍の志気が低下し、軍紀が乱れ、民心もまったく離反していったことが原因である。四四年以後になると、大陸打通作戦のため兵力がさらに減少したことによって、日本軍は小駐屯地を撤収し、文字通り点と線を維持するだけになって、治安粛正作戦はまったく失敗に帰したのである。

だが失敗に終ったとはいえ、未治安地区にたいする日本軍の燼滅掃蕩作戦、これにともなう遮断壕の構築や無住地帯の設定によって、華北の民衆の蒙った被害ははかり知れないものがある。人命の被害だけでも、それを総計すれば、南京大虐殺や細菌戦の犠牲者とは桁違いの多数に上るだろうことは確かである。しかしその数を明らかにすることは難しい。方面軍司令官の岡村大将自身が、「三光作戦」など共産党の宣伝で、日本軍は「焼かず、犯さず、殺さず」の三戒を心がけたと言っているのだから、何戸の家を焼き、何人の女性を犯し、何人を殺したかという数を発表するはずはないからである。

加害者側の数字が一切ないのだから、被害者側の数字に頼るより他はないのだが、これもきわめて大ざっぱな数しか示されていない。しかし最近では中国でも地方史の研究が進んできて、地域や県の単位で、犠牲者の数や名まで明らかにする作業が進められるようになってきた。例えば笠原十九司が山西省の盂県について調査し、地元の『盂県資料』が無人化された村や殺害された犠牲者を挙げているのを紹介している。(46)このような研究が全体的に進展すれば、より精密な数字を挙げることができるようになるだろう。ここでは姫田光義が中国側の公表された数字をもとにしてあげた「とりあえず華北全体の被害は将兵の戦死者を除いて『二四七万人以上(47)』」によっておきたい。これだけでも南京大虐殺の一〇倍もの犠牲者が出ていることになるのである。

この他にも、強制連行され労働力として満州その他に送られた膨大な人々、犯された女性、奪われた財産、焼かれた家、数えあげれば際限のない「三光作戦」の被害は、ようやく最近その一端が紹介されるようになった。これらについては、被害者である中国側の調査が、より精密になることが期待されるが、それよりも加害者側の責任として、日本での史料の発掘、聞きとりの徹底など、為すべきことがたくさん残っているといえるだろう。

次の問題として、中国民衆にこれほどの苦難を強いた燼滅作戦、遮断壕構築、無人化などは、日本軍にとって、果たして実際に効果のあった政策だったのかを検討しよう。遮断壕一つとってみても、それは甚だ疑問である。三節であげた鈴木中将の回想でも、四二年八月下旬に方面軍から、「図上に遮断線を示してきたが、それは現地の実情を甚だ無視したものであった」と言っている。これは参謀が司令部の机の上に地図を拡げて考えていたので、実情にはまったくそぐわないものであった。

華北の平原に何千キロメートルも遮断壕を掘ったり、山西の山地に石垣や土塀を築いたりしても、それに費やした膨大な工事量に比べて、人や物の往来を遮断するという効果は無いにひとしかった。幅六メートル、深さ四メートルの遮断壕は、一見通過は困難である。しかし少数兵力の日本軍がそれを常時見張っているわけには行かない。夜間に、梯子をかけるなり、鍬や鋤で簡単な足場を掘れば、簡単に乗りこえることができる。万里の長城でさえも、北方騎馬民族の侵入を防げなかったのである。日本兵の眼の届かないところで、八路軍も住民も、簡単に遮断線を往来していたのだから、これは住民にまったく無益な労働を強いただけのものだったといっても過言ではない。

似たようなことは、分散配置をとった日本軍が、分屯隊間の連絡のために自動車道路を構築したり、八路軍に利用されないように灌木や果樹の伐採命令を出したりしたことにもあらわれていた。冀中平原の警備にあたっていた支那駐屯歩兵第二聯隊の中隊長井後彰生は、「面の警備実録」(48)という回顧録で、次のように述べている。

　民心把握
端末の分屯隊は十名か二十名しかいないから補給に自動車を使っても月に一回か二回で事が足りる。自動車で視察に来る聯隊長は年に一度か二度に過ぎない。異常事態が発生した場合、車道は必ず切られていて役に立たないばかりか、接近を敵に示して友軍の進路をわざわざ教えるのみである。
――分屯地を結ぶ自動車道は利用度が極めて低く、建設に際して畑を潰して農民の怨を買い民生を圧迫することを残していた。――
次に永定河両岸地区にひろがる砂地の疎林、灌木、果樹の伐採命令を想〔い〕出し民心把握への影響がどうだったのか、伐採させた効果があったのかを考えた。――

この伐採には必死の中止懇願が繰返し届いていた。命令の実行を厳重に伝えた当事者は、命令とは云え住民の苦しみを目の当りに見て、人間の良心から平然と日々が送れず、戦後三十年を経て中日友好の情勢になってもシコリのような思いが残ると言われる。心を鬼にして伐採を命令し、伐採しても二年、三年と変らずに八路軍の侵入交戦を思うと何のプラスはなかった。当時中間で苦慮した高橋氏、浅野氏はこれを述懐している。

これも図上での計画と命令が実情に合わず、民心を失った一例ということができよう。抗日根拠地にたいする燼滅掃蕩作戦の効果も、まったくなかったといってもよい。家を焼き、人を殺し、毒を撒いても、日本軍が引き揚げてしまえば根拠地は再建される。しかも四三年以降は、治安地区は減少し、未治安地区は増大の一途をたどるのである。一九四四年末の治安状況について、方面軍作戦課高級参謀の回想によれば、次の通りであった(49)。

方面軍占拠地域三特別市四〇〇県の中
治安良好　三特別市七県　(一・四%)
中間地区　二九五県　(六六・九%)
中共側　一三九県　(三一・五%)

治安粛正の効果どころか、実際はまったく逆になっていたのである。
またこの治安粛正作戦のくりかえしは、日本軍の軍紀風紀を頽廃させるという側面をもっていたことも注意しなければならない。燼滅掃蕩とは、放火、殺人を命令で行うことに他ならない。強姦や掠奪が、それにともなって発生することも当然あり得るのである。軍法会議の処刑人員や犯罪非違のきちんとした統計は、一九四二年以後は残っていない。またこの時期になると、軍自身の取り締まりそのものが緩んでしまって、犯罪処理もほとんど行われなくなっていたと考えられる。ただ第一軍法務部の一九四二年一月から四三年一〇月までの「処刑通報(50)」が残っている。それによるとこの二二ヵ月間の処刑人員は七八名で、目立ったのは軍中逃亡八名、従軍忌避五名があり、志気の低下がうかがわれることである。

さらに四二年三月の北支那方面軍参謀部による「華北通信検閲ニ顕ハレタル日本人ノ思想動向観察(51)」という書類がある。これは通信検閲の結果をまとめたものであるが、その中に次のような文章がある。

作戦ノ陰ニ潜ム非行

之ハ何レモ軍紀ノ弛緩或ハ風紀ノ頽廃ニ因ツタモノナルモ、作戦間ニ於ケル監督ノ不十分ナルニ乗シ行ハルルモノニシテ、吾人ノ想像ヲ絶スルモノアリ、左ニ其通信文ヲ転載スヘシ

「此ノ前〇〇警備隊長ヲ一ヵ月ヤツタ、随分面白カツタ、其ノ附近ノ生殺与奪ノ権ハ自分カ抱イテヰルノタカラ凄イ、金ト女ハトウニテモ出来ル

支那ノ女ハ猟奇的タネ、貞操観念ハ部落テハ女尊男卑トシテヰルカラ宣撫即チ愛撫シヨウト思ヘハイクラテモ出来ル、一夜ノ裡ニ陥落出来ルノテ愉快タ」

「討伐ニ出動スルコ〔ゴ〕ト掠奪、殺人、放火、強姦等所謂犯罪ヲ敢行シマス、宣撫班ニハ気ノ毒タカ、明日ヲモ知ラヌ兵隊故仕方カナイ」

「討伐ニ行ケハ支那人ハ皆逃ケテ了ツテ動ケナイ様ナ老人カ留守番ニ残ツテ居マス、コンナノハ吹ツ

飛ハシテ何テモ持ツテ来ルノテス」

以上ハ単ニ其一例に過キス、此ヲ以テ鑑ルニ軍紀厳正ナル皇軍モ作戦討伐ニ於テハ敵側ノ宣伝スル如キ非行モ相当存在スヘク聖戦遂行上厳ニ戒心ヲ要ス

北支那方面軍が、中国共産党軍を主な敵とみなし、その根拠地を覆滅して、華北一帯の治安を確立しようとした作戦は、燼滅掃蕩という、民衆をも敵視する形態をとることになった。それは中国側からみれば、「三光政策」と名づけても当然の、無人化政策であり、民衆への残虐行為を必然に伴うものとならざるを得なかった。そして民衆を敵とし、民族的抵抗に直面するとき、侵略軍は必ず敗れることを実証してみせたのである。

(1) 江口圭一「中国戦線の日本軍」(藤原彰・今井清一編『十五年戦争史2　日中戦争』青木書店、一九八八年)、五九、六〇ページ。本論文は江口圭一『日本帝国主義史研究』(青木書店、一九九八年)にも収録。
(2) 姫田光義『「三光作戦」とは何だったか』(岩波ブックレット、一九九五年)、一八、一九ページ。
(3) 同前書、二〇ページ。
(4) 防衛庁防衛研修所戦史室編『戦史叢書　支那事変陸軍作戦〈2〉』(朝雲新聞社、一九七六年)、二九六ページ(以下戦史叢書の引用については、編者、発行者名を省略)。
(5) 『戦史叢書　北支の治安戦〈1〉』(一九六八年)、一二八ページ。
(6) 三和良一資料「昭和一三〜二〇年北支那方面軍の対共調査」(防衛研究所図書館所蔵史料)。
(7) 北支那方面軍司令部参謀部第三課「百団大戦資料」(防衛研究所図書館所蔵史料)および前掲『戦史叢書　北支の治安戦〈1〉』、三五四、三五五ページ。
(8) 独立混成第四旅団「自昭和一五・九・一至一五・九・一八　第一期晋中作戦戦闘詳報」(防衛研究所図書館所蔵史料)。
(9) 第一軍参謀部「昭一五・八・二〇〜一五・一二・三　第一軍作戦経過ノ概要4／5」(防衛研究所図書館所蔵史料)。

(10) 前掲「第一期晋中作戦戦闘詳報」。
(11) 前掲「第一軍作戦経過ノ概要」。
(12) 独立混成第四旅団「自昭和一五・一〇・一九至一五・一二・一四　独立混成第四旅団第二期晋中作戦戦闘詳報」（防衛研究所図書館所蔵史料）。
(13) 前掲『戦史叢書　北支の治安戦〈1〉』、三六五、三六六ページ。
(14) 同前書、四三一〜四三五ページ。
(15) 同前書、四六六〜四七二ページ。
(16) 次官ヨリ関東軍参謀長宛電報「俘虜ノ取扱ニ関スル件」昭和十五年五月二十一日付（「陸満密受第七五七号」）、関東軍参謀長ヨリ次官宛電報「受領俘虜ノ件」昭和十五年七月三日付（「陸満密受第一〇三二号」）。何れも防衛研究所図書館所蔵『陸満密大日記』による。
(17) 昭和十六年七月十六日北支那方面軍司令部「総軍情報会議提出書類」（防衛研究所図書館所蔵史料）。
(18) 前掲『戦史叢書　北支の治安戦〈1〉』、五二八〜五三七ページ。
(19) 『戦史叢書　北支の治安戦〈2〉』（一九七一年）、二六、二七ページ。
(20) 昭和十七年八月三十一日、甲集団参謀部『経済封鎖月報（第一巻）』（防衛研究所図書館所蔵史料）。
(21) 前掲『戦史叢書　北支の治安戦〈2〉』、二三四ページ。なお鈴木中将のこの時期の回想に関連するものとして、鈴木啓久「筆供自述」（雑誌『世界』一九九八年五月号「特集・侵略の証言」、八八〜一〇一ページ）がより詳しく記述している。
(22) 支駐歩一会編『支那駐屯歩兵第一聯隊史』（支駐歩一会、一九七四年）、一〇三〜一〇四ページ。
(23) 海光寺会編『海光寺部隊誌（支那駐屯2i）』（海光寺会、一九五八年）、一〇〜一一ページ。
(24) 支駐歩三聯隊史編纂委員会編『支那駐屯歩兵第三聯隊戦誌』（支駐歩三会、一九七五年）、二〇六ページ。
(25) 第百十師団歩兵第百三十九聯隊第三大隊長田中要少佐手記「柏郷県恵民壕ニ就テ」昭和一七・一一・一（防衛研究所図書館所蔵史料）。
(26) 『戦史叢書　北支の治安戦〈2〉』、一二六、一二七ページ。
(27) 同前書、三七〜四三ページ。
(28) 第一軍参謀部「第一軍作戦経過の概要（一二五、一二六号）」（防衛研究所図書館所蔵史料）。
(29) 前掲『戦史叢書　北支の治安戦〈2〉』、四二、四三ページ。
(30) 粟屋憲太郎・吉見義明編『毒ガス戦関係資料』（不二出版、一九八九年）。吉見義明・松野誠也編『毒ガス戦関係資料Ⅱ』

（不二出版、一九九七年）。
(31) 前掲『毒ガス戦関係資料Ⅱ』、二五八ページ。
(32) 前掲『毒ガス戦関係資料』、四五四ページ。
(33) 紀学仁主編、村田忠禧訳『日本軍の化学戦』（大月書店、一九九六年）、二五五、二五六ページ。
(34) 前掲『戦史叢書　北支の治安戦〈2〉』、一五〇～一八二ページ。
(35) 同前書、一六九ページ。
(36) 「北支派遣歩兵第百六十三連隊第四中隊史（続編）」（防衛研究所図書館所蔵史料）。
(37) 上坂勝「筆供自述」（『世界』一九九八年五月号、特集「侵略の証言」、一〇六ページ）。
(38) 甲集団参謀部昭和十七年七月十五日「冀中作戦総合戦果表」（「陸支密受第一五四八号」防衛研究所図書館所蔵『陸支密大日記』）。
(39) 新井利男「証言――毒ガスと三光作戦」（前掲『世界』一九九八年五月号、一〇七～一〇九ページ）。
(40) 石切山英彰「皇軍毒ガス作戦の村――中国河北省における虐殺事件」（一～四）（『週刊金曜日』七七～八〇号、一九九五年六月九日～六月三〇日）。
(41) あか筒・あか弾の使用を指示した一九三八年八月六日の大陸指第二二五号の第二項には、「之カ使用ニ方リテハ勉メテ煙ニ混用シ又市街及第三国人居住地域ニ使用セス厳ニ瓦斯使用ノ事実ヲ秘匿シ其痕跡ヲ残ササル如ク注意スヘシ」とある。
(42) 前掲『戦史叢書　北支の治安戦〈2〉』、一八二～一八五ページ。
(43) 鈴木啓久「筆供自述」（前掲『世界』一九九八年五月号、九二ページ）。
(44) 海光寺会編『海光寺部隊誌（支那駐屯2i）』（海光寺会、一九五八年）、九ページ。
(45) 前掲鈴木「筆供自述」、九四ページ。
(46) 笠原十九司「日本軍の残虐行為と性犯罪――山西省盂県の事例」（『季刊戦争責任研究』第一七号、一九九七年秋季号）。
(47) 前掲『「三光作戦」とは何だったか――中国人の見た日本の戦争』、四三ページ。
(48) 井後彰生（支那駐屯歩兵第三聯隊第二機関銃中隊長）「面の治安警備実録――自昭和一四年一月至昭和一八年七月」（防衛研究所図書館所蔵史料）。
(49) 前掲『戦史叢書　北支の治安戦〈2〉』、五三六ページ。
(50) 昭和一七・一一～一八・一〇「第一軍法務部犯罪通報綴」（防衛研究所図書館所蔵史料）。
(51) 昭和十七年三月十三日北支那方面軍参謀部「華北通信検閲ニ顕ハレタル日本人ノ思想動向観察」（昭和十七年陸支密受第七

二三号、防衛研究所図書館所蔵『陸支密大日記』)。

『季刊戦争責任研究』(二〇・二一号、一九九八年六月・九月)、所収

海南島における日本海軍の「三光作戦」

日中戦争下の華北一帯で、日本陸軍が中国共産党の解放区にたいして行った燼滅掃蕩作戦は、一般民衆を敵とした残虐行為であり、中国側からは「三光作戦」と呼ばれたことは周知の通りである。これは帝国主義軍隊が、民族解放運動のゲリラ闘争に対したときの凶暴性のあらわれであり、ベトナムにおけるアメリカ軍、コソボにおけるセルビア軍にも共通するものがある。海南島における日本海軍の場合も、例外ではなかったのである。

一　海南島の戦略的地位と海軍

東シナ海に浮かぶ海南島は、面積三万四〇〇〇平方キロメートル（ほぼ台湾ぐらい）、一九四〇年ごろの人口は約二五〇万人だった。その位置は英領マレー、仏領インドシナ、蘭領インドネシア、フィリピンに進出するための要点を占めている。また中国の辺境で未開発だとはいえ、鉱物資源が豊かなことでも知られていた。このため日本海軍は、戦略の面からも、軍需資源の点でも、かねてから海南島に関心を抱いていた。

一方フランスは、より早くから海南島に注目していた。一九世紀後半からインドシナ侵略をはじめたフランスは、一八八四、八五年の清仏戦争の勝利の結果として清国に越南の宗主権を放棄させ、八七年にフランス領インドシナ連邦を樹立して植民地化を達成した。さらに一八九七年には清に迫って海南島の不割譲を約束させ、一八九九年には海南島対岸の雷州半島の広州湾租借条約を結んで、海南島一帯をその勢力範囲とみなしていたのである。

これにたいし、かねてから南進の基地として海南島に野心を抱いていた海軍が、実際に行動をおこしたのは一九三六年八月の北海事件にさいしてであった。広東省西部の北海で旧一九路軍によって日本人居留民が殺されたという事件にさいし、海軍は広東にあった砲艦嵯峨を海南島北部の海口に進出、待機させるとともに、巡洋艦夕張、球磨、駆逐艦五隻などからなる南遣部隊を編成し、さらに大規模な武力行使まで計画した。結局は武力行使に至らなかったが、南遣部隊は海口に集結したので、これが海南島にたいする日本海軍の最初の行動となった。(1)

一九三七年日中戦争が全面化すると、中国方面担当の第三艦隊は八月一一日第九、第十二戦隊、第五水雷戦隊などからなる南支部隊を編成し、沿岸の交通遮断にあたった。三七年一一月、陸海軍は協同して香港東方広東省の平海半島にたいする上陸作戦（A作戦）を計画し、陸軍は第五軍、海軍は第四艦隊がこれにあたることになった。この平海作戦は、パナイ号事件が起ったため、アメリカ、イギリスへの配慮から中止された。

実際の広東攻略作戦は一九三八年九月に大本営で決定され、陸軍は第二十一軍（軍司令官古荘幹郎中将）、海軍は第五艦隊（司令長官塩沢幸一中将）によって一〇月に実行された。広東、厦門などの占領によって海軍の基地はこの地域に推進され、南方にたいする関心はいっそう強くなったといえる。三八年一二月には、南シナ海南部、フィリピンのパラワン島と南ベトナムの中間にある無人の南沙諸島を新南群島と名づけて台湾総督府の管轄下に入れ日本領土にすると閣議決定した（宣言発表は三九年三月三〇日）。この措置は、英、米、仏など各国を強く刺激することになった。

広東攻略後に問題となってきたのは、海南島の攻略である。しかし海軍が積極的なのに反して陸軍は消極的であった。「陸軍は、海軍が青島、厦門のごとく政治経済の全面にわたり権益を設定することを考え、これが日中和平解決の障害となることを憂慮し、海南島の攻略には容易に同意しなかった。しかし陸軍は、陸海軍協同の関係を考慮し、その目的を限定し、将来政治及経済に関連しないという協定を決めて作戦に同意した(2)」とされている。この点について当時の軍令部第一課長草鹿龍之介大佐（のち中将）は次のように語っている。

> 私は本作戦を実施するためには先づ参謀本部を陥落させねばならぬと思って縷々その必要なる所以を説明したが参謀本部は承知して「それは尤もだ。只陸軍省が文句を云うので困る」と云う。そこで「海南島を占領しても陸海軍共に政治的経済的地盤を造らない」と云うことに証文を書いて両課長の印判を押した。陸軍省も遂に承知した。それから軍令部を纏め海軍省を承知させた(3)。

ここにも陸海軍の不和と不信が示されている。

二 海南島の攻略と海軍による全島占領

以上の経緯があって、一九三九年一月一三日の御前会議で海南島攻略が決定された。一月一九日付の大陸命第二六五号では、「大本営ハ南支那ニ対スル航空作戦及封鎖作戦ノ基地設定ノ為海南島要部ノ攻略ヲ企図ス」と極めて限定した作戦目的が示された。また同時に大陸指第三七二号で指示された「別紙 北部海南島作戦陸海軍中央協定」では、作戦目的の項で、「従ツテ占拠地域ニ於テハ軍ノ駐屯自存ニ必要ナル範圏外ノ政策関係作業ハ差シ当リ実施セサルモノトス」(4)との限定を設けていた。攻略命令において作戦目的を「基地設定」に限定したり、陸海軍協定に作戦目的以外の「政策関係作業」は実施しないとわざわざ明記したりしたのは、陸軍の根強い海軍にたいする不信感を表わすものであった。

海南島攻略作戦は、陸軍の飯田支隊(台湾混成旅団長飯田祥次郎少将の指揮する同旅団を基幹とする部隊)、海軍は第五艦隊(司令長官近藤信竹中将)によって行われた。この作戦を陸軍は「甲作戦」、海軍は「Y作戦」と名づけた。計画された作戦は、先ず陸海軍協同で海南島北部の海口を攻略し、ついで海軍単独で同島南部の三亜、楡林を占領するというものであった。一九三九年二月一〇日陸軍飯田支隊は海口を占領、海軍の陸戦隊は二月一三日三亜、楡林、崖県などを占領した。海南島にあった中国の正規軍は、日本軍上陸前に本土に脱出し、同島に残っていたのは王毅の率いる保安団や共産党系の馮白駒の自衛独立大隊など微弱な兵力だけだったので、上陸作戦は難なく成功した。

海軍は海南島占領と同時に第四根拠地隊(司令官太田泰道少将)を三亜に進出させ、海空基地を設定するとともに、占領地域を同島内部にひろげた。そして内地や台湾から専門家を派遣し、資源の調査や開発の準備を開始した。

日本の海南島占領にたいし、即刻フランスから抗議を受けたが、有田八郎外相は二月一三日「領土的野心」はないと回答した。しかし海南島の占領と新南群島の領有宣言（発表は三九年三月三〇日）とは、フランスをはじめ関係各国に、日本の南進の開始として大きな脅威を与えることになった。アメリカは七月二六日、日米通商航海条約の破棄を通告するなど、日米関係悪化の原因ともなったのである。

この間に、海軍主導で海南島の占領経営は着々とすすめられた。三九年四月二一日には、陸、海、外三大臣間で、「海南島政務暫定処理要綱」が決定し、三省の協調で「治安ノ確保」と「重要資源ノ調査、獲得」に努めることが約されたが、実際には海軍が独占的支配をすすめていくことになった。海軍は三九年一一月一五日、第四根拠地隊を改編強化して海南島根拠地隊（司令官福田良三少将）を編成し、その下に第十五防備隊、第十六防備隊、横須賀鎮守府第四特別陸戦隊、佐世保鎮守府第八特別陸戦隊を置いて、島内を分割占領させた。また占領いらい同島に進出していた第五艦隊情報部を、同日付で海南島海軍特務部に改編し、占領地行政の実務を担当させた。海軍の指導下に日本企業も続々進出し、石原産業の田独、日本窒素の石碌などの鉄鉱山開発が急速にすすめられた。

海南島の治安維持と開発を海軍が実質的に進めると、陸軍は同島の兵力を縮小した。南支担当の第二十一軍は、兵力不足という理由もあって、三九年七月下旬飯田支隊を広東周辺に引き揚げ、代りに海南島派遣部隊（第一独立歩兵隊長馬淵久之助大佐指揮する歩兵四大隊）が派遣された。陸軍の守備範囲は海口周辺だけで、その兵力も次第に縮小されて、海口支隊となり、海南島は海軍が治安維持と開発のすべてを担当することになるのである。

海南島根拠地隊は占領一年後の一九四〇年春に、「Y二作戦」と名づけた全島の掃蕩作戦を行った。これについての詳しい記録は残されていないが、六月に同島を視察した嶋田繁太郎支那方面艦隊司令長官は、その日記に次のように書いている。

海南島ハ海軍ノ思フ通ニ指導サレアリ　比較的短時日ニ着々治安上リ中部山岳方面ノ外ハ一ト通リ平定ス

殊ニ二月ヨリ五月ニ亙リシＹ二作戦ノ効果大ニシテ討伐道路モ相当通シ天然資源ノ状況モ明カトナレリ

更ニ比種ノ討伐ヲ行ヒ敵将王毅ヲ伐取ラバ明朗トナルベシ鉱物ノ調査ハ進ミシガ農業ニテ本邦必需ノ熱帯資源ノ試作研究ヲ層一層積極的ニ行フノ要切ナリ⑤

陸軍兵力の縮小と反対に、海南島の海軍地上兵力は増強され、四〇年六月一〇日には島内で新たに舞鶴鎮守府第一特別陸戦隊が編成された。中国側は保安団など在来兵力のほかに、共産軍の活動が次第に活発になっていった。一九三九年内には、中国共産党の華南敵後解放区の瓊崖区が島内に成立している。これにたいし海南島根拠地隊は、四一年二月から三月にかけて、主として共産軍を対象とした「Y三作戦」を実施した。これには地上兵力として、呉鎮守府第一特別陸戦隊と佐世保鎮守府第一特別陸戦隊が臨時に増援されて協力している。

海南島は鉄鉱山の開発など、資源の獲得の意味が増したこと、ヨーロッパにおける戦局の展開と、前年九月の北部仏印進駐にはじまる南進の基地としての重要性が大きくなったことにより、一九四一年四月一〇日海南島根拠地隊を昇格させて海南警備府を新設した。海南警備府（司令長官谷本馬太郎中将）は第十五、第十六警備隊（もとの防備隊）、佐世保第八、舞鶴第一、横須賀第四の三特別陸戦隊の地上兵力の他に、航空部隊、艦船部隊などがあり、また政務や開発を担当する軍政機構である海南島海軍特務部も指揮下においた。

三　海南島の治安粛正作戦

海南島の占領支配は、海軍単独としては始めての経験であった。とくに強力な民衆的支持を受けたゲリラ活動と戦う治安粛正作戦には、海軍は陸軍のような経験を持ってはいなかった。そのため海南警備府による治安維持は困難を極めることになる。

海南島における海軍の地上作戦は、当初の攻略戦を「Y作戦」として実行したのにつづいて、前述のように島内の「討伐」作戦として「Y二作戦」（一九四〇年三～四月）、「Y三作戦」（一九四一年二～三月）を行った。さらに島内の治安粛正の作戦として、敗戦までの間に「Y四作戦」（一九四一年八月）、「Y五作戦」（一九四一年一一月～四二年一月）、「Y六作戦」（一九四二年六月）、「Y七作戦」（一九四二年一一月～四三年六月）、「Y八作戦」（一九四三年一二月～四四年一二月）、「Y九作戦」（一九四五年、詳細不明）と名づけた作戦を行っている。この中で「Y五」、「Y六」、「Y七」、「Y八」の四作戦についての『海南警備府戦闘詳報』と、『横須賀鎮守府第四特別陸戦隊Y八作戦戦闘詳報』が防衛研究所図書館に保存されている。また『海南警備府戦時日誌』も、一九四一年一二月、四二年二、三、四、五、六、八、九、一〇、一一、一二、四三年

二、三、四、五、六、九、一〇、一一、一九四四年一、三、四、五、六、七月の合計二五ヵ月分が残されている。

これらの残存史料によって、海軍が海南島で展開した治安粛正作戦の実情は、或る程度知ることができる。それは日本陸軍が朝鮮や中国で実行してきた民族闘争圧殺のために、民衆自体を敵とする作戦、すなわち人を殺し、物を奪い、家を焼く作戦、中国共産党側が名づけた「三光作戦」の再現に他ならなかったのである。

その一端を、対米英開戦直前に始められたY五作戦に見てみよう。海南島は南方作戦の策源地であり、そのためにも治安確保の必要に迫られていた。また米の収穫季節でもあり、その獲得を図る目的もあった。このため四一年一一月二五日から、四二年一月中旬にかけて、島内全域にわたる治安粛正作戦を行ったのがY五作戦である。

この時期の島内の中国側の兵力は、保安団、逐撃隊、共産党軍あわせて約一万人内外であった。これにたいし海南警備府の陸戦兵力は、次の通り[6]島内全域に分散配備されていて、総数一万人足らずであった。

部隊	駐屯地数	兵力
一五警	二一	二一八六
一六警	一九	一二〇九
横四特	二八	一四二四
佐八特	三六	一九〇六
舞一特	二九	一九二四

合　計　一三三　八六四九

右のように小兵力が高度に分散配置されており、小拠点は下士官を長とする十数名のところさえあった。このため作戦に出動する兵力には限界があった。

作戦開始にあたっての海南部隊命令は、本作戦の目的を次のように述べている。

海南部隊ハY四作戦戦果ヲ拡充シ占拠地域及未占拠地域ノ残敵兵力ヲ速ニ捕捉掃滅スルト共ニ人心ノ収攬、敵性物資ノ獲得等ノ総合作戦ヲ実施普ク我ノ武威ヲ浸透残敵再建ノ余地無カラシメ以テ対南方作戦基地タル本島ノ治安ヲ急速ニ確立セムトス(7)

すなわち敵兵力の捕捉撃滅とともに、物資の獲得も目的としていたのである。この作戦の戦果は次のように報告されている。(8)

敵ニ与ヘタル損害

遺棄死体	一五四〇
捕虜	二六二
投降者	九一
焼却家屋	一〇三七九
押収籾	四一〇〇〇石

処分戎克（ジャンク）	四七

これによると一万戸以上の家屋を焼却し、四万石以上の籾を押収したことが目立っている。家を焼き、食糧を奪うことが作戦の主要な部分であったことが示されているといえよう。

なおこの戦果報告で、敵に与えた人的損害では遺棄死体一五四〇だけが示されていて、住民を殺したことは書かれていない。だが海南警備府の他の戦闘詳報や戦時日誌では、戦果の欄に遺棄死体の他に射殺とか刺殺とか或は土民刺殺などという項目がでてくることが多いのである。例えばこのY五作戦は四二年一月二五日に終っているが、作戦が終了した後の四二年二月分の『戦時日誌』には、二月中の作戦経過概要の中で、二月一日から二月二八日までの戦果として記されている[9]ものを集計すると次のようになる。

遺棄死体	一四三
射刺殺	二九三
射殺	三一
刺殺	一六二
人員処分	一八
土民刺殺	九一
捕虜	一七三
焼却家屋	一一八七

これは個別の戦闘の報告の中の、敵の損害の記述をそのまま集計したものである。刺殺とか土民刺殺とか表現がまちまちだが、大きな作戦のなかった二月中の、小規模な討伐戦だけでも、一千戸以上の家屋を焼き、六〇〇人以上の人を殺していることが記されている。この遺棄死体や射刺殺の中には、相当数の一般住民が含まれているに違いない。つまり治安粛正作戦の実態は、武装勢力を敵として戦っているだけではなかったのである。敵の根拠地の家屋を焼き払い、食糧を奪いとり、さらに「敵性住民」を殺すことを目的とし、実行していたものであった。このことは、海南島の日本海軍が、華北の陸軍の場合ほど大規模ではないにせよ、敵根拠地にたいして殺しつくし、奪いつくし、焼きつくす作戦を展開していたことを示すものであった。その治安粛正作戦は、日常的な「三光作戦」だったということができよう。

四　治安の悪化と海軍警察隊

一般民衆を敵とする「三光作戦」は、治安維持のためには逆効果だったといえる。民心は日本軍を離れ、共産軍はますます民衆に浸透していった。四二年五月の情勢では、「共産軍ハ十五警、佐八特管内ニ於テ相当勢力ヲ有シ本月初旬以来其ノ行動活発化シ道路橋梁ノ破壊電柱電話線ノ切断等ヲ行ヒ専ラ後方攪乱ヲ企図シツツアリ[10]」となっている。

これにたいし海南部隊は、敵の根拠地を封鎖し各隊の占拠地域を拡大するため六月に「Y六作戦」を行った。この作戦開始に先立って、海南警備府参謀長は、次のような注意を各隊に与えた。

今次作戦ニ伴フ永久進駐地域ニ於テハ特ニ其進駐地附近民心ノ把握ニ依リ速ニ治安ヲ確保シ彼等ヲシテ衷心我方ニ協力セシムルノ要アルニ付関係各隊ハ爾後各般ノ処理ヲ考慮シ敵性家屋（兵舎ヲ除ク）ト雖モ其ノ焼却破壊ハ極力之ヲ避ケ若シ必要アラバ戦闘行為上止ムヲ得ザル最小限度ニ止メ作戦一段落セバ一般民衆ニ対スル宣伝宣撫工作ヲ活潑ニ実施シ成ル可ク速ニ進駐地附近ノ治安維持会ヲ結成ノ上之ヲ善導シ以テ本作戦目的達成ニ努メラレ度⑪

つまり今までのように、片っぱしから家屋を焼き払うのは、民心把握のためにならないから、兵舎以外は焼くなという注意をしているのである。

Y六作戦開始についての海南部隊命令によれば、この作戦の目的は、「各隊ノ占拠地域ヲ拡大シ封鎖ヲ強化シ且残存兵匪ノ捕捉撃滅ニ努ムルト共ニ、敵ノ死命ヲ制スル地域ヲ確保シ本島治安確立上不敗ノ態勢ヲ確立セントス⑫」というものであった。すなわち占拠地域の拡大と、敵根拠地への封鎖の強化が目的であり、このために新たに兵力を配備する駐屯地（小拠点）を増やすことになった。

もともと海南島における海軍の占領警備の特徴は、極端な小兵力の分散配置をとっていたことにあった。一九四一年一二月現在の、島内陸上兵力の配備状況をみると、総兵力七八九二名を、一三三個所に分散配置しており、下士官を長とする一〇名前後の小兵力の配備場所が多いという状況であった。この間に駐屯地を増加させたこともあって、四三年には二〇〇個所に達するまでになっている。このため、兵力の不足が大きな問題であった。その対策としてとられたのが、海軍警察隊の編成と配備であった。

台湾総督府は、もともと日本の南進の拠点としての自覚を持っており、海南島に関心を抱いていた。海南島の後方における治安維持に任ずるために、海軍の要請に応じて、台湾総督府は一九四二年までに、四次にわたり警察官を海南島に派遣していた。その人数は、内地人警察官二六六名の他に、台湾人壮丁を採用した巡査補一五〇〇名となっていた。[13] さらに海南警備府自体としても、瓊山に海南海軍警察訓練所を四二年九月に設置し、内地人と台湾人の海軍巡査の育成ははじめていた。[14]

海南警備府は、さらに四二年一一月に、「海南警備府警察中隊編制要領」を定め、四三年一月から、各警備隊及特別陸戦隊司令に直属する警察中隊を編成することとした。[15] この警察中隊は、各警備隊及特別陸戦隊ごとに、第一、第二の二個の中隊が編成され、警察第一中隊は環島道路付近拠点及び部落に配置し、主として環島道路の警備に当らせる。警察第二中隊は、従来の台湾総督府警察官の配置を引き継ぐもので、主として各地区後方の治安維持に当らせるものであった。この海軍警察隊は、一九四五年末までに五〇〇〇人の兵力にする計画で、四三年にはすでに四〇〇〇人に達していた。海軍警察隊は、海南島における海軍の陸上兵力不足を補うための、補助軍隊となっていたのである。

もともと台湾総督府の警察は、台湾の植民地化の過程で、人民抑圧と治安維持に重要な役割を果たしていた。領有いらい軍隊と並んでゲリラの鎮圧にあたり、村落に細分配置されて治安粛正にあたった経験をもっている。またとくに一八九八年総督府の律令で保甲制度を設け、人民に治安の連帯責任を負わせたが、この制度の実施にあたったのが総督府の警察であった。海南島においても、台湾からの警察官導入とともに、治安維持のための保甲制度を採用した。ただしその成果は民心の把握ができないため、上らなかったといえよう。

警察隊の編成配備とともに、治安対策上の処置として在留日本人の武装化がはかられた。占領いらい鉱山開発などに企業が誘致され、最終的には在留日本人は三万人に達した。一九四二年一一月現在でも、在留日本人一万一六三四名、内男子一万〇一三八名、内壮年男子九八九二名、在郷軍人八九八名であった。[16]

民衆の反抗を圧えられないため、治安維持の一環として、一般日本人の武装化が必要だったのである。四二年七月には、「海南警備府押収兵器貸与規程」[17]が定められ、民間人の武装化が行われた。

五　治安の悪化とY七作戦

対米英開戦と南方作戦の進展により、海南島の海軍兵力が減少したこと、「三光作戦」の結果共産軍への民衆の支持がかえって強まったこともあって、四二年後半には海南島の治安は悪化した。これにたいし、海南警備府は四二年一〇月以降大規模な治安粛正作戦として、「Y七作戦」を開始した。作戦開始にあたり砂川兼雄司令長官は、次のように訓示している。

敵ノ匪ハ大東亜戦争勃発以来我ガ兵力ノ漸減ニ乗ジ頻ニ其ノ行動活発化シ屢我ガ警戒網ヲ潜リテ環島道路及其ノ附近ニ現ハレ我ガ陣地及軍用「トラック」ヲ襲撃スルニ至レリ、今ニシテ敵匪ヲ殲滅セザランカ其ノ兵力ハ急激ニ増大スベク又其ノ蠢動ハ著シク猛烈ノ度ヲ加ヘ遂ニハ島内全域ニ亙ル治安ヲ攪乱サルルニ致ルベシ之即チ今次作戦ヲ実施セシムル所以ナリ[18]

このY七作戦は、共産軍を対象としたが、その変幻自在な戦法に眩惑されて効果が十分でなかった。その戦法を日本側は、我が軍にたいして「正正堂堂ノ戦闘ヲ為サズ」と評して次のように述べている。

即チ我ガ軍ノ討伐ニ会スレバ三々伍々トシテ分散シ農民ニ混ジ且密林中ニ逸脱退走シ極力我ガ軍ノ攻撃ヲ避ク、而シテ其ノ大部分ハ便衣ヲ着シ一般民衆トノ区別判然タラサルノミナラス其ノ行動極メテ機敏ニシテ之カ捕捉撃滅ハ極メテ困難ナリ、即チ追ヘバ散リ退リゾクバ集ル所謂蝿ノ如キモノナリ⑲

結局Y七作戦は、四二年一一月一日から四三年四月一五日までの第一期につづいて、四三年四月二〇日から五月二五日までの第二期、四三年六月五日から六月二四日までの第三期と、三期にわたって実施された。

Y七作戦の一期と二期の総合戦果として、戦闘詳報は敵に与えた損害として次のような数字を挙げている⑳。

遺棄死体	二六三五
射刺殺	六七四八
捕虜	九二四
帰順	二六七七
焼却兵舎	四四九九

戦場に残された遺棄死体とは別に、射刺殺として、それより多い六七四八という数が報告されている。共産軍は一般民衆との区別が難しいと戦闘詳報で述べているところから見ても、この射刺殺というのは、戦闘行動によってではなく殺害したもので、その多くは一般民衆であったと考えられる。また四四九九と

いう多数の焼却兵舎が報告されているが、これは兵舎という名目で民家を焼いたものであろう。

海南島占領いらい、Y七作戦の途中である一九四二年末までの四年間の、海南部隊の年度別戦果一覧表が記録として残されている。[21] それによると四年間の総計で、遺棄死体（射刺殺）二万八八六三となっている。当初から敵兵力の総計は一万前後とされているから、この数は相当数の一般住民を含んでいると見てよいであろう。ちなみにこの四年間の鹵獲兵器として報告されているものの中で、小銃猟銃あわせても六三〇二であるから、武器を持たないものを多数殺さなければ、三万近い死体の数にならないことになる。四三年以降の全体の統計は残されていないが、島内の中国側の武装兵力をはるかに上廻る一般民衆の殺戮が行われたことは確かである。

また海南部隊の作戦の特徴として、籾の押収を伴っていたことがあげられる。海南島は高温多雨で、米は二期作、水利の良い所では三期作も可能であった。日本軍は現地自活の他に食糧の供給基地としての役割を果たそうとし、あわせてゲリラ側の糧道を絶つ目的もあって、籾の押収に努めたのである。

一九四三年後半になって、南太平洋方面の日本軍の後退、イタリーの降伏など世界情勢は大きく変化した。海南島でも日本軍の戦力の低下は免れなかった。四三年一〇月一四日海南警備府参謀長は次のような通達を各警備隊、特別陸戦隊に出している。


最近巡査補新兵等ノ多数入隊ニ対スル教育、或ハ新駐陣地構築等隊内作業繁忙ニ伴ヒ各隊ノ討伐掃蕩若干消極的ニナリタルノ観アルトコロ敵ハコノ虚隙ニ乗ジソノ蠢動漸ク活発トナリ最近ノ伊太利ノ降伏或ハ巡査補ノ増強ニ依ル我ガ軍ノ弱体化等ヲ資ニ各種ノ宣伝ヲ強化シツツアルノミナラズ特ニ共匪ハ我ニ対スル積極的襲撃ヲ企図スルコト頻繁ニシテ舞一特管内ニ於テモ最近被襲撃事件二、三ニ止ラズ、特ニ十月十三日洛基隊ハ小隊長以下二八名電線修理ニ赴ク途中尖嶺附近ニテ共匪約三〇〇名ノ襲撃ヲ受ケ殆ンド全滅スルノ不祥事ヲ惹起セリ(22)

この後も環島道路でのトラック襲撃や小部隊の駐屯地への攻撃がくりかえされ、一九四四年に入ると、治安状況はさらに悪化した。とくに四四年四月以降駐華米空軍による、海南島の日本軍基地への空襲が激化し、四月六日の海口空襲、七月二九日の戦爆連合四〇数機による三亜空襲は、海軍航空隊に大打撃を与えた。

こうした治安の悪化にたいして、海南部隊は一九四三年一二月から四四年一二月にかけて、各隊別にY八作戦を実施させた。もはや全島統一の作戦は不可能で、個別の討伐戦しかできなかったのである。その状況の詳細は不明だが、唯一の戦闘詳報が残されている横四特についてみると、日本側の苦戦の状況を次のように述べている。「最近太平洋方面ニ於ケル米英ノ反攻熾烈ナルニ影響シ特ニ共匪ハ益々抗日反攻ヲ呼号シテ民心ヲ収攬シ我カ小兵力ナル分遣隊軍車及開発会社竝ニ帰順部落等ノ計画的襲撃ヲ為シ以テ自己勢力ノ回復ニ暗躍ヲ続ケツツアル状況ニアリ(23)」。

すなわちゲリラの活動が活発になり、日本軍だけでなく、開発会社も襲撃の対象になり、治安は悪化の一途をたどっていたのである。

六　海南島の孤立と敗戦

海南島の開発、とくに石祿や田独鉄鉱山の開発、鉄鉱石積出しのための八所や楡林の築港がすすみ、四四年三月には鉄鉱石船が内地に向った。これにたいし駐華米空軍の空襲が頻繁になるとともに、米潜水艦による輸送船攻撃も活発となり、海上交通は次第に困難になった。南シナ海の制海制空権も、四四年後半には失われ、海南島は孤立したのである。

一九四四年一〇月米軍がフィリピンに来攻し、次の目標は台湾か華中か華南かと考えられて、陸軍の支那派遣軍、海軍の支那方面艦隊も東面して対米作戦準備をはじめることになった。ゲリラとの戦闘にも兵力が不足している海南警備府は、とても上陸米軍に対抗できる力はなかった。もともと海軍は、海南島の利権の独占をはかり、陸軍を撤退させることにつとめ、最後は島内の陸軍は四〇〇名の海口支隊だけになっていた。しかし米軍上陸に備えて再び陸軍の派遣が行われることになった。

一九四四年一二月米海軍機動部隊が南シナ海に侵入し、海南島にも危機が迫った。広東の第二十三軍は、湘桂作戦を了えて雷州半島に戻っていた独立混成第二十三旅団（純兵団）を海南島に派遣することにした。同旅団は、雷州半島に歩兵二個大隊を残し、主力で四五年一月に島に渡り、要地の占領獲得にあたった。しかし四月に沖縄への米軍来攻があり、状況が変化したので、同旅団は六月に再び海南島を離れて雷州半島に戻った[24]。結局海南島には海軍警備兵力一万二〇〇〇、警察隊四〇〇〇、他に警備府関係の軍属、工員など一万、開発関係の民間人三万が残った。そして航空兵力も皆無、海上兵力も殆どなく、孤立したまま敗戦を迎えることになった。

海南島を占領した日本海軍の治安粛正作戦は、ゲリラと一般民衆との判別ができないとか、ゲリラの根絶が困難だとかという理由で、一般民衆を無差別に殺し、民家を焼き払い、食糧を強奪するなどの三光作戦を一貫して実行した。それでも作戦はまったく成果をあげることなく、おびただしい犠牲者と被害を出しただけで、治安は悪化する一方となった。

日本海軍の海南島占領は、開発のため多数の日本企業を誘致したこと、治安確保のため極端な兵力の分散配置を行い、また台湾総督府と連携して海軍警察隊を編成したなどの特徴をもっていた。そしてその治安粛正作戦は、日常不断な三光作戦に他ならないものであり、民衆を敵とすることで完全な失敗に終ったのであった。

(1) 防衛庁防衛研究所戦史室編『戦史叢書　中国方面海軍作戦〈1〉』(朝雲新聞社、一九七四年)、一九二〜二〇三ページ（以下『戦史叢書』については、編者、発行所を省略)。
(2) 『戦史叢書　支那事変陸軍作戦〈2〉』(一九七六年)、三三七ページ。
(3) 『戦史叢書　中国方面海軍作戦〈2〉』(一九七五年)、九一、九二ページ。
(4) 前掲『支那事変陸軍作戦〈2〉』、三五八ページ。
(5) 前掲『中国方面海軍作戦〈2〉』、一六四ページ。
(6) 昭和十六年十二月分『海南警備府戦時日誌』(防衛研究所図書館所蔵史料、以下戦時日誌、戦闘詳報はすべて同館史料)。
(7) 自昭和十六年十一月二十五日至昭和十七年一月二十五日『海南警備府Y五作戦戦闘詳報』。
(8) 同前。
(9) 昭和十七年二月分『海南警備府戦時日誌』。
(10) 昭和十七年五月分『海南警備府戦時日誌』。
(11) 自昭和十七年六月八日至昭和十七年六月二十五日『Y六作戦海南部隊戦闘詳報』。

(12) 同前。
(13) 昭和十八年一月三日「海南警備府部隊作戦及警備概要申告覚書」(防衛研究所図書館所蔵史料)。
(14) 昭和十七年九月分『海南警備府戦時日誌』。
(15) 昭和十七年十一月分『海南警備府戦時日誌』。
(16) 前掲「海南警備府部隊作戦及警備概要申告覚書」。
(17) 昭和十七年七月分『海南警備府戦時日誌』。
(18) 自昭和十七年十一月一日至昭和十八年四月十九日『海南部隊戦闘詳報第八号Y七作戦第一期』。
(19) 前掲「海南警備府部隊作戦及警備概要申告覚書」。
(20) 自昭和十八年四月二十日至昭和十八年六月四日『海南警備府戦闘詳報Y七作戦第二期』。
(21) 前掲「海南警備府部隊作戦及警備概要申告覚書」。
(22) 昭和十八年十月分『海南警備府戦時日誌』。
(23) 自昭和十九年六月一日至昭和十九年十二月七日『横須賀鎮守府第四特別陸戦隊Y八作戦戦闘詳報(其ノ二)』。
(24) 昭和一九・一・一四～二〇・八・一五「第二十三軍部隊行動記録」(防衛研究所図書館所蔵史料)。

『季刊戦争責任研究』(二四号、一九九九年六月)、所収

日本軍から見た反戦運動

天皇制軍国主義の支配下にあった日本では、反戦運動はきわめて困難な条件のもとに置かれていた。とくに中国にたいする全面的な侵略戦争が開始されてからは、反戦平和を唱えることは、生命の危険をともなう至難事であった。一九三三年ごろまで、わずかに存在していた国内の反戦の動きも、三〇年代後半以後は徹底的な弾圧によって完全に封じ込められた。

天皇への忠誠と絶対服従を存立の基盤とする日本軍隊は、軍隊内部に反戦思想が流入することをなによりも恐れ、思想問題には過剰な反応を示していた。シベリア出兵は、そのような日本軍隊にロシア革命の思想的影響が及ぶ契機になった。現地で共産ゲリラと戦う兵士たちに動揺が起こっただけでなく、将校のなかにも思想問題にかかわる者が現れたのである。一九二〇年から二一年にかけて、弘前の歩兵第五二連隊の松下芳男中尉が社会主義思想のゆえに追放されたのをはじめ、敦賀の歩兵第一九連隊赤田直義中尉、広島の野砲兵第五連隊の長山直厚中尉が思想問題で停職になった。さらに朝鮮羅南の歩兵第七三連隊の高坂実中尉はシベリアのパルチザンに投ずるために脱走したが逮捕された(1)。

これらはロシア革命や第一次世界大戦後の平和運動の影響で、いわば知識階級である将校のなかに生まれた反戦思想の現れと見ることができよう。軍隊が最も恐れるのは、兵士の間に反戦思想が波及してくることであるが、それが問題になるのは一九二〇年代後半になってからであった。再建された日本共産党の影響下にある共産青年同盟は、二七年から二八年にかけて関西、中国、九州地方の軍隊にたいする働きかけを開始した。二八年七月にコミンテルン第六回大会が「反帝国主義戦争テーゼ」を採択すると、日本共産党も対軍隊活動を取り上げた。その活動が活発になるのは、満州事変勃発直後からである。

一九三一年一一月、『無新パンフレット』一三輯は、「満州占領戦争と日本共産党当面の任務」[2]を載せ、開始された侵略戦争にたいする闘争の急務を訴えている。これ以後の三二年いっぱいが、軍隊内反戦運動の最盛期で、兵営や軍艦のなかにまで党の細胞がつくられ、三二年から三三年にかけては、共産党軍事部の兵士向け機関紙『兵士の友』[3]も発行された。こうした軍隊への反戦工作については、もちろん憲兵も詳しく調査している。三三年三月に憲兵司令部が調製した「軍隊内並び対軍思想策動概見図表」[4]によると、二九年から三二年までの軍隊（軍工場）における反軍運動の件数は五四八件、二七年から三二年までの細胞の組織件数は二一件、同時期の細胞組織のための策動件数は五六件となっている。しかし激しい弾圧によって、三三年以後はこうした軍隊内での反戦運動は下火になるが、このような動きはその実態以上に軍当局者を危惧させたのである。二・二六事件に現れたような青年将校の反革命運動もこうした兵士の思想悪化にたいする反動であった。

一九三〇年代後半、共産党は徹底的に潰滅させられ、国内の反戦運動も活動不能となった。日中戦争が開始されると、弾圧は共産主義者だけでなく、社会民主主義者や自由主義者にまでひろがり、国内における反戦運動はまったく不可能になった。このころはアメリカから「国際通信」として日本に持ち込まれたパンフレット類が、日本国内の反戦運動を呼びかける唯一の指針だった。一九三七年九月、浅井要署名の文書「大衆的反戦闘争の為に――労働者農民の任務」[5]は、軍隊内の活動についても具体的に指示した反戦運動の指導書であった。しかしこのとき国内には、それを受けとる組織はもはや皆無だったのである。

このような状況のなかで、特筆すべき反戦運動を展開したのが、中国戦線で捕虜となった兵士たちの運動であった。捕虜を許さず、軍隊の瓦解をなによりも恐れる日本軍にとって、このような運動はあってはならないことであった。そして実際に日本軍が、捕虜による反戦運動をどうみていたのか、そのことを検討してみよう。

本書*の山田論文で述べられているように、日露戦争後の日本軍には精神主義を強調し捕虜を否定する思想が生まれた。昭和期になるとその傾向はいっそう強まり、一九三二年の上海事変で、捕虜となった空閑昇少佐が自決した事件は、捕虜になるよりは死を選ぶべきだという考え方をひろげることになった。ところが、日中戦争が拡大すると、かえって捕虜が増えるという事態が生じることとなったのである。

＊（編注）この論文のなかで「本書」とあるのはすべて『日中戦争下中国における日本人の反戦活動』（青木書店、一九九九年）のことである。

捕虜が増えた理由は、三つあげられる。第一は、戦争が帝国主義の侵略戦争であり、戦意を奮い立たせる大義名分がなかったことである。第二は、予想もしなかった戦争の拡大で大量の兵を動員し、軍隊の素質や士気が低下したことである。第三は、中国の民族的抵抗に直面し、戦線が広がって前線も後方も区別がなくなったことがあげられる。さらにこれも本書の井上論文にあるように、中国共産党の捕虜優遇政策が次第に知られるようになったことも影響を及ぼしていよう。

中国戦線において捕虜が増えつづけ、しかも反戦思想を植えつけられて帰還してくる者が出はじめたことは、軍当局が重大な関心をもつところであった。さらに一九三九年のノモンハン事件で、ソ連軍に圧倒されて多数の捕虜が出たことも捕虜政策の転機となった。三九年九月、ノモンハン停戦協定が成立し、捕虜交換で帰された捕虜にたいしては、厳重な処分方針をもって臨んだのである。関東軍は一〇月二日の軍命令で、「捕虜交換ノ結果帰還セル将兵ハ一律ニ捜査スルコトニ定メラル」[6]として、捜査関係者を任命した。支那派遣軍にたいしても、陸軍省は三九年九月の陸支密第三五五二号で、捕虜帰還者はその状況いかんにかかわらず捜査の対象とするように指示している。[7]

一九四〇年九月、大本営陸軍部研究班は、「支那事変ニ於ケル支那側思想工作ノ状況」[8]という調査報告を秘密のパンフレットとして出している。それによると、この時点で中国の国民政府側と八路軍の双方による日本兵捕虜を組織しての反戦運動の概要をほぼ把握している。華北では一九三九年一一月に日本兵士覚醒連盟が、華中では三九年一二月に在華日本人民反戦同盟西南支部がつくられているが、それらの状況もこの調査では確認している。また八路軍の捕虜工作についても、詳細に分析している。

はじめの八路軍の対日本軍瓦解工作では、捕虜は優遇したうえで、本人が希望すれば送り返すというものであった。この調査には、一九三九年一二月現在の支那駐屯憲兵隊調べによる「俘虜帰還者名簿」が載っている。それによると、帰還者は二六名だが、全員が事件として送致されている。そのなかでは、戦闘中負傷して捕虜になり、一年後に送還された者が無期懲役になっている例がある。捕虜となって帰還したものは厳しく罰せられたのである。

この名簿にある捕虜のなかで、三九年八月から九月にかけて、冀中地区で八路軍第三縦隊（呂正操）に捕らえられ、同年一二月はじめに各自旅費として法幣一〇〇円の支給を受けて天津に送り返された八名（下士官三、兵五）について行った詳しい調査が別にある。北支那方面軍参謀部が三九年一二月一八日に作成した「共産軍第三縦隊第三軍区並其ノ対俘虜工作ノ状況」[9]という特別情報である。これには八路軍の対捕虜工作の詳しい状況、捕虜の処遇、思想工作などについて詳しく調査している。これによれば、捕虜を優遇したうえで反戦反軍思想に目覚めさせ、日本軍瓦解工作の尖兵として送還したものと見ているのである。帰還者にたいする厳しい処置は、こうした瓦解工作に対する対抗手段だったともいえよう。

捕虜による反戦運動の初期の組織者は鹿地亘であった。プロレタリア文化運動のリーダーであった鹿地は、三七年一一月に日本を脱出して国民政府側に投じて対日宣伝工作に従った。さらに日本兵の捕虜を指導して、三九年一二月に日本人民反戦同盟西南支部を結成し、南寧作戦の前線に出動して日本軍にたいする呼びかけを行っている。共産軍の捕虜の間でも、三九年一一月に山西省で日本兵士覚醒連盟が組織されるなど、華北、華中の八路軍、新四軍のなかに捕虜による反戦組織が次々に結成されていた。これらの経緯については、他の回想や記録に詳しいので省略するが、日本軍側でもその大要をほぼ把握していたことは、先の「支那側思想工作ノ状況」などからうかがうことができる（なお、本書第三部に収められている「汪大捷さんへのインタビュー」に出てくる「大同学園」の活動については、当時の日本軍は把握していなかったと思われる）。

一九四〇年四月、共産党の幹部野坂参三がモスクワから延安に入り、岡野進の名で五月に日本兵士反戦同盟延安支部をつくった。さらに八路軍の各所にあった組織を統合し、一九四二年八月、日本人民反戦同盟を組織し、活発な対日本軍工作を開始した。華中における反戦同盟の活動が、国民政府の反共政策によって抑圧されたのに反して、華北における活動は、飛躍的に発展するのであるが、北支那方面軍はこの状況をほぼ把握し、これにたいして強い警戒心を示している。

一九四〇年六月、北支那方面軍参謀長は、軍法会議判士、軍律会議審判官、法務官を集めた会同で、次のように述べている。「軍中逃亡或ハ俘虜ノ如キニ至リテハ、神聖ナル皇軍ノ伝統ヲ毀潰シ皇軍ノ精華ヲ汚辱スルモノニシテ軍人精神ノ建否ニ及ボス影響蓋シ至大ナルモノアリ、其ノ発生ノ動機、理由ノ如何ヲ問ハズ将来其ノ絶滅ヲ期スル為ニ必要ニシテ十分ナル処置ハ、一時的人情等ニ眩惑セラレテ断乎タル処断ヲ躊躇シ禍害ヲ将来ニ胎スガ如キコトナキヲ要ス」(10)。すなわち捕虜帰還者には厳罰をもって臨めと指示したのである。

日本が対米英戦争に踏み切り、戦局が次第に悪化すると、中国戦線からも装備優良の部隊が南方に引き抜かれていった。さらに一九四四年に入ると、日本軍は、掉尾の大作戦として、大陸打通作戦を開始した。このため華北の占領地からも、次々に兵力が抽出され、素質も装備も劣る警備専用部隊がその穴を埋めることになった。そのため日本軍の劣勢は隠しようがなくなり、多くの小拠点も撤収せざるをえなくなった。

こうした戦局の変化から、捕虜になる者も増加した。そして戦闘によって捕虜になる者だけではなく、自ら進んで八路軍に加わろうとする者、軍隊用語で言えば「奔敵」が増えていった。これは日本軍にとってその存立にかかわる重大事であった。四三年一二月、北支那派遣憲兵司令部が作成した「北支ニ於ケル奔敵事犯ト之カ警防対策(11)」という文書には、次のようにその危機感を表している。

皇軍軍人ニシテ志気ノ弛緩、攻撃精神ノ消磨等ニ基因シ、敵側ノ謀略宣伝ニ眩惑セラレ、易キヲ求メテ敵ニ奔リ或ハ尽スベキ所ヲ尽サズシテ敵手ニ身ヲ委ネ以テ全軍ニタイシ戈ヲ逆ニスルガ如キハ悪質モ亦極マレリト謂フベク其ノ罪万死ニ値スベシ

然ルニ北支ニ於ケル奔敵事犯ハ昭和十六年ニ発生ヲ見タルヲ嚆矢トシ本年ハ十一月現在既ニ二十六件ニ達シ真ニ寒心ニ堪エザル現状ニ在リ　特ニ事犯極メテ悪質化シ敵側ノ思想策動ニ乗ゼラレ乃至ハ之ニ共鳴シ自ラ進ンデ敵ニ投ジタル上利敵行為ヲ敢行スルニ至ルモノ多キハ最モ注意ヲ要スルトコロナリ　戦局ノ彌久拡大ト中共ノ思想活動活発化ニ伴ヒ之カ事犯発生ノ素因ハ今後漸ク其ノ多キヲ加ヘンコトヲ予想セラルルヲ以テ審ニ事犯ノ原因動機ヲ探究シ挙軍之カ抜本塞源的方途ヲ講ジ以テ斯種事犯

ノ必滅一掃ヲ期スルヲ要ス

ここに事例として挙げられている二六件中の二三名は、いったん敵側に奔ったのちにまた憲兵に逮捕された数なので、戻ってこない者を含めた実際の「奔敵」者は、これよりはるかに多いはずである。またこの二二名は、意識的に自ら敵に投じた故意奔敵一八名と、捕らえられたのちに脱出の努力をせず「荏苒敵中ニ在ツタ」爾後奔敵四名に分類されている。そして彼らにたいする共産軍側の思想工作の状況を分析し、これにたいする警戒心を煽っている。この文書で共産軍の思想工作としては次の三項をあげている。

（イ）主トシテ我将兵向ケ伝単ポスター通信文慰問袋等ノ作成配布郵送又ハ日本語放送等ニ任セシム

（ロ）一応思想教育ヲ了セル者ニ旅費ヲ支給シ護送者ヲ附シ我ガ警備地区ニ向ケ放遣ス

（ハ）下士官以上ノ幹部又ハ専門学校出身者或ハ思想経歴者ハ放遣セシメズ徹底セル思想教育ヲ図ルト共ニ特殊ノ地位待遇ヲ与ヘ永続的ニ思想宣伝工作ニ利用ス

そして捕虜帰還者は、思想教育を受け、軍隊瓦解工作のために帰された者とみなして、厳重な処分を行っている。

この間に日本人民反戦同盟の勢力は急速に拡大した。一九四四年四月には、同盟はさらに政治綱領をもった日本人民解放連盟に発展的に改組され、戦後の日本再建を見すえた活動を開始することになる。一方、戦局はますます日本軍の不利となり、占領地域の治安情勢は一層悪化し、それにともない捕虜も急速に増加した。共産軍による日本軍瓦解工作と、それに加わった日本人の反戦活動は、現実に効果をあげはじめていたのである。

一九四五年に入ると太平洋方面の戦局はさらに悪化し、大本営は支那派遣軍にたいし、中国奥地の兵力を撤収して、米軍上陸に備えて上海周辺や山東地区に兵力を集中するように命じた。さらに沖縄の失陥が明らかになった五月以降は、中国から有力部隊を朝鮮と南満州に転用するように命じた。北支那方面軍は戦力の主体であった師団の大部分を、はじめは上海方面、ついで北朝鮮と南満州に引き抜かれ、その穴埋めに編成装備の劣る一一の独立警備隊を編成した。新設の警備隊は、他部隊からの転属者と現地の召集者で、素質は悪く装備もきわめて劣っていた。そのため「戦面縮小」という名で、いっそう警備地域を縮小し、小拠点を撤収したので、治安は悪化の一途をたどっていた。

治安の悪化、軍隊の素質の低下によって、小部隊の全滅がつづき捕虜も増えた。北支那方面軍はこうした状況にたいし、憲兵を増強することで対応しようとした。

北支那方面軍管轄下の憲兵である北支那派遣憲兵隊は、軍事警察としての役割のほかに、中国共産党にたいする治安維持情報収集にかんし、特別の機能をもって活動していた。そして北支那憲兵隊を主体として、対八路軍専門部隊として、四三年九月に北支那特別警備隊が創設され、対八路軍の特別活動を行っていた。さらに軍隊瓦解の危機にたいして、軍事警察面の強化もはかられ、従来の天津、北京、太原、張家口、済南の五憲兵隊のほかに、四四年七月に特設冀東憲兵隊、四五年三月に青島、開封の二憲兵隊が新設された。反戦活動の存在、捕虜の増加が日本軍瓦解の危機感をつのらせた結果、全体の兵力の整理にもかかわらず、憲兵の増強に向わせたのである。

六月以降は方面軍の指導する戦面縮小が一層すすめられた。チャハル、綏遠両省を管区とする駐蒙軍は、対ソ戦を準備し、張家口付近に集結することとし、山西省を管区とする第一軍は、最悪の場合は太原周辺と石太線を確保することとするなど、戦線を大規模に撤収することを企図した。華北の占領地の放棄ともいえる計画であった。これは華北の治安戦で八路軍に敗北したことを意味している。反戦活動の実際の成果以上に、その存在が日本軍を危惧させたことの結果である。

最後にこうした反戦活動の対象とされた日本軍の一員としての私自身の体験を述べておこう。私は一九四一年七月に陸軍士官学校を卒業、同年九月に河北省河間に本部のあった第二七師団支那駐屯歩兵第三連隊に赴任した。私が小隊長として配属された中隊の警備地区は、歩兵団司令部のあった滄県と河間を結ぶ自動車道路沿いで、当面したのは八路軍冀中軍区第八分区と回民支隊であった。中隊は景和鎮という集落に本部を置き、別に三ヵ所に一〇―二〇名の分屯隊を配置していた。また、日本軍に協力する特別工作隊という名の中国人部隊があり、情報収集や討伐戦での偵察などにあたっていた。

この景和鎮での中隊付きの間、何回もの小討伐戦に小隊長として参加し、翌四二年の前半には、河間寄りの交通の要衝の一部落の分屯隊長になった。四二年の後半には、連隊は冀東地区に移駐したが、私は連隊旗手になり、連隊の下士官候補者の教育隊長となって前線から離れた。四三年には師団が関東軍に移って私は中隊長となり四四年からまた支那派遣軍に戻って、大陸打通作戦の一環である京漢作戦、湘桂作戦、遂贛作戦に参加することになる。したがって、八路軍の対日本軍反戦工作を受けた体験は一九四一年の後半から四二年前半の冀中地区におけるものである。

私が若い小隊長として赴任したとき、すでに中隊の下士官や兵士たちは、八路軍が捕虜を優遇すること、捕虜となって帰還したものは厳重に処罰されることを知っていた。また八路軍のなかに、相当数の日本人捕虜が存在していることも知られていた。冀中地区駐屯時代に私の中隊が受けた工作のいくつかをあげると次のようなものがある。

・老百姓が分屯地に慰問袋を持ってきた。なかには棗の実と手紙が入っていた。
・分屯隊間の夜間の電話線警戒のために、不寝番が「導通点検」をしているのだが、その兵にたいし電話で話しかけてきた。
・夜間に分屯隊のトーチカにたいして拡声器で「反戦歌謡」を流してきた。
・故郷からの手紙の文章のなかに、今年は米の出来がよくなかったと書いてある傍らに、このように故郷の家族は苦しんでいるのだから戦争をやめろなどと書き添えてあった（これは郵便局か輸送途中に工作員が潜入していたものと思われる）。

これらの工作は、直接には私たちの隊ではそれほどの効果があったようには思われない。しかし、八路軍の捕虜政策の実態や日本人捕虜の反戦活動の存在を日本軍に認識させるという意味は十分にあった。それは戦争目的にたいする疑問を抱かせ、志気を低下させた。反戦活動の意義はそこにあったといえよう。

（1）松下芳男『三代反戦運動史』（光人社、一九七三年）、二二一～二二二ページ。
（2）『現代史資料14　社会主義運動1』（みすず書房、一九六四年）、四八八～五三八ページ。
（3）藤原彰編集・解説『資料日本現代史1　軍隊内の反戦運動』（大月書店、一九八〇年）、二〇〇～三〇八ページ。
（4）大谷敬二郎『昭和憲兵史』（みすず書房、一九六六年）、六五三～六七六ページ。
（5）前掲『現代史資料14　社会主義運動1』、八六七～八八四ページ。
（6）昭一四・一〇・二「関東軍命令」（昭和一四年陸満密受第一八〇四号、防衛研究所図書館蔵『陸満密大日記』）。
（7）昭一五・六・一〇「北支那方面軍参謀長口演要旨」（昭和一五年陸支密受第五四七〇号、『陸支密大日記』）。
（8）昭和一五年九月大本営陸軍部研究班「支那事変ノ経験ニ基ク無形戦力思想関係資料第二号、支那事変ニ於ケル支那側思想工作ノ状況」（防衛研究所図書館所蔵史料）。
（9）昭和一四年一二月一八日多田部隊参謀部「共産軍第三縦隊第三軍区並其ノ対俘虜工作ノ状況」（昭和一五年陸支密受第一四九三〇号、『陸支密大日記』）。

(10)　前掲、昭和一五・六・一〇「北支那方面軍参謀長口演要旨」。
(11)　昭和一八年一二月一八日北支那派遣憲兵司令部「北支ニ於ケル奔敵事犯ト之カ警防対策」(防衛研究所図書館所蔵史料)。藤原彰・姫田光義編『日中戦争下中国における日本人の反戦活動』(青木書店、一九九九年)、所収

命令された最後のたたかい
——第一軍の山西残留について——

一　問題はどこにあるのか

一九四五年八月の日本の降伏後も、中国山西省では北支那方面軍隷下の第一軍の一部が残留し、国民政府側の第二戦区軍（司令長官閻錫山《えんしゃくざん》、通称は山西軍）に参加して人民解放軍（中国共産党軍）と戦った。山西軍側からの強い要請もあって、第一軍は軍司令官澄田睞四郎中将や参謀長山岡道武少将の意図により、有力な日本人部隊を残留させようとし、一九四六年二月には一万五〇〇〇名に上る特務団の編成を命令した。この企図は、アメリカ軍、国民政府軍、および日本の支那派遣軍の反対で表向きは中止になったが、軍首脳をはじめとする残留主張者の画策により、四六年春の第一軍主力の引揚げのさいにも約二六〇〇名はひきつづいて残留した。この日本人残留兵力は、当初は鉄路公路修復総隊や保安総隊などの名称をつけられていたが、四七年七月以降は日本人兵力をすべて集めた暫編独立第十総隊に編成された。この日本人部隊は、山西軍の中核としてその後二年間も戦いつづけた。編成いらいの戦闘で約六〇〇名の戦死者を出したが、ついに四九年四月の太原の攻防戦に敗れて降伏した。太原陥落の直前、残留を命令、指示していた澄田中将や山岡少将は空路帰国してしまった。最後まで戦った日本人七〇〇名以上が解放軍に収容された。この収容者の大部分は、一九五三年から五四年にかけて帰国したが、約一四〇名が戦争犯罪人容疑者として太原に送られ、一九五六年軍事裁判にかけられた。裁判では大部分は不起訴になり、五六年に釈放されて帰国した。収容者の中で、城野宏、相楽圭二ら八名だけが戦犯として起訴され禁錮刑を受けたが、それも六四年までにそのほとんどが満期前に釈放されて帰国した。

この第一軍から残留して山西軍に参加した日本軍人たちは、軍の命令に従ったものか、それとも自分の意志で残留したのかについては、残留した当人たちの言い分と、澄田、山岡ら第一軍の幹部の言い分とは全く食い違っている。そして日本政府は、軍幹部の言い分をそのまま支持しているのである。残留者の大部分は、命令によったので、現地除隊を志願した覚えなどないのだから、その期間も当然軍人の身分だったのだとして、軍人恩給や戦死者遺族への扶助料も支払われるべきだと主張し、政府は、当人たちは自分の意志で現地で除隊し、勝手に志願して山西軍に加わったのだから、その期間は日本軍人ではないとして、政府に責任はないと主張している。命令か自願かで、両者の間で今だに争われているのである。

問題は残留が軍の命令によるものか、それとも本人たちが自由意志で現地除隊し、民間人として山西軍に参加したものか、すなわち命令か志願かにある。政府側が自願だと主張する根拠は、一九五四年一〇月に厚生省援護局復員課が作成した「山西軍参加者について」という文書、およびこれと同趣旨の一九五六年一二月三日付の厚生省引揚援護局未帰還調査部「山西軍参加者の行動の概況について」という文書である。またこの問題を取り上げた一九五六年一二月三日の第二五国会衆議院海外同胞引揚及び遺家族援護に関する調査特別委員会での参考人第一軍司令官澄田中将、第一軍参謀長山岡道武少将の発言も有力な根拠となっている。すなわち高級幹部の証言にもとづく復員課の調査も、国会での発言も、何れも残留に責任を負うべき第一軍の最高幹部の意見なのである。これにたいし下級幹部および多数の一般隊員の証言も、上記特別委員会での澄田、山岡以外の参考人、百百和少尉、早坂襲藏大尉、小羽根健治中尉の三人の下級幹部の証言も、一致して残留は軍命令によったものだとしている。つまり責任者である高級幹部は自願だと言い、多数の隊員は下級幹部を含めて命令によるものだと主張しているのである。

本稿はこの問題について、歴史学の立場から史料や証言にもとづいて、残留が志願か命令かについてはっきりさせようとするものである。幸い防衛研究所図書館に残されている史料の中には、第一軍司令部作成の以下の文書が残されている。すなわち一九四五年八月一五日の日本の降伏から、四六年五月の第一軍司令部の引揚げ直前までの『第一軍発信電報綴』、『第一軍受信電報綴』、『第一軍発翰文書綴』、『第一軍来翰文書綴』と、他に『昭和二十年第一軍司令部備忘録綴』、『昭和二〇・九・九～二一・一・二〇中国戦域終戦関係資料綴（第一軍司令部保管）』などの関係史料である。ほかに同図書館には、「第百十四師団の復員史資料」、造部隊（独立混成第三旅団）記念事業実行委員会編『遥かなる山西』などの関係部隊の史料も残されている。また残留者本人による回顧録、証言の類も多く作成されている。

これらの史料にもとづいて、まず第一軍関係の日本軍人が、戦後三年半も第二戦区軍（山西軍）に参加して戦うことになった経緯について検討してみよう。

二　山西軍による残留勧誘と第一軍首脳の同調

山西省の軍閥閻錫山は、辛亥革命後に山西都督になってから三〇年間この地を支配し、山西モンロー主義を唱えて独自に開発をすすめ、国民政府にたいしても不即不離の半独立的態度をとっていた。日本軍が山西省に侵入すると、閻の部下の山西軍は強い抵抗を避けて省の西南部の山岳地帯に逃れた。閻は国民政府の第二戦区司令長官に任命されたが、共産軍に地盤を奪われるのを恐れて、日本軍との衝突をなるべく避け、むしろ連絡を保持しようとしていた。山西省に侵攻し、その後ここに駐留した第一軍も、閻を利用して日本軍に協力させようとし、一九四〇年ごろから「対伯工作」(閻錫山が伯川と号していたことから名づけられた)という謀略を行っていた。

一九四二年五月には当時の第一軍司令官岩松義雄中将、参謀長花谷正少将らが、太原西南の汾陽県遥羅村で、閻錫山とその部下の第八集団軍司令趙承綬らと会談した。日本軍が期待した閻の投降は実現しなかったが、日本軍と山西軍との暗黙の協力関係が出来上っていたのである。

日本軍の降伏が決まると、中国第二戦区司令長官閻錫山は、第一軍司令官澄田中将にたいし、約五万六〇〇〇の兵力をもつ第一軍をもって八路軍との戦闘に協力するよう要求した。それが拒否されると、直接日本軍将兵にたいし山西軍への参加を勧誘した。また約三万人に上る山西省在住の一般日本人にたいしても、残留して協力するよう要請した。とくに閻の総参謀長趙承綬は、第一軍隷下の各兵団長に接触して残留を説得した。また階級や待遇など好条件を提示して、個々の将兵にも勧誘を行った。

こうした山西軍の残留勧誘にたいし、第一軍幹部の中には、これに呼応して積極的に残留工作をすすめる者もあらわれた。軍司令部では参謀長山岡道武少将、参謀岩田清一少佐、部隊では、独立歩兵第一四旅団長元泉馨少将、独立混成第三旅団高級参謀今村方策大佐などである。軍司令官澄田中将は、四五年九月に国民政府より戦犯指名を受け、太原で軟禁中であった。優遇され行動も自由だったが、いわば山西側に生殺の権を握られた形であった。だが澄田はいぜんとして軍司令官の職にあり、第一軍の司令もその名で出されているのだから、部下将兵六万の帰国を完了する責任があるはずであった。しかし彼は戦犯の立場にで閻長官の意に従う態度をとり、日本軍残留工作を黙認するか、むしろ応援する行動をとったのである。

また民間人でも、山西産業社長河本大作、山西省政府顧問城野宏などのように、積極的に残留工作を推進する者もあった。彼らは閻を利用して山西省に日本軍と山西軍を柱とする独立王国を作り、軍国日本の再建の基盤としようとする野望を抱いていた。城野はイデオローグとして、祖国復興のためだと残留の理念を説き、残留者を説得した。山西省側もきわめて好条件を提示して日本軍民を誘っていた。

一九四五年中には、山西省からの日本軍人の帰還輸送の見通しはまったく立っておらず、第一軍の通信連絡も山西軍によって制限されていたため、全体としての日本軍の降伏復員の状況も明らかになっていなかった。このため第一軍将兵の中には、捕虜の境遇にあるよりは、むしろ残留して好条件の山西軍に参加する道を選ぼうとする者が増えていった。軍首脳が残留を奨励しているという状況の下では、なおさらでもあった。

四五年一二月末、中国国民政府は日本人の技術者を徴用して、中国の復興に協力させるための「日籍人員暫行徴用通則」を公布施行した。閻はこれを利用し、第一軍将兵を技術者として徴用し、これをもって「特務団」を編成するとして、特務団に応募する日本軍人の待遇を規定した「第二戦区特務団官兵待遇弁法」を公布した。こうして山西側は残留を熱心に働きかけるとともに、一万人を残留させなければ日本軍民の内地帰還は許さないとも宣伝した。このため第一軍内の残留希望者は、軍の調査では四六年一月末で約一万に達した。

三　特務団の編成

山西軍による日本軍人残留、特務団編成の構想に呼応して、第一軍司令部内でも、約一万五〇〇〇人の残留日本軍編成の計画が具体化した。この部隊は祖国復興のための同志的結合であることを基本とし、命令と自願を組み合わせて各隊に人数を割り当てるものであった。計画の中心は山岡と岩田であった。

山岡は陸士三〇期、陸大卒業後参謀本部ロシア課長、駐ソ連大使館付武官を経験した日本陸軍きってのソ連通であった。澄田軍司令官が軟禁されると、太原戦犯世話部（のちに太原日本連絡班と改称）をつくり、公然と活動していた。また第一軍司令部自体も、第二戦区司令部が太原に進駐してきた後も編成をそのまま保って活動を続けていた。山岡は戦犯世話部の長として澄田の意を受けたとし、軍司令部の先任者として司令官の代理として振る舞い、実質的に第一軍を指揮していた。事実、四五年九月から四六年五月までの第一軍の隷下、指揮下部隊にたいする命令指示はすべて山岡参謀長の名で出されている。

山岡は閻の残留要求に積極的に答えようとし、その具体的計画を第一軍参謀の岩田清一少佐に立案させた。岩田は陸士四九期の青年将校で、四四年に陸大を卒業して第一軍に着任したばかりだった。岩田は謀略担当の参謀として中国人の対日協力部隊である保安隊の育成を担当していたが、敗戦後は城野宏らとともに最も積極的な日本軍残留工作にあたっていた。岩田は城野とともに、閻長官の下に作られた謀略機関第二戦区合謀社の顧問となり活動していた(1)。

山岡は一方では閻錫山の最高顧問となって、山西軍の対共作戦を指導するとともに、もう一方では第一軍参謀長として実質的に、山西省の日本軍の最高指揮官として振る舞い、岩田や城野をブレーンとして、日本軍の山西省残留の実現を推進したのである。

山岡、岩田らが四五年末までに計画した残留日本軍の編成は、特務団という名称で、第一軍隷下の各部隊に人員を割りあて、七つの歩兵団、砲兵、戦車などの特科部隊、病院、兵器廠などを編成しようとするものであった。この間に南京の支那派遣軍総司令部、北京の北支那方面軍司令部では、第一軍の残留工作をうすうす察知して、憂慮していた。そしてたびたび、残留工作や、現地復員などを戒める電報を第一軍に寄せている。②

山岡は四六年一月飛行機で北京に赴き、北支那方面軍司令部にたいして、特務団編成の同意を取りつけたのだという。③方面軍も、残留は復員命令違反だが、中国側の要求なら「仕方あるまい」と黙認したのだという。④

特務団の編成は司令部と歩兵団七ないし九、特科部隊、病院などで、総計一万五〇〇〇名の計画であったという。山岡が太原に帰ると、二月一日司令部で特務団編成のための会議を開いた。会議には各部隊長だけでなく、各隊の将校、下士官、兵のそれぞれの代表も集めたという。そこでは、祖国復興と、帰還の促進、さらに軍司令官以下の戦犯の免責などのために、特務団残留の意義が強調されたという。

二月二日、第一軍は特務団の編成を下令した。その命令で、史料として残されているものは次の通りである。

二月二日付、第一軍参謀長より隷下、指揮下部隊にたいする「乙集参甲電第一〇七号鉄道修理工作部隊徴用ニ関スル細部指示」⑤、二月八日付、第一軍参謀長より第一一四師団ほか隷下指揮下各部隊あて「鉄道修理工作部隊徴用ノ件」⑥、二月一五日第一軍参謀長より第四独立警備隊あて「特務団戦車隊編成ノ件通牒」⑦、三月一日第一軍参謀長より隷下、指揮下各部隊あて「特務団教育部編成援助ノ件通牒」[8]などである。

これらの命令、指示は、表向きには第二戦区司令長官閻錫山から第一軍に対する命令にもとづき、第一軍参謀長山岡道武の名で隷下指揮下部隊にたいする指示として出されている。しかしその内容は軍司令官澄田からの各兵団長にたいする命令である。そして鉄道修理工作部隊という名称をとったり、特務団としたりしている場合があるが、内部ではすべて特務団で通用していたようである。

残留の勧誘や工作がつづいていた中で、この特務団編成の命令と指示は、決定的な意味をもっていた。第一軍の各部隊は、割当の人材の特務団を否応なしに揃えなければならなかったのである。

戦争が終って、誰もが帰国の日を待ちわびているときに、残留して閻軍のために戦うことを希望する者がそんなにあるはずがない。割当の編成人員は、命令や強制によってしか充当できない性質のものである。山西省潞安に駐屯していた独立歩兵第一四旅団の独立歩兵第二四四大隊第三中隊の中隊附であった山下正男少尉は、中隊長から特務団要員を命ぜられ、さらに中隊で残留させる下士官員の人選を命ぜられた。誰もが帰国を待ち焦がれている中で、残留させる者の「人選」をするのは至難のことだったが、結局「班長たちとともに、一人ひとりの身上調査をおこない、病弱者や一人息子などを除いて、あとは『命令』で二六人を残しました」という。[9]

その他、特務団編成のための要員の選定が自ら志願したのではなく、最終的には命令であったこと、編成自体が軍命令であったことは、関係者のほとんどの証言が一致しているところである。そのことについての詳しい史料としては、『終戦後の山西残留　元第一軍特務団実録』[10]がある。それによれば、第一軍命令にもとづいて独立混成第三旅団では、旅団命令で歩兵、砲兵、工兵、通信兵を含む一ヶ団（連隊）の編成を意図し、隷下各大隊にそれぞれ一ヶ中隊の特務団要員を募集編成することを命じている。一九九一年一月二二～二三日に衆議院第一議員会館で開かれた全国山西省在留者団体協議会で行われた「山西残留事件の実相報告」では、二〇人の証言が行われた。そのすべてが、残留が軍命令であったことを証言している。(11)

四　偽装解散と架空の現地除隊

こうして軍命令による特務団の編成は着々と進められた。各師団、旅団等はそれぞれ一ヶ団の特務団の編成を担当し、各隊は割り当てられた要員を指名した。指名された特務団要員は各隊で転属命令を受けた旨を申告し、所要の兵器、弾薬、食糧、その他の必要な装備の支給を受けて、特務団編成地に送り出されたのである。これは軍命令以外の何ものでもないことを証明している。この点は特務団参加者のすべての証言が一致している。

第一軍が軍命令により一万五千人の特務団を編成し、これを山西軍に協力させて共産軍と戦おうとしていることは、次第に南京にも明らかになった。支那派遣軍総司令部も、北京の北支那方面軍司令部も、たびたび第一軍に注意を促している。とくに国共調停のためアメリカが中国に派遣した前参謀総長マーシャル元帥とその一行に神経をとがらせた。国民党、共産党、アメリカ軍の三人の代表で停戦の監視にあたる三人小組が衝突地点に派遣されていた。この三人小組が太原にやってくることで、特務団の編成が大きな障碍に遭遇することになるのである。

三人小組に先立って支那派遣軍総司令部は、作戦担当の参謀宮崎舜市中佐を太原に派遣した。宮崎参謀は三月九日特別機で太原に着き、事実を知って愕然とした。宮崎は、特務団編成がポツダム宣言にも違反し、天皇の命令にも背くとんでもない行為だと指摘したが、第一軍の当局者は言を左右にして従わなかったという⑫。

宮崎参謀は、日本軍の全員帰還を図ることが第一だとし、特務団の編成、軍人の残留は不可だとして第一軍首脳を説得したが、山岡参謀長らの積極的残留派を翻意させることはできなかったようである。宮崎が三月一六日に北京の北支那方面軍司令部を介して中央に送った状況報告の電報が残されている。第一軍残留の経緯を要領よくまとめてあり、当時東京において山西の状況をどのように理解していたかを示すものでもあるので、以下にかかげる⑬。

宮崎参謀ヨリ

山西省ノ概況

一、閻長官ハ自己ノ生命維持ノ為ニハ日本人（武力ヲ第一トス）ノ利用ヲ最モ得策ナリトシ日本人ノ意志ヲ無視スルハ勿論中国総司令部ノ命令訓令ヲ無視スルノミナラズ有ユル奸策ヲ弄シ第一軍及居留民ヲ大量残留セシメツツアリ其ノ経緯大要左ノ如シ

（一）　終戦直後日本軍ノ武力ヲ積極的ニ利用セントシ気嫌トリ政策ヲ採リツツ屡々自己ノ勢力圏拡張ニ使用セントセシカ軍ノ応ズル所トナラズ

（二）　次デ日本人部隊ヲ編成スベク企図シ先ズ居留民ノ省防軍採用ヲ開始セシガ中国総司令部ノ禁止命令ヲ受クルヤ十月中旬以降ニ於テハ第一軍ヲ経由シテ各種山西機関ニ日本人ヲ採用スベク努力セシガ応募者ハ一部居留民ノミ

又此ノ間教育ヲ名義トシテ日本軍ヲ相当数徴用セリ十一月末以降ニ於テハ好餌ヲ以テ軍民直接引抜政策ヲ開始シ鉄道大隊（警備部隊）ヲ編成シテ現地召集解除セシ日本軍人及居留民ヲ相当数吸収セリ　次デ十一月末ニ至ルヤ日本軍人ヲ残留セシムル為ニハ居留民（特ニ女子）ヲ引留ムルノ要アリトシ各種奸策ヲ弄スルニ至レリ

更ニ一月中旬ニ至ルヤ中央ノ許可ヲ得ルニアリト称シ彼ノ親衛向部隊トシテ特務団（一箇営及戦闘ニ於ケル通信ハ日本人トシ二箇営ハ華人ヲ基幹トス）八箇ヲ編成スルニ決シ第一軍ニ指令ヲ発セリ次デ鉄道修理ヲ名義トシ一一〇〇〇名ノ徴用令ヲ発シ更ニ最近ニ於テハ山西軍勢力圏内ノ鉄道修理ヲ命ズルト共ニ之ヲ新聞ニ公表シ上司ニ対シテハ将兵ノロウラ為ルベク指導シ且将兵四二〇〇〇以外ハ帰国セシメズト公言スルニ至レリ

二、第一軍ハ当初ニ於テハ最悪ノ条件下ニ残留ヲ希望スル者以外ハ全部帰国セシムベク指導シアリシガ日本軍ヲ引抜ク為相当ニ中央軍ノ増派ヲ必要トシアルニ拘ラズ運城方面ノ中央軍ハ却ツテ減少シアル状況ヲ見且総軍ヨリ電文ニ注意スベシト指示セラルルニ及ビ今ヤ方面軍及総軍モ無力ト信ジ発信電報ハ一々閻錫山長官ノ点検ヲ受ケ事実ヲ歪曲シテ報告スルト共ニ第一軍主力ヲ帰還セシムル誘導ニハ一部ノ後衛ヲ残置スルノ要アリト信ジ前述特務団ニ積極的ニ協力スルニ至リ遂ニ三浦師団長及軍参謀長自ラ残置セザルベカラズ状況ヲ作為スルニ至レリ

三、而シテ軍間ニアリテ今後ノ情勢ニ対シ極メテ浅薄ニシテ甘キ見透シノ下不純ナル動機ヨリ残留ヲ希望スル者ハ流言ヲ放チテ残留方勧誘脅迫セシヲ以テ各兵団端末ニハ軍司令官ノ真意徹底セズシテ特務団編入希望者五五〇〇名ヲ算スルニ至レリ

但シ流言ニ迷サレズ部下ヲ指導セシ兵団ニアリテハ残留希望者三〇数名ニ過ギズ而シテ今ヤ山西省

軍民中残留希望者ト然ラザル者トノ間ニ物凄キ相剋ガ展開セラレ軍ノ風紀全ク紊乱シ収拾スベカラザル様相ヲ呈サントシツツアリ

四、今回小官等現地ニ臨ムヤ軍民初メテ真相ヲ承知シ血涙ヲシボリ救出ヲ歎願スル状況ナリ

五、小官閻錫山長官ニ面接シ誠字第二〇二二一九号政字第五三号ヲ示シ是非共残留ヲ希望スル立派ナル技術者以外ハ全部五月中旬迄ニ山西ヨリ送リ出スベク強硬ニ要求セシ処彼ハ最初右ノ如キ訓令、命令ハ受領シアラズト言ヒ張リシガ原本ヲ楯トシテ難詰スルヤ動揺ヲ覆難キモノアルヲ看取セリ

六、然リト雖モ今後軍民ヲ救出スル為ニハ第一軍ノ実情ニモ鑑ミ中国総司令部等ニモ嘆願シ抜本的ノ施策（中央軍ノ増強軍民引揚監察団ノ派遣聯合軍ノ輿論喚起等）ヲ講セラルベカラザルモノト確信ス

七、細部ニ関シテハ帰任後報告スベキモ取敢ズ右概要報告ス

この宮崎報告によれば、閻錫山の要求に応じて、日本軍人残留を工作し、特務団を編成した責任は、第一軍、とくに積極派の山岡参謀長以下にあることは明らかである。

さらに宮崎自身が最近になって、残留者の団体の求めに応じて、残留が軍命令であったことを証言している。[14] つまり閻側の要求に応じ、山岡、岩田らの画策もあって、第一軍自身が特務団の編成を決めて、命令によって要員を選抜し、兵器、弾薬、資材をすべて補充して、その編成を行ったのである。

宮崎は太原からの帰途三月一四日〜一五日に北京に飛び、米軍の第一海兵師団長と三人小組の米軍要員に会って、山西の実情を説明し日本軍の帰還促進を依頼した。北京から太原に派遣された三人小組は、閻側にたいし特務団の解散、日本軍の全員帰還を強硬に要求したのである。[15]

宮崎は南京に戻って総司令部に報告するとともに、中国側にも実情を説明して、日本軍人の全員帰還方を依頼した。総司令部は、三月二七日総参電九三四号をもって、特務団の編成中止、全員帰還促進を指示した。中国側も四月八日蔣介石委員長、何応欽総司令の命令、誠字第二〇七号をもって、日本人全員送還を命令した。

この命令につづいて、四月八日総軍参謀長は、第一軍はじめ各軍参謀長にたいし、「中国戦区内ノ日軍日僑ノ全員ヲ六月末迄ニ還送ノ件ニ関シテハ其ノ後更ニ中国陸軍総司令部主任ヨリ連絡アリテ残留希望者ノ有無ニ拘ラズ全員帰還セシムルコトニ決定セリトノコトナリ、目下之ガ正式訓令取付方折衝中ナリ、従ツテ各地区ニ於テハ此ノ旨全軍民ニ徹底ノ上戦犯容疑者以外ハ全員帰還セシムル如ク指導セラレ度⑯」と指示した。また太原についた三人小組のアメリカ代表も、強硬に日本人の全員帰国、特務団の解散を要求した。

アメリカ軍代表の強硬な特務団解散の要求にたいし、閻の第二戦区と第一軍の首脳部のとった処置は、特務団の偽装解散であった。すなわち第二戦区司令長官の命令で特務団の編成を中止し、これにもとづき第一軍も取消命令を出し、方面軍、総軍にも解散を報告した。しかし実質的には、特務団の中心部を太原から離して隠匿した。三人小組の眼がとどかない地方では、特務団そのままの形で存続し、あるいは鉄路公路修復隊や山西省保安隊などの名称で残されたのである。四月には第一軍主力の帰還輸送が始まり、このさい残留を拒否して帰国組に加わる者も相当に出たが、組織的に残留した部隊の要員は帰国を選択する自由もなく、自らの意志ではなく残留させられたのである。

三人小組が山西を去り、第一軍主力の帰還輸送も終った四六年六月ごろには、山西省保安総隊等の中に、こうして残留を強制された日本軍兵力二六〇〇名余りが存在していたのである。国共内戦の本格化を前にした四七年七月になって、山西軍内の日本人部隊を統合し、暫編独立第十総隊を編成した。司令は独立混成第三旅団高級参謀だった今村方策の下に六カ団があり、以後山西軍の最精鋭戦力として人民解放軍と戦うのである。

このような偽装解散、再編成の中心は山岡参謀長であった。澄田軍司令官、三浦三郎第百十四師団長は、中国側から戦犯の指名を受け、軟禁状態に置かれていた。この戦犯の弁護と世話のためとして戦犯世話部が作られ、山岡が部長となっていた。この世話部には今村大佐、岩田少佐以下の高級幹部が名を連ね、第一軍主力の帰国後は、太原日本連絡部と改称して残留日本軍の司令部的役割を演じていた。山岡は閻の参謀長格でもあり、戦犯の三浦は、日本軍憲兵司令官の経験を生かして閻の憲兵教育を引き受けていた。残留日本軍は、第一軍首脳部の指令によって、日本軍としての組織を維持したまま、国民政府第二戦区の山西軍の中核として、共産党の解放軍との激戦の渦中に投ぜられた。

五　政府の残留命令否認

以上で述べたように、特務団―第十総隊という形で、戦後三年半にわたって山西省で中国人民解放軍と戦った日本軍残留部隊が存在していたこと、これらの組織体としての日本軍の残留は、中国第二戦区司令長官閻錫山と結託した第一軍首脳部の策謀により、山西省駐留の第一軍の公式命令によってなされたこと、残留人員の選定は、各部隊に割り当てられた人員を充足するため、各隊ごとに命令によってなされたことが明らかである。すなわち残留した約一万人の日本軍将兵は、自らの希望ではなく、命令により強制的に残留させられた。そしてその中の約二六〇〇人は、意志に関係なく戦後三年半も戦闘をつづけ、五〇〇人以上の戦死者を出したうえで、中国人民解放軍に降伏し、戦犯として長い者は一〇年間も抑留されたのである。

しかし日本政府は、命令による残留の事実を認めず、残留者は自らの意志によって現地除隊し、勝手に山西軍に加わったものだと主張しつづけている。最終的に中国に抑留されていた約七〇〇名は、一九五二年から五六年にわたり帰国した。彼らは現地除隊した一般邦人帰国者として扱われた。残留期間は軍人恩給や戦没者遺族扶助の対象にはならなかった。このため個別に事実を述べて援護者措置を求める陳情が相ついだ。そこで一九五六年一二月三日第二五特別国会衆議院海外同胞引揚及び遺家族援護に関する調査特別委員会はこの山西残留問題を取り上げた⑰。

こうした動きに対応して、厚生省引揚援護局未帰還調査部は、特別委員会開催と同じ五六年一二月三日付で、「山西軍参加者の行動の概況について」という文書を作成して提出した。未帰還調査部の幹部はもと陸軍省などの軍人であり、第一軍の責任回避、旧高級幹部の援護の立場に片寄ることは当然である。この文書の要旨は、軍司令官以下は山西軍に参加することなく、全員帰国を指導したが、一部の者が自らの意志で現地除隊して残留したというものであった。

この特別委員会には、第一軍司令官澄田元中将と第一軍参謀長山岡道武元少将が参考人として出席し、参考人陳述を行った。澄田は「私は全員帰還の方針を堅持し、あらゆる努力をしたつもり」と述べ、山岡も軍の方針は全員帰還だが、終戦後軍の規律が戦前と違ったため、「一部に飛びだした」者もあると、残留者は軍の指導に反した脱走者だと述べた。この委員会には、参考人として他に三人の下級将校が出席し、残留は命令によるものだったと陳述したが、政府側はもっぱら高級幹部二人の意見に沿って、残留は本人の意志によったものだという見解をとり、それまでの一切の請願は却下された。

その後も政府の態度は一貫して残留自願説に立ち、命令残留を主張する請願をすべて斥けてきた。一九九二年何とかこの問題を打開しようとして、全国山西省在留者団体協議会が結成され、再び活発な運動を展開した。協議会は、会員の高齢化などの障碍をおして資料の公刊、国会への働きかけなどを熱心にすすめた。

協議会の活動もあって、一九九七年の第一四〇国会閉会後の参議院決算委員会でこの問題が取り上げられた。自民党の海老原義彦が七月九日の委員会で、山西残留者が何故恩給を受けられないのかという趣旨の質問をしている。これにたいし政府側の答弁は、五六年の第二五特別国会のものを繰り返すだけだった。すなわち残留者は軍の説得に応ぜず、自分の意志で残ったこと、五六年の厚生省引揚援護局未帰還調査部の報告を「今日覆すだけの資料はない」[18]というものであった。つまり協議会のあげるいくつもの資料や証言をまったく無視して、四〇年前の官僚答弁をくりかえしただけであった。ただその委員会で、最後に発言した小泉純一郎厚生大臣は、「自発的といいながら、実際は当時の状況においてはむしろ半ば強制的な状況も数多くあったと思います」、「今の国会の報告等当時の実態調査を覆すということは私は困難であると思いますが、個別の条件については、調査の結果その記録というものが明らかに不適正であったというならば、私は今後も直す必要があるのではないか、適切に運用する必要があるのではないかというふうに考えております」[19]と、やや前向きな見解を述べている。

一九九八年第一四五通常国会においても、三月九日の衆議院内閣委員会において、共産党の中路雅弘がこの問題を取り上げ、「山西残留犠牲者の公務認定や現地除隊措置の取り消しなどを含めた検討」を要求した。しかし政府側の対応はまったく変らず、五六年の報告をくりかえすだけで、「現地召集解除が行われた人は、繰り返しの内地帰還の説得後にもかかわらず、最終的に自己の意志について残留したというものので、軍の命令ではなかったという結論になっているわけでございます[20]」というのであった。

すなわち政府の山西残留問題にたいする対応は、一九五六年に国会で取り上げたさいの態度をそのまま変えないで、残留者は帰国の説得に応ぜず、自らの意志で残ったもので、軍の命令ではない、とする方針を堅持しているのである。五六年の未帰還調査部の報告、参考人としての澄田軍司令官、山岡参謀長の報告は虚偽である。彼らは戦犯を免れるために軍閥閻錫山と取り引きし、部下の将兵を閻の傭兵として引き渡し、軍司令官としての責任を放棄して逃げ帰ってきたのである。だから国会の陳述では、その無責任さを隠蔽するために、残留者は命令に反して自由意志で残ったと、抜け抜けと述べたのである。この委員会には、他に三人の下級将校が出席し、残留は命令によったものだと述べているのに、政府側はこの陳述をまったく取り上げなかった。旧軍高級幹部の態度を政府が支持し、残留犠牲者を見捨てたのである。

以上で明らかなように、第一軍将兵一部の残留は、明らかに軍命令によるものである。残留者は自由意志で現地除隊して山西軍に参加したのだというのは、澄田軍司令官、山岡参謀長ら高級幹部の証言だけで、他に証拠はない。残された史料、大多数の生存者の証言は、すべて残留は軍命令によるものだったとしているのである[21]。日本政府が残留者たちの要求に耳をかさず、歴史の事実を隠蔽しつづけるのは、許してはならないのである。

（1）　城野宏『山西独立戦記』（雪華社、一九六七年）、六〇～六二ページ。
（2）　例えば一九四五、一〇、一四、北支那方面軍参謀長より第一軍参謀長あて「甲方参一電第一九三二号」は次のように戒めている。

一、日本軍人ニシテ転役又ハ召集解除ノ上中国軍隊ニ就職ヲ希望スル者アルカ如キモ右ハ中国総司令部訓令ニ依リ禁止セラレアリ
二、各局地ニ於ケル中国軍隊ヨリ日本軍人ノ採用ヲ申出来ル場合ハ前項ノ趣旨ニ依リ之ヲ拒絶セラレ度（後略）（『第一軍受信電報綴』防衛研究所図書館所蔵史料）。
(3) 山下正男『わが青春に悔いあり――終戦後の日本軍中国山西省残留事件』（自家版、二〇〇〇年）、六七ページ。
(4) 城野前掲書、八五ページ。
(5)(6) 全国山西省在留者団体協議会「山西残留問題に関する資料」（一九九八年六月）。
(7)(8) 「第一軍来翰文書綴」（防衛研究所図書館所蔵史料）。
(9) 山下前掲書、七七ページ。
(10) 元北支派遣第一軍隷下独立混成第三旅団残留実録編集委員会編『終戦後の山西残留　元第一軍特務団実録』（同委員会、一九八九年）。
(11) 全国山西省在留者団体協議会『山西残留の実相』（一九九一年三月）。
(12) 「宮崎証言」（全国山西省在留者団体協議会編『日本軍山西残留事件――支那派遣軍総司令部宮崎元参謀の証言』）。
(13) 昭二一、三、一七受信、「甲集団参謀長（北京）発、次官宛、甲方参電第二九二号」（防衛研究所図書館蔵「柚文庫」所収）。
(14) 前掲「宮崎証言」。
(15) 城野前掲書、一〇〇～一〇二ページ。
(16) 「昭二〇、八、一三～二一、四、二六、第一軍受信電報綴」（防衛研究所図書館所蔵史料）。
(17) 第二五特別国会衆議院海外同胞引揚及び遺家族援護に関する調査特別委員会会議録、昭和三一年一二月三日（衆議院）。
(18)(19) 第百四十国会閉会後参議院決算委員会会議録第二号、平成九年七月九日。
(20) 第百四十五通常国会衆議院決算委員会会議録、第三号、平成一一年三月九日。
(21) 一例をあげれば、山下正男「真実は一つ、軍令はあった――終戦後の日本軍山西省残留事件」（『季刊中国』六四号、二〇〇一年春季号）も、下級将校の立場で命令による残留であったことを強調している。『中帰連』（一八号、二〇〇一年九月）、所収

【回想】

以下は、二〇〇三年五月三一日にもたれた「藤原彰先生を偲ぶ会」において、遺稿として残されたものに次の「序」を付し、私家版として配布されたものである。

「藤原彰の遺品のなかに、手をつけかけていた原稿がいくつかございました。これは、その一つで、自伝を書きついでゆくことを考えていたようです。このまま見すごすのも心残りで、活字にしていただきました。未完成ではございますが、藤原が生きた軌跡の一つとして、お納め下さいませ。」

*

ある現代史家の回想

一　史学科の学生として

一九四六年五月一日、私は文学部史学科の新入生として、東京帝国大学に入学した。

この年の国立大学入試は、戦争の終結によって異例のものとなっていた。戦時中の臨時措置によって在学年限を三年から二年に短縮されていた高等学校が、四六年二月の勅令第百二号で三年制にもどることになり、この春には高等学校の卒業生がいない。文部省は二月二一日、文部省令として「昭和二十一年度大学入学選抜要項」を発令し、大学志願者の資格を、高等学校卒業者で現に大学に在籍していない者、男女専門学校の卒業者、高等師範学校、女子高等師範学校の卒業者、陸軍士官学校、海軍兵学校等の軍学校卒業者などと改めた。つまり四六年度の大学入試は、いわゆる「白線浪人」（高等学校を卒業しながら大学に入っていない者）の救済であるとともに、はじめて女子に門戸を開いたこと、および陸海軍学校卒業生に入学資格を与えたことに特徴があった。ただしこの要項には備考として、「軍関係学校卒業者の入学者数は当該大学の学生総定員の一割以内」とするといういわゆる一割条項がついていた。また高等学校卒業生がいないというこの年の特殊事情から、東大の採用定員は例年の三分の一になっていた。このため文学部の場合、志願者数は入学定員の五倍になっていた。

一九四一年七月に陸軍士官学校を卒業した私は、四年間中国戦場で小隊長、中隊長として戦闘を体験した後、本土決戦のための機動師団の大隊長となって敗戦を迎え、一二月一日予備役編入の辞令を受取っていた。この間の経過については『中国戦線従軍記』（二〇〇二年七月、大月書店刊）に書いた通りである。

軍職を離れた私は、そのときまだ二三才であったので、大学を受験して再出発しようと考えた。私が戦地にいた四年間の将校としての本俸は、留守宅渡しになっていた。母はその全額を郵便貯金にしており、帰国した私に通帳を渡して、「これでやり直しなさい」といってくれた。およそ五千円余り入っていたその通帳をもって、私は大学入試準備のために単身上京した。ただしこの通帳は、四六年二月の金融緊急措置令により封鎖された上、超インフレによってその全額がほとんど無価値になってしまった。

私が歴史を学ぼうと考え、東大の文学部史学科を選んだ理由は、さきの『従軍記』に述べた通りである。四年間の戦場生活で、戦争の矛盾とくに戦争が中国の人民を苦しめる以外の何ものでもないことを痛切に感じ、また日本の戦争遂行が、過誤にみち、国民と兵士の無駄な犠牲を強要するものだったことを感じたからである。そして、このような誤った戦争を、何故おこしたのか、その原因を究明したいと考えて、歴史を学ぶことにしたのである。

大学の一年生として本郷の東大キャンパスに通いはじめた四六年五月は、戦後日本にとっても画期的な変動期であった。四六年四月一〇日には、新選挙法によるはじめての衆議院議員選挙がおこなわれ、女性にも選挙権が与えられた第一回のこの選挙の結果、自由一四一、進歩九四、社会九三、協同一四、共産四、諸派三八、無所属八一議席となった。過半数を得た党はなく、進歩党だけが与党の幣原喜重郎内閣が、反対する自由、社会、協同、共産の四党からなる幣原内閣打倒共同委員会によって四月二二日内閣総辞職に追いこまれ、以後一カ月にわたる「政治的空白期」がつづいていた。そうした政治の混乱期に、私の大学生活がはじまったのである。

新しい学問を身につけようという意欲に燃えていた私は、講義にはなるべく多く出席するよう心がけた。その中でとくに新鮮に感じたのは、坂本太郎助教授の「国史概説」だった。国史概説とはいうものの、坂本先生の講義は、一年かかっても古代を出ることはなかった。しかし、陸士で習ったのが平泉澄直系の精神主義者の国史で、忠臣義士列伝のような内容だったのに比べると、「魏志倭人伝」にはじまる日本人の形成史には、目を開かれた思いがした。

講義がはじまって間もなく、帯金豊君が風間泰男先生からの伝言だといって私を訪ねてきた。この風間さんは、私が府立六中に入学したときに、東大国史を卒業したばかりの新任教師として着任、私の一年、二年、三年のクラス担任をしてくれた先生であった。また、「歴史学研究会」の創立時のメンバーでもあった。この先生が、戦後、東京裁判の弁護団の事務局長になり、資料収集のアルバイトを求めていたのである。伝言を伝えにきた帯金君は、六中のときは私の四年後輩でやはり風間先生の教え子、東大国史では私の一年先輩であった。

弁護団の事務局は、市ケ谷の東京裁判法廷の一角にあった。ここはかつて私が一年間学んだ陸軍予科士官学校の校舎であって、当時の大講堂が法廷になっていた。極東国際軍事裁判は、この年の五月三日に開廷したばかりで、弁護団もまだ十分に陣容が揃っていなかった。弁護団長は清瀬一郎氏であり、弁護団の実務は、大越兼二憲兵大佐が取りしきっていた。大越大佐は、憲兵司令部の総務課長や中野学校の教官をしていた人物で、たいへんな実力者だった。

帯金君と私とは、風間さんの六中のときの教え子で、国史の学生だということで、日本政府の各官庁を廻って弁護のための資料を集めてくるように言いつかったのであるが、当時は二人とも日本の現代史についてなんの知識もなく、またそもそも戦時中の日本について学ぶべき業績は何も発表されていなかった。だから弁護団の資料集めといっても、何を集めたらよいのか、かいもく見当がつかなかった。それに、訪ねた先の官庁の対応も、まったく不親切であった。弁護団に協力するのは戦犯の仲間入りをすることになるとでもいうような態度で、およそ協力の姿勢がなく、不愉快な思いを重ねた。今から思うと、現代史研究のためには絶好の機会だったのに、残念なことに二人ともあまり熱意が持てなかった。

それに加えて、弁護団の実権が次第に団長の清瀬弁護士や大越大佐の手に握られるようになった。とくに大越大佐は、日本の戦争は正しかった、この裁判は勝者の復讐であるという態度で一貫していた。そしてその庇護をうけた「東京裁判研究会」と名のる東大法学部の右翼学生の一団を出入りさせるようになっていた。こうしたことで、風間さんも帯金君や私も、次第に熱意をなくし、このアルバイトも、惜しいことに数カ月でやめてしまった。

東大に入学したての私には、陸士卒業者以外の友人はなかった。陸士卒業者は、一般の学生からは何となく疎外されていたので、仲間たちで集まることが多かった。その仲間たちで、回覧雑誌を作ることになり、『交流』と名づけて三号まで発行している。その第一号に私は恥かしいことに恋愛小説を書いて、皆にからかわれた。またその中の相良、下山田など数人で、マルクス主義の勉強会を開いて、ごく初歩的な『共産党宣言』や『空想から科学へ』を読んだが、数回のうちに私以外は皆やめてしまった。国史の学生たちとつきあうようになったのは、四六年の夏休み前後からである。そのきっかけもやはり読書会であった。

四六年六月に伊藤書店から、石母田正著の『中世的世界の形成』という本が出た。国史の研究室では、特別研究生の山口啓二さんの世話でこの本をまとめて購入し、山口さんと助手の井上光貞さんの世話で、秋からこの本の読書会をやることになった。

それに先立って、この夏休みに、史料編纂所の学生読書室で古文書の講習会が開かれた。これは学生に中世文書の読解力をつけようという趣旨ではじめられたもので、先生は、中世史の宝月圭吾先生、史料の古文書の専門職の三成さん、それに山口さんが加わった豪華なメンバーであった。ところが折からの食糧難、生活難のため、はじめ七、八人いた受講生は一人減り二人減りし、とうとう私一人になってしまった。三人の先生の熱心な指導で、私は休むに休まれなくなり、一人でみっちり講習を受けることになった。こうして国史の学生の中では古文書がいちばん読めるといわれるようになった。

夏休みが明けると、国史研究室では『中世的世界の形成』の読書会がはじまった。戦争中のきびしい言論統制下にありながら、歴史にたいする確信を見失わず、その法則性を明らかにしようとしたこの本には、参加者一同深い感銘を受けた。そして読書会が終った後も、国史学科の学生たちの集まりはつづき、のちのち「東大歴史学研究会」に発展していったのである。

一九四七年の東大の五月祭には、このグループで戦争と平和の展示会を開いた。これは私が現代史にかかわりをもつはじまりとなったものだが、その準備の共同作業の中で、グループの結束はいっそう固くなった。そして、共同して唯物史観にもとづく日本の通史を書こうというはなしに発展、リーダー格の青村真明君を中心に、日本史を分担執筆した。私はそのうち中世の部分を担当し、もっぱら石母田さんの本を頼りにしながら平安末期から鎌倉時代までの通史を執筆した。この本は坂本太郎先生に序文を書いてもらって、ヤミ屋上りの大地書房という出版社から刊行し、ベストセラーになった。ただしこの本屋はすぐに倒産したため、印税が入った覚えはない。

今になってこの本を見ると、私の文章は「草ぶかい東国」とか「歴史を切り拓く」とか、石母田さんの本から借りてきた生硬な言葉が並んでおり、汗顔の至りだが、とにかく活字となって売れたのである。

これに味を占めた学生の研究会では、四七年の一〇月から一一月にかけて、大学の教室を借りて日本歴史の連続講演会を開いた。戦争中は逼塞していた左翼の歴史家たちを招いて全一〇回の講演会を催したもので、私は青村君とともに講演依頼を担当した。羽仁五郎氏や服部之総氏をはじめ、石母田正、藤間生大、鈴木良一、遠山茂樹などの中堅から新進の歴史家たちである。どの先生からも、戦争が終ってから訪ねてきた初めての学生だといって歓迎され、講演も快諾された。

羽仁さんは、この年四月の第一回参議院議員選挙に当選した直後で、意気軒昂たるものがあり、「私が参議院にいるかぎり、日本の将来は任せてくれて大丈夫」と言われたのには驚いた。

服部さんは、戦時中の花王石鹸の仕事のつづきで、上野駅前にあったヤミの石鹸会社の社長をしていたが、訪ねた時は不在で、社員が「なんで、社長に講演の依頼？」といぶかったのが意外だった。その後会社が倒産して、服部さんは歴史家に復帰したのである。

この講演会は成功して、その内容は翌四八年に学生書房から東大歴史学研究会編『日本歴史学講座』として刊行されている。

吉祥寺の石母田さんのお宅は、私が中世史に惹かれていたこともあって、たびたび訪れた。戦後の食糧難の時代だったのに、無遠慮に御馳走になり、時間を忘れて終電がなくなり、吉祥寺から中野まで歩いて帰ったこともある。何回目かに石母田さんは、専攻についての私の質問に答えて、「あのころは自由に物が言えなかったため古い時代に逃げこんだのだが、今なら迷わず現代史をやっただろう」と言われた。羽仁さんが「現代史」と題した講演の中で、「諸君、歴史は書くものでなく、作るものである」と述べられたことにも刺戟をうけ、私は次第に中世よりも現代を研究対象にしようと思いはじめていた。

現代史に取り組む直接のきっかけは、四七年暮に東大学生協同組合出版部の編集員になったことである。この出版部は後の東大出版会となるのだが、このころは戦没学生の手記『はるかなる山河に』、さらに『きけわだつみの声』を出して業績は好調だった。この出版部で、日本の現代史の研究会を組織し、その成果を刊行しようという計画がもちあがり、私がその担当となった。そこで現代史研究会づくりをはじめ、文学部の荒井信一君、経済学部の生野重夫君、医学部の長坂昌人君などが参加者となった。研究会のチューターには、山口啓二さんの紹介で、井上清さんになってもらった。井上さんは田園調布の松岡洋子さんの家に間借しており、疎開先の本を持ち帰る場所がないということだったので、出版部の一室にその本を送ってもらって、研究室で利用させてもらうことになった。

この研究会は、あまり成果を挙げることができなかった。というのは、荒井君や私が学生運動で忙しくなっていたからである。四八年春から、国史の学生たちが中心になって、国史学科運営協議会を作り、さらに文学部の学友会を自治会に改組、この自治会が先頭になって、東大学生自治会中央委員会を結成した。四八年六月二六日、授業料値上げに反対する国立大学高専百二十校の統一ストライキを組織したが、この全国ストのオルグのために、荒井君も私も、全国を飛びまわっていたのである。

それでも研究会では現代史の草稿をまとめることになった。四八年の夏休みに伊豆の戸田にある東大の寮に、荒井君や私たちが合宿した。この合宿は、昼間は水泳の練習、夜になると湾を一廻りして戸田の町から仕入れてきた酒を飲むという生活で、やっと仕上げた原稿の出来栄えは、とても本になるようなものではなかった。井上さんの評は、君たちの文章は一行の中に「的」という字が二つも三つも並んでいて具体性に乏しい、という手厳しいもので、この草稿はボツになった。そして井上さんが一人で全部を書き直すことになった。そのはじめの成果が『日本現代史1　明治維新』という名著である。

この前後から、私は卒業論文の準備にかからなければならなかった。羽仁さんや石母田さんの励ましを受けて、私は中世史ではなく現代史を選ぼうと決めていたのだが、それには若干の勇気が必要だった。板沢武雄さんが追放された後、国史学科の唯一人の専任教授となった坂本さんは、「五〇年以上経過した時代でなければ、利害がからんで客観的な評価ができないから、歴史研究の対象にならない」と、国史概説の講義で教えていた。四八年三月卒業の永井秀夫君が自由民権運動を卒論に書いたとき『東大新聞』が「明治維新以後がはじめて国史の卒論になった」と記事にしたくらいである。そうした中で、まだ一〇年ほどしか経っていない二・二六事件を対象とするのには、決断が必要だった。

私は四七年末ごろから「歴史学研究会」(略称、歴研)のアルバイトをはじめていた。再建された歴研の活動は世間の注目を浴びていたが、その中でも現代史を重視して現代史分科会を発足させていた。私もこれに参加したのだが、専門の研究者はほとんど存在せず、この分科会は意気込みだけで、あまり活動はできていなかった。そうした中で四八年一一月に歴研は早大歴研と共催で、「近代日本の形成過程」という一〇日間の連続講座を開いた。私はその中の一回分として、「日本ファシズムの形成」という講演を引受けさせられた。服部之総、井上清、遠山茂樹といった錚々たるメンバーに交って、学部学生の分際で講演をするという向う見ずの行動をしたのである。もちろん私は、はじめはその任でないと断ったのだが、人がいないからといって無理に引受けさせられた。それほど現代史には人が不足していたのである。当日は慣れない背広を着て、学生には見えないようにして出かけた。講演の中身は、準備中の卒論を土台にして「日本ファシズムの形成」という演題になんとか辻褄の合うような話をしたのだが、今でも汗顔の至りである。

結局卒論は、四八年一二月二五日の期限ぎりぎりに、二、三日徹夜をして辛うじて間に合わせた。題は「日本ファシズムの形成」という一〇〇枚余りの論文で、ほとんど史料の見られないころなので、真相もの記事をかき集めたり、「陸軍省統計年報」などのようやく見ることのできた材料を使っている。これを書き直したのが私の最初の論文「二・二六事件（一）（二）」（『歴史学研究』一九五四年二月、七月号）である。これは、当時の通説が、二・二六事件を起した青年将校は農村の没落しつつある中間層（中小地主）の出身で、農村恐慌に苦しむ貧農出身の兵士に同情し、社会変革をめざしたものだ、とするのに反対したものである。私の説は、事件を起した将校たちは、少将以上の高級軍人の子弟たちで、天皇制の特権階級であり、彼らは革命の危機に反発して、反革命のクーデターとして事件を起したのだ、というのであった。

国史の卒業試験は口答試問が重視されている。三人の試験官は、坂本太郎先生が「六国史の名前をあげなさい」「五畿七道の名を言いなさい」という二問、宝月圭吾先生が「京桝というのは何ですか」、岩生成一先生が「白糸貿易について説明しなさい」という、いずれも初歩的な質問であった。私にとっては簡単だったのですらすら答えると、「君、案外知ってるね」という評だった。学生運動ばかりやっていても初歩的な知識はないだろうと思われていたのであろう。結局卒論の内容については何一つ聞かれなかった。恐らくは読んでもらえなかったと思われる。

二　現代史に取組む

ちょうどそのころ歴研は、岩波書店に委託していた編集事務を自前でやることになり、四九年一月、岩波の小売部の二階の一角に書記局を開設していた。卒業を目前にしていた私は、この書記局の初代の責任者になった。いわば歴研に就職することになったのである。

歴研は、活動の全盛期ともいう時期であった。四九年二月には歴研主催の歴史教育にかんする公開討論会を開き、これを契機にして「歴史教育者協議会」（略称、歴教協）が設立（四九年七月）された。五〇年七月には地方史研究について連絡会議を開き、これを機に「地方史研究協議会」が発足（五〇年一一月）した。会自体、四九年五月の大会では「各社会構成における基本矛盾について」の公開討論会を開き、その報告を『世界史の基本法則』（岩波書店、一九四九年）として刊行した。翌五〇年の大会では「国家権力の諸段階」を統一テーマとし、その報告を『国家権力の諸段階』（岩波書店、一九五〇年）として刊行した。両報告ともベストセラーに数えられる売れ行きで、こうした歴研の活動は、学界にも大きな波紋をひろげた。

会の活動が盛んになるにしたがって、事務局も多忙になった。事務局には私の他に学部一年生の斉藤孝君がいたが、会誌の発送など二人で手の足りないときはアルバイトを頼んだ。五〇年一〇月からは、会員への連絡用に『歴史学月報』を創刊した。これは神保町交叉点近くの町の印刷屋に頼んだのだが、たちまち「歴」だの「的」だのの活字が足りなくなった。印刷屋のおやじさんが「これからも毎月やらせてくれるのなら思いきって活字の鋳造機を買う」といって、私たちの特別の注文に間に合わせてくれた。月報の創刊によって、ただでさえ多忙となっていた事務局の仕事がまた増えることになった。その上、月刊となっている月報の記事が集まらず、私と斉藤君とでたびたび埋め草用の原稿を書かねばならなかった。

一九五〇年には、累積していた歴研の岩波書店にたいする債務が増え、書店の中に同居していた事務局が追い出されることになった。私は、神保町近辺を探しあるき、神田日活の裏にあった木造の鯨井ビルの二階を借りて、事務局を移転した。これが歴研が独立の事務所を持った最初であった。

この四九年から五〇年にかけて、現代史の分野での歴研自体の活動はほとんどなかったといってよい。この間に私が熱心に加わっていたのは、代々木のML研究所（マルクス・レーニン主義研究所）で開かれていた帝国主義研究会であった。この会は一年足らずで尻切れとんぼになってしまったが、井上清、鈴木正四、宇佐美誠次郎氏らが中心となり、日本帝国主義の解明をめざしていたもので、荒井君と私、さらに法学部の石田雄、今井清一君らが請われて参加した。荒井君の記録によると、私はほとんど毎回のように戦争や軍事についての報告をしているが、これも他に専門家がいなかったためだろう。おかげで、ずいぶん勉強になった。

この会でも、実証的な歴史研究よりも、このころ注目されていた政治論争が話題になることが多かった。いわゆる「志賀、神山論争」である。これは神山茂夫が戦時下に執筆し四七年に民主評論社から出版した『天皇制に関する理論的諸問題』を、志賀義雄が「アカハタ」紙上で批判したことからはじまった、戦時下日本の国家権力の形態についての論争であった。神山は、三二年テーゼに依拠し、日本は天皇制絶対主義の国家であるとし、これをファシズムだというのは天皇制にたいする闘争を放棄する危険があるとしていた。これにたいして志賀は、独占資本の発達にともない、天皇制が帝国主義権力としてファシズムの役割を演じたのだとし、神山の絶対主義の反動的強化であるという説を批判した。この志賀、神山論争については、双方に多くの応援団が加わった。戦前からすでに日本をブルジョア国家だとしている労農派の人びとは、当然独占金融資本の暴力的独裁であるファシズムだとしていた。ML研究所のメンバーの多くは、天皇制がファシズムの役割を演じたのだとして、天皇制ファシズム論を支持していた。

私はこの論争を整理して、『歴史評論』の一九五〇年五月号に「日本現代史研究の歩み」を書いた。現代史研究の歩みと題しながら、この論争整理しかしていないのは、私の能力不足にもよるが、他に現代史についての研究成果がほとんどなかったことの現れでもある。

戦後間もないこの時期は、知識人の間では、戦争に抵抗した日本共産党の権威と影響力がきわめて大きかった。歴史学の分野でもその影響が深刻であった。五四年のコミンフォルム（国際共産党情報局）の日本共産党批判をきっかけとして、日本の党は国際派と民族派に分裂し、歴研は強く民族派の影響を受け、五一年の大会テーマは「歴史における民族の問題」、五二年のそれは「民族の文化について」をかかげている。歴研のこのような傾向を批判して、井上さんを中心とする現代史の部門は、これはナショナリズムに他ならないと真っ向から反対していた。

両派が激突したのは五一年五月の大会であった。まず五月一九日の総会で、五大国平和協定への呼びかけを決議するかどうかで激論が交わされ、議決にいたらなかった。翌日の大会では、民族問題をめぐって対立し、現代史若手の犬丸義一や藤田省三などの諸君が、歴研主流派を民族主義だと攻撃した。

私は五〇年の大会から委員に選ばれ、五一年大会でも再任されて委員兼書記となっていたが、五一年の大会後しばらくして、共産党本部文化部の役をしていた松本新八郎氏から突然呼び出された。松本さんは、石母田正さんや藤間生大さんと同じく渡部義通氏の門下の中世史家であり、たぶん共産党の歴研にたいするお目付役だったのだろう。私にたいして、歴研をやめるようにと要求したのである。その罪状は、国際派の側に立って歴研主流に反対したからだということである。おかしな話である。れっきとした学術団体で、しかも総会で決定している人事を、政党である共産党が横からとやかく言うのは、筋違いもはなはだしい。だがこの時期は、歴研にたいする共産党の威光は決定的であった。私は有無をいわさずに解任された。これはすなわち歴研書記を解雇されたことをも意味していた。しかたなく私は、書記局の仕事を、同じ現代史の今井清一君に譲った。今井君は、政治的にはニュートラルだと思われていたからである。

大学を卒業し歴研書記という職を得たばかりの私は、早々に失業してしまったのである。そのころ私は、大学で一年下の佐藤蓁子とつきあっていて、近く結婚しようと考えていたのだが、職もないのに結婚もできない。そこで母の友人の伝手で新聞界の大御所である御手洗辰雄氏を訪ね、朝日新聞と東京新聞への紹介状を書いてもらった。折から五二年春の分の就職活動期だったが、御手洗さんの紹介状は絶大な効果があり、私は両新聞社とも合格した。ところがその後、両社の人事部長から鄭重な手紙があり、貴方は公職追放令に該当しており、司法当局に照会したところ、新聞社に入社することは疑義があるということなので、残念ながら採用はできないということだった。つまり公職追放令は、教職にも新聞出版界にも適用されることがはっきりし、私の前途は大きく限られることになったのである。そこでまた母の知人の世話で、五二年はじめから新設の朝日火災という保険会社に勤めることになった。これは損害保険部門をもっていなかった野村財閥が作った後発の火災と海上の保険会社であった。

五一年九月にサンフランシスコ講和条約が結ばれた。歴研現代史部会では、講和発効を前にして『太平洋戦争史』を刊行しようということになり、東洋経済新報社からの出版が決まり、準備がはじまっていた。私はそのメンバーに加えられ、昼間は保険会社の社員、夜間は現代史の執筆という生活がはじまった。もと軍人だからということで、私は太平洋戦争史の中でも軍事の分野を担当させられた。

太平洋戦争史の研究会には、三笠宮の紹介で服部卓四郎氏に来てもらった。私は服部氏に、「なぜ対米英戦争に踏み切ったのか、勝算はあったのか」というかねてからの疑問をぶつけた。服部氏は、「ドイツの勝利を誤信していたのだ」と、正直に告白した。

原稿の執筆は、苦労はしたが大へん勉強にもなった。だがそれにしても時間が足りない。私の分担部分の入稿は遅れがちであった。東洋経済の担当者は江口朴郎先生の教え子の小谷君で、「ぜったい会社に来てはいけない」と言ってあったのに、ついに会社にまで催促にやってくるようになった。受付からの「藤原さんに東洋経済の方が面会です」という電話を聞きとがめた課長が、「若いのに内職をやっているのか」と言うのには困った。東洋経済に株のことでも書いていると思われたのだろう。

『太平洋戦争史』の第一巻は五三年一〇月に刊行にこぎつけ、翌年全五巻が完結した。一巻から三巻までは遠山さんと藤井松一君が原稿の整理にあたり、たいへん苦労したようである。四巻と五巻は、会社をやめて時間の余裕ができた私が引き受けた。これでとにかく、戦争の時期を全体的に記述したはじめての通史が出来たのである。

『太平洋戦争史』に参加して、会社勤めと執筆との両立はむつかしいことを痛感したので、五四年四月から東京都立大学の人文学部と千葉大学の文理学部で非常勤講師をつとめることになったのを機会に、思い切って五四年三月末で朝日火災に辞表を出した。こうして私の長い非常勤講師の時代がはじまった。

一九五二年から五三年にかけて、歴史学界ではいわゆる民族派が全盛であった。石母田さんを理論的指導者とし、松本、藤間などの渡部門下生たちや、若手では歴研委員の網野善彦君らが中心で、「国民の歴史学運動」が展開されていた。『歴史評論』が「村の歴史・工場の歴史」を提唱するなど、この運動は若手歴史家に大きな影響をあたえていた。しかし現代史の分野は、国民の歴史学運動にまきこまれることはなく、『太平洋戦争史』の研究と執筆に専念していた。そして、これが私の軍事史研究、戦争史研究の出発点になった。まったく先学者のいないこの分野を割り当てられ、否応なしにトップ・ランナーとして走らなければならず、史料収集をはじめ、すべての面で開拓者としての苦労をしなければならなかった。

会社をやめて文筆業に入った一九五四年は、たいそう多忙であった。『太平洋戦争史』の第四、第五巻の編集を担当し、たんなる加筆訂正だけでなく、相当の部分を新しく書き直さなければならなかった。また岩波書店の『思想』編集部が主催した日本軍国主義の研究会にも参加した。この研究会は思想史の人が多かったが、私は軍事史の専門家ということで、次々に論文を割り当てられた。「日本軍国主義の戦略思想――一八八五～八九年の軍制改革を中心として」（『思想』一九五四年一月号）、「確立期における日本軍隊のモラル――日露戦争後の典範令改正について」（『思想』一九五五年五月号）はその成果である。

五四年五月の歴研大会で、私は「ファシズムの諸問題」という報告をした。これは会社をやめて早々で、準備の時間も十分にとれなかったのだが、今井清一、藤田省三両君との共同報告で、原稿もそれぞれに分担し、私が代表して読み上げた。戦後の日本を新たなファシズムだと規定した藤田君の分担の部分は大いに注目を浴びた。

この一九五四年は、世界史の上でも日本の情勢の面でも、大きな転換期であった。この年五月ベトナムではベトナム人民解放軍（ベトミン）がディエンビエンフーのフランス軍を降伏させてフランスのベトナム支配に最後の打撃をあたえた。フランスに代ってアメリカがベトナム支配の前面に立ち、朝鮮につづいてベトナムが戦場になった。

こうした戦争状態にたいして、平和をめざす運動も世界的に展開した。ベトナム関連の一七カ国が参加したジュネーブ会議では、ベトナムからのフランス軍撤退、カンボジア、ラオスの独立、ベトナム統一のための二年以内の選挙の実施などを決め、アメリカはジュネーブ会議から脱退した。一方インド、中国などによる平和五原則の提唱など、平和への動きも強まっていた。

日本においても、五四年は平和運動の大きな転機となった。三月アメリカによるビキニ環礁での水爆実験があり、日本の漁船が被爆した。これをきっかけに原水爆禁止運動がたかまり、「原水爆禁止署名運動全国協議会」が結成され、五五年八月には第一回の原水爆禁止世界大会が開かれた。全国各地の米軍基地反対運動も大きなひろがりをみせ、平和と護憲の民衆運動が発展し、五三年四月、五五年一月と選挙のたびに社会党、とくに左派が進出し、五五年選挙ではついに護憲派が憲法改正阻止に必要な三分の一を確保した。

こうした内外の情勢は、当然のことながら歴史学界にも反映した。五一年、五二年の大会で「民族の問題」、「民族の文化について」と民族の問題を取り上げ、実践面でも国民の歴史学をめざす運動がさかんであったのにたいし、五三年の歴研大会は「世界史におけるアジア」をかかげ、近代の部で井上清、野沢豊氏が報告し、五四年大会では「歴史と現代」という題をかかげ、近代で私が「ファシズムの諸問題」を報告するなど、いわば反主流だった国際派にも出番が廻ってきた。

五五年七月日本共産党の第六回全国協議会（六全協）は、武装闘争の自己批判と再出発を表明し、平和と統一の方針をかかげた。歴史学界も、その影響を受け容れた。歴研書記を解任されて以来、歴研とは縁を切ったつもりでいた私も、五八年には井上さんと一緒に歴研委員となり、会の企画した現代史の公開講座の講師となるなど、会の活動に復帰した。

三 『昭和史』のころ

五五年早々に、岩波の新書編集部にいた中島義勝君から、戦争の時期の日本の通史をまとめないかという話が、私と今井清一、藤田省三の三人にもちかけられた。三人だけでは知名度がないので、遠山茂樹さんを中心とすることにして、四人の研究会がスタートした。途中で藤田君が抜け、三人で執筆をはじめることになり、五五年の夏休みに集中して書くことになった。

私は五二年の二月に結婚し、戦後に土建屋の重役になっていた父が建ててくれた家で二人で暮していたが、この家を執筆のための合宿所にした。夏の暑いさなかに、今井君と二人で昭和期の通史を分担して執筆する、そしてお互いの執筆部分を交換して書き直す、という作業をくり返した。夜になると史料編纂所に勤めている遠山さんが立ち寄って、二人が書いた原稿に手を入れて肉付けした。夏休みの間に、通史は書き上げられ、題をどうするか、いくつかの案を家の長押にぶら下げて検討したが、元号をかかげることへのこだわりはあったものの、結局『昭和史』がすっきりしているということになった。

この『昭和史』は、五五年一一月一六日に発行され、発売いらい爆発的に売れた。増刷に増刷を重ねて、たちまち一〇〇万部を突破した。事実を実証的に記述するだけでなく、戦争は何故おこったのか、どうして止められなかったのかという、この時期の日本の最大の課題に真っ向から立ち向かった本だったからであろう。本が売れたため毀誉褒貶も多かった。『文藝春秋』が五六年三月号に載せた亀井勝一郎氏の批判をはじめとして、非難や批判も多く、いわゆる「昭和史論争」に発展していったのである。私としては、この時期の日本にとって決定的な問題は戦争であり、その問題を中心にすえたこの本の姿勢は正しかったと思っている。いろいろな注文は無いものねだりだと、反批判を書いたりもした。『昭和史』は二年後に全面的に書き直して新版を出したのだが、私には、情熱をこめた旧版の方がなつかしく思い出される。

『昭和史』の校正をしていた五五年九月に、とつぜん合同出版社から『日本近代史』の執筆の話がもちこまれた。これはスターリンの『経済学教科書』の出版で大いに当てた同社が、テキスト用の日本の近代史で二匹目のどじょうをねらったものである。井上清、鈴木正四両氏の名のもとに、藤井松一、藤田省三、藤原彰の三藤が手伝い、神田の旅館駿台荘に合宿していっきに書き上げることになった。明治を藤井、大正を藤田、昭和を藤原が書き、井上さんが全体を修正してまとめ、国際関係については鈴木さんが書くという分担であった。短期間に原稿を仕上げ、『昭和史』発行の二週間後の五五年一一月三〇日には『日本近代史』上、下として発行され、これまたベストセラーになった。戦争を否定するか、肯定するかは、このときの日本の大きな課題であった。平和問題、基地問題、原水爆禁止問題をめぐって国内の対立が激化している時にあたって、かつての戦争をどうみるかに、多くの関心が集まっていたのである。

『昭和史』と『日本近代史』を書いたことで、私は日本現代史の若手の執筆者として、ひろく名を知られることになった。とくに『昭和史』が大きな影響をあたえたこともあって、実力を伴わないのに知名度だけが高くなるという結果をもたらした。これは私にとってあまりよいことではなかった。

ただ印税が相当に入ったことは、定収入のない私にとって幸せであった。『昭和史』の印税で父の家のつづきに書庫を建て、夫婦で父母と同居することにした。両親がそろそろ年をとってきたことでもあり、長男の私が一緒に住むことにしたのである。

このとき建てた書庫は、当時の蔵書の二倍の一万冊を見当にして作ったものだが、五年で満杯になり、その後も本は増える一方で、ついに書庫は床まで本が積み重なる、「本の墓場」となってしまった。

四　軍事史を専門に

五四年に会社勤めをやめた私は、その後一三年間定職を持つことができなかった。大学の講座に「現代史」という部門は存在せず、市場は狭かったのである。この間私は、五四年から六七年まで千葉大の文理学部で「政治史」を、また五五年から五八年までと、六四年から六八年までの二回、東京都立大の人文学部で「市民社会成立史」、六五年から六七年まで東大教養学部で「日本現代史」、六六年から六七年にかけて東京教育大の文学部で「日本近代史」の、それぞれ非常勤講師をつとめた。非常勤講師の給料は時間給で、ほとんど問題にならないくらい安いので、この間の収入はもっぱら原稿料、印税であった。『昭和史』と『日本近代史』がベストセラーとなった他、井上さんの下請けで参加した読売新聞の『日本の歴史』が大いに売れたので、それらの印税が給料がわりになったのである。

この時期私は、こうした共著の執筆につづいて、東洋経済新報社の『日本現代史大系』の一冊として『軍事史』の執筆を依頼され、その準備に取りかかっていた。

「軍事史」を一冊にまとめるについて、もっとも苦労したのは資料の不足である。私はこの分野の先学者として、中野在住の松下芳男氏を訪ねた。松下さんは戦前に多くの著作があり、五六年には『明治軍制史論』上下巻の大著を刊行されていた。私は軍人出身の先輩でもある同氏の教えを受けようとしたのである。ところが私の訪問にたいして松下さんは、「僕は資料のすべてを戦争で失ってしまった。今度の本は僕のすべてを全力展開してあるので、この本に書いてある以上のことは何もない」といって質問を封じてしまう。私の松下さん訪問は、この一回きりであった。

何かのきっかけを求めて国会図書館にも通った。ところが図書館の目録にある軍事史関係の本の大部分は貸出中で、借りることができなかった。考査係の桑原さんに問いただすと、これらの軍事関係の本は、防衛庁がどっさり借りていって返さないので、私も困っている、ということだった。つまり目録だけはあっても、実物にはお目にかかれないのである。米軍押収文書がまだ返還されていない時なので、第一次史料はきわめて不足していた。

結局、軍事史をまとめるために、『思想』に書いた何本かの論文を柱にして、その前後をつなげるという形で、ともかくも明治以降の日本の軍事の歴史をまとめ上げたのが、一九六一年に東洋経済新報社から刊行された『軍事史』である。

『軍事史』を刊行したことによって、私は軍事問題の専門家として認められることになった。そして軍事にかんする時事的な問題についての寄稿を求められるようになった。六一年から六二年にかけて、そうした論文をいくつも書いている。「自衛隊の変貌——現代史研究の視角」(『歴史評論』六一年一〇月号)、「クーデターと軍隊——要人暗殺計画の発覚」(『朝日ジャーナル』六一年一二月二四日号)、「日韓会談の軍事的意味」(『現代の眼』六二年一月号)、「自衛隊の成長と変貌」(『世界』六三年一月号) などである。

この前後に私が関係したのは、青木書店から刊行した『戦後日本史』全五巻(六一年～六三年)である。

歴研は戦後ずっと岩波から会誌を刊行し、これを岩波から買って会員に頒布する形をとっていたのだが、その会誌代の債務が累積して多額になっていた。これは収支を考えずに会の活動に経費を使い、岩波への支払いが次第に遅れていったためである。この間に歴研委員の言動が岩波側を刺戟して感情的対立になり、一九五九年三月に岩波から会誌刊行をことわられてしまった。会誌の発行について、もとの委員兼書記であった私も責任を感じた。岩波への支払い滞納の責任者だった書記の古屋哲夫君と親しかったので、次の発行元探しに協力することになった。そして青木書店に話を持ちこみ、この年六月から発行することになった。このとき青木書店にたいしては、会誌を依頼するだけでなく、何か売れるような企画を会として考えるという約束であった。そこで会誌発行の見返りに、会として刊行する計画を立てたのが、現代史の分野で引受けた『戦後日本史』の刊行である。

『戦後日本史』は、私と古屋君が中心となり、『戦後政治史』の著書のあった政治学者の杣正夫氏を編集委員に依頼してスタートした。ところが、古屋君の人をくった態度が先輩の杣さんを怒らせ、私はその調停に苦労することになった。『戦後日本史』全五巻は、六一年から六三年にかけて刊行され、相当な好成績で版を重ね、青木にたいする歴研の面目は立ったのである。

五〇年代後半から六〇年にかけてのこの期間に、私は生活の手段として、『千代田区史』の編集、執筆に従事した。この区史は、一九五七年早々から編纂がはじまり、六〇年三月までに仕上げるという特急の仕事であった。編纂委員は、区長と親しい地理学者の飯塚浩二氏で、飯塚さんが日本近代史の遠山茂樹氏に応援を頼むという形ではじまり、地理の関根鎮彦氏と私とが委員に加わって、実質的な仕事をすることになった。

区史のために九段下の千代田区役所の一階に区史編纂室が設けられた。私と関根君、それに区役所側の担当者である鈴木昌雄氏、氷室綾子さん、加藤サワ子さんたちがこの室に出勤して仕事をはじめた。歴史関係の編纂委員には、和島誠一、松島栄一、杉山博、村井益男などの各氏、地理関係では入江敏夫、江波戸昭などの各氏が名を連ねていたが、定職のない関根君と私とが専従の形でこの部屋に出勤した。

区史は全体を三巻に分け、上巻は原始、古代から中世、近世までとし、中巻は幕末から現代まで、下巻は現状把握にあてられた。上巻に和島、杉山、村井氏ら、中巻に遠山、松島氏と私、下巻は関根、入江氏ら地理関係者が分担した。ところが、区の計画では六〇年三月全巻刊行のはずが原稿が集まらず、計画は遅れに遅れた。とくに中巻は松島さんが全然書かないので、私がその分も書かされることになった。六〇年三月を過ぎると年度がかわって予算がなくなり、編纂委員の手当も出なくなったので、ただ働きをする破目になった。

このときは、六〇年安保問題の真っ盛りで、昼間は集会やデモに参加し、夜になると西神田の奥村印刷の出張校正室に出かけて、そこで執筆をするという毎日を送ることになった。そこで夕食をとり仮眠するというくり返しであった。『千代田区史』は、私にとっては定職のなかった一九五〇年代後半の数年間を支えてもらったアルバイトであった。とくに中巻は、一〇〇〇枚近い原稿を短期間で書いたという思い出がある。

一九六〇年六月一五日についての記憶も書いておこう。この日は千葉大の講義があった。午後一時から一時間ばかり話した後で、「今日はこれから国民会議の統一行動に参加するから」といって講義を中断した。駅に着いてみると、「先生、私たちも行きます」という学生たちが次々にやってきた。まるで学生をアジった形になってしまったのである。後に、六・一五事件で起訴された学生たちの中で多数を占めていたのが千葉大生だったことを知った。

六月一五日の国会前の集会では、「民主主義を守る全国学者研究者の会」の隊列に加わった。夜半になって全学連主流派の国会突入、警官隊の襲撃がはじまったころ私は地下鉄の国会議事堂前駅の構内にいて難を免れた。この警官隊の襲撃は、学者研究者の会に加えられ、山口啓二さんはじめ多数の負傷者が生じた。

六・一五事件を頂点として、安保闘争はしだいに下火になった。六月一六日政府は、マニラまで来ていたアイゼンハワー米大統領の訪日を、治安上の理由で断るという外交上の失態を招いた。一八日夜中の一二時、三三万人が国会を取り巻き、衆参両院とも開かれない中で、新安保条約は自然承認された。その後六月二三日に批准書が交換されて新安保条約が発効し、岸首相は退陣を表明、七月一九日池田勇人内閣が成立し、所得倍増、高度成長政策がスタートした。

この間の私は『千代田区史』の後始末に忙殺されていた。六〇年いっぱいはそのために使ったと思う。その後の六〇年代前半は、『戦後日本史』に時間をとられた他は、歴研の活動とは縁のないところで過していた。また六三年に刊行された『岩波講座・日本歴史』に「太平洋戦争」と題した論文を発表している。それ以外には『文藝春秋』、『人物往来』、『潮』、『中央公論』、『丸』などという雑誌に数多くの雑文を書いている。

六〇年代前半のこの期間は、私生活では多事であった。六三年二月に父藤原藤治郎が伊豆の畑毛温泉で心筋梗塞で倒れ、一カ月間危篤状態がつづいた後に死去した。知らせを受けて東京から主治医と看護婦を伴って旅館にかけつけるなど、看病に費すことになった。父の葬式が終った後、母英乃が異状を訴え、診断の結果は胃癌であった。これは本人には告知しないで、二年間の入退院の後、六五年二月に死去した。さらに父の死と入れ代わるように、私の最初の子どもである長女素乃が六四年一月に誕生し、つづいて長男良太が六六年九月に生まれた。こうした家庭内の多事が、業績にも影響していたのかもしれない。

五　一橋大学へ

一九六六年の秋、静岡大学人文学部の小此木真三郎、五井直弘の両氏から、教授として招きたいという話があった。私のところでは六三年以降に両親を亡くした後、二人の子供が生まれており、ちょうど妻の父が読売新聞を定年でやめるのを機に妻の両親を我が家に引きとって子供の面倒を見てもらうことにしたところであった。そこで、単身赴任でなら静岡へ行けると思ってお引受けした。ところがその直後に一橋大学の佐々木潤之介君が突然我が家に来て、社会学部の教授として来ないかという話を持ちこんだ。静岡より一橋の方がさまざまな条件が良いので、一橋の方は喜んでお受けすることにし、すぐに静岡へ出かけて、おことわりとお詫びをした。小此木さんも五井さんも、「一橋なら仕方がない、まだ教授会に正式に出す前でよかった」と諒承してくれた。

だが、一橋大への就職はかんたんには進まなかった。六六年暮から六七年春にかけて、私の問題が学内で騒ぎになったのである。社会学部の教授会をすんなりと通った私の教授人事が、大学の評議会で異例の反対を受けることになった。私のポストは、社会学部の政治学の講座であったが、政治学に発言権を持とうとする法学部の教授会が大反対をしたのである。とくに直前の学長選挙で敗れた大平善悟教授や評議員の細谷千博教授が猛反対したということである。

結局私の人事は保留になり、四月から非常勤講師として、国立校舎の学部の授業と小平校舎の教養課程の授業の両方を担当することになった。評議会での「藤原問題」は、年度を越して争われ、一時は社会学部教授会は総辞職しようという話も出たそうだが、結局妥協して、私の人事は教授から助教授に格下げされ、六七年一一月にようやく発令された。結局、一九六七年度の私の講義は、前半が非常勤講師、後半は専任の助教授としておこなわれたことになる。そしてこのころの受講生の中から、六八年度の演習（ゼミ）の希望者が多く出ることになった。それが藤原ゼミの第一回生である。

この年は佐藤長期政権の三年目で、経済の高度成長がつづく一方で、経済発展に取り残された民衆の不満もたかまり、沖縄の本土復帰運動、ベトナム反戦運動が大きく発展し、大学でも学生運動が活発になりつつある時期であった。そうした時に私は、はじめて大学の専任教員となったのである。私が社会学部長の西順蔵教授に面会したとき、西さんは、「あなたは七〇年対策委員だといわれています」と言われた。安保条約一〇年目の期限がくる一九七〇年に学生運動が昂揚すると予想されており、その対策委員だというのである。のちにこの言葉は事実となった。

一九六八年四月、一橋大での私の最初のゼミは、一八人もの希望者があったが、ことわることもできず、全員採用することになった。

こうして一九六八年四月から、一橋大学の専任助教授として、講義と演習を受け持つ通常の教師生活がはじまった。演習（ゼミ）のテキストとしては、丸山真男「現代政治の思想と行動」を選び、この本の各論文を一編ごとに各人に割り当て、一回に一編ずつ報告と討論をおこなう形式にした。丸山さんのこの本は、問題が多岐にわたり、日本近代政治史の重要な論点を多く含んでいるので、テキストとしては適当な選択であったと思う。以後も毎年このテキストを使うことにした。

この一九六八年は、学生闘争の激化のはじまりの年であった。一月に東大医学部に起った紛争は全学にひろがり、翌年一月の安田講堂事件に発展した。その他の大学、中央大、日大、早大など、全国一一五大学で紛争が発生した。一橋大でも、おくればせながら紛争がおこり、翌六九年には全共闘の学生による本館の封鎖がおこった。

六八年度に入ってきた私のゼミ生は、一年目こそ丸山さんの本を熱心に読み、夏休みの合宿や放課後の飲み会などで親しくなったが、翌六九年度のゼミ生一五人は、早々に一橋大の紛争、封鎖、授業停止という事態になったため、ほとんど勉強するひまがなく、ゼミ生の交流も十分にはできなかったと思う。

西学部長の予言はあたり、六九年四月から私は教授会で学務委員に選挙された。さっそく大学の紛争に直面することになったのである。しかも学生部長が封鎖が始まったとたんに病気で休んでしまい、委員の中で最年長の私が委員長として学生部長の代役をつとめ、封鎖学生との交渉その他にあたることになった。全共闘派が本館封鎖をつづけている一方で、民青の学生は自治会を堅守していた。折から政府が学生運動対策として、六九年五月に「大学の運営に関する臨時措置法案」を国会に提出した。これは紛争大学の閉鎖を含む権限を政府に与えるものである。全国の大学で反対運動が盛り上り、一橋でも自治会や教授会が反対を決議し、全学共同の反対デモをおこない、私は村松学長代行とともに国会を訪れ、各党に反対の意向を伝えた。この場面はテレビで全国に放映されて、すっかり有名になった。

大学で紛争対策に忙殺されているこの時期、学会活動でも私は重責を担うことになった。六八年五月の大会で、私は歴史学研究会の委員で編集長に選ばれた。太田秀通委員長の下で、編集長となった私は、大学紛争の余波を受けて歴研内の問題に悩まされた。その一つは、この年夏の学術会議会員選挙に井上清氏を推薦するかどうかの問題であった。井上さんはその長男が安田講堂に籠城していることもあって、東大正門前に封鎖学生にたいする連帯の挨拶を立看板に出して問題になっていた。委員の大半は民青系で、封鎖に同調するような人を推薦できないといって、歴研が推薦することに大反対をした。私は学問的立場から従来通り推薦すべきだと主張した。もう一つは東大西洋史の大学院生で、「ゲバルト・ローザ」の異名をとった柏崎千枝子さんの論文を掲載するかどうかの問題だった。委員の中には柏崎さんに殴られたという院生もいて、暴力派の論文を載せることに反対だと強硬に主張した。私は論文の客観的評価が掲載可なら載せるべきだと主張した。井上さんの件も柏崎さんの件も、私は少数派だったが、正論なので最終的には意見が通った。これは歴研編集長として政治に左右されずに集団的立場を優先させた正しい行動だったと、今でも信じている。

歴研の編集長は一年だけで、翌一九六九年五月の大会で、私は委員長に選ばれた。これは、太田さんの後任として予定されていた永原慶二氏が、一橋大経済学部長に就任しそうになり、学部長と歴研委員長の兼任は無理だというので、急に私にお鉢が廻ってきたからである。ところが実際は永原さんは学部長にならず、逆に私が社会学部長になることになり、私の忙しさは倍増する結果になった。

助教授に格下げされて一橋大に就職した私は、二年目の一九六九年一二月に教授に昇任した。折から一橋大も紛争の真っ只中であった。教授になるとすぐ七〇年四月に、学部教授会の選挙で一橋大学評議員に選ばれた。このとき社会学部では、六九年三月の教授会で学部長に選ばれた鈴木秀勇教授が、全共闘の学生に同調し、「評議会は犯罪機関だ」と称して学部長就任を拒否するという事件、いわゆる「鈴木問題」がおこっていた。学部長以外の評議員である南博教授も増淵龍夫教授も、紛争がはじまってから病気になって休んでいるので、社会学部評議員は一人もいない。大学全体の運営にもさしつかえる。助教授以下だけが出席している社会学部の教授会は、やむをえず都築忠七、竹内啓一と私の助教授三人を学部運営委員に選出し、運営委員が学部の代表として評議会に出席するという異例の措置をとった。運営委員の代表だった私は、評議会に出席するだけでなく、全闘委（「全学共闘委員会」の略）の学生との団体交渉に出席して吊し上げに会うなどの、ひどい経験をさせられることになった。

鈴木教授はその年の暮に自己批判書を提出して学部長の職に就いていたが、私が評議員に選出され、評議会に出席するようになると、やりにくくなったのであろう、病気を理由に学部長の辞表を出した。そこで私が俄かに学部長に選出されることになったのである。

大学では学務委員長、評議員、学部長、学会では歴研の編集長、委員長と超多忙だったこの時期ではあったが、学問的成果も相応にあげていた。一九六九年から七〇年にかけて大学の紀要『社会学研究』に「日本軍隊における革命と反革命」、有斐閣の『近代日本政治思想史』に「宮中グループの政治的態度」、「戦争指導者の精神構造」などの論文を書いている。「忙しいほど仕事ができる」というのは本当かもしれない。

六　現代史を組織する

一九六〇年代は、現代史にとっては退潮期であった。日本経済の高度成長にともなって、近代日本の経済発展を讃美する「近代化論」がひろがった。そして戦争批判を全面的に展開した五〇年代の私たちの仕事にたいする反発から、戦争を合理化、美化する動きがおこってきた。とくに旧陸海軍関係の膨大な史料がアメリカから返還されると、これを独占的に利用して朝日新聞社から、日本国際政治学会太平洋戦争原因研究部編『太平洋戦争への道』全七巻が六二〜三年に刊行され、さらに、防衛庁防衛研修所戦史室編の『戦史叢書』一〇二巻が刊行をはじめ、これがイデオロギーを排した実証的研究の成果だともてはやされた。

こうした戦争肯定の歴史に対して、私たちの現代史を盛り立てることが課題となっていた。私は、一橋大に就職して広い研究室を持つことになったのと、大学の図書館が日本の「陸海軍関係の文書」のセレクトしたマイクロフィルムを購入したのを機会に、古屋哲夫、由井正臣、粟屋憲太郎などの諸君と、六八年の夏休みに、この文書のチェックリストを日本語訳し、『旧陸海軍文書目録』として二〇〇部を謄写印刷した。この頒布にさいして、私たちの集まりを「軍事史研究会」と名付けたが、これが現在の「日本現代史研究会」に発展したのである。私たちの作業は、このリストから、アメリカ軍に押収された史料に迫っていった。

まずはじめたのは、かつて歴研が編集して東洋経済から発行した『太平洋戦争史』の改訂である。旧版は、史料の点でも、論証が大ざっぱな点でも、朝日の『太平洋戦争への道』から批判の対象とされていた。私は六八年五月に歴研の編集長になったのを機会に、旧版を全面的に書き直して新版の『太平洋戦争史』を刊行しようと、そのための研究会を発足させた。この研究会には、由井、粟屋両君や宇野俊一君に加えて、京都の木坂順一郎、名古屋の江口圭一、徳島の鈴木隆史などの諸氏にも参加を依頼した。そして翌年度の文部省科学研究費の総合研究に「太平洋戦争の研究」と題して応募して採用された。『太平洋戦争史』全六巻は、青木書店から七一年から七三年にかけて刊行されたが、その全体を通史としてまとめるために私は、分担執筆をした各人の原稿に思い切った手入れをするなど、編集に相当の手間と時間を割いて努力したつもりである。そして刊行後も研究会は「日本現代史研究会」として、例会をもちつづけることになった。

現代史研究の組織化のために、もう一つはじめたのは、サマー・セミナーを恒常的に開催したことである。一九六九年正月、恒例として私の家に皆が集まった席で、由井君や粟屋君から、セミナーを開こうという話が持ち出された。さっそく我が家から各地の研究者に電話がかけられ夏休みに湯河原温泉で現代史のセミナーを開くことになった。この時の報告は、江口圭一、佐々木隆爾の両氏と私とであった。出席を依頼したのは、論文だけで名前を知っていた木坂順一郎、鈴木隆史氏などであった。セミナーの席上、鈴木さんは、今回は藤原ゼミに招待されたと、皮肉な挨拶をしたが、実際、出席者一五名の半分は一橋大の私のゼミテンであった。

この六九年のセミナーはいわば準備会で、翌一九七〇年の夏休みには、中国史、西洋史関係の若い研究者にもよびかけ、第一回の現代史サマー・セミナーを開催した。このセミナーは、高尾山の薬王院に二泊三日の合宿をして開かれ、六〇名を越す参加者があった。会合では、中西功、江口朴郎の両先輩の記念講演のあと、「ファシズム論」、「統一戦線論」、「第二次世界大戦論」の三部門に分かれて報告と討論をおこなった。

このセミナーの成功は、現代史研究に一つの画期をもたらすことになった。六〇年代後半からの経済の高度成長にともなう反動的風潮のひろがりは、歴史学の分野、とくに現代史における反動攻勢を激化させていた。一方六八年いらいの大学紛争は、大学における学問研究の停滞を招いていた。大学院生クラスの若い研究者たちは、研究の方向性についての悩みを強く持つようになっていた。現代史サマー・セミナーは、このような問題意識に応えるものとなった。参加者は熱気にあふれ、その報告集『世界史における一九三〇年代』（青木書店、一九七一年四月刊）は、短い間に五刷を重ね、全国の現代史研究者に大きな反響を呼んだ。

こうして現代史研究の組織に努力している一方、私は、一九六八年以降、中野区から『中野区史昭和編』の編纂を委嘱されていた。これは都政史料館の田口さんの推薦によるもので、田口さんは、『千代田区史』編纂の時の私の仕事ぶりに眼をとめ、責任感にあふれていて任せて大丈夫と思ったそうである。中野区の総務部長が来宅されて、金は出すけれど口は出さないという条件で、スタッフの人選から本の内容まですべて一任するといわれ、承諾した。この仕事のために区役所の七階に一室をあてられ、区の職員二人が常駐して世話をしてくれることになった。

区史編纂のために、中村政則、栗本安延、粟屋憲太郎、市川亮一、芳井研一、山辺昌彦などの諸君の援助を頼み、六九年から仕事をスタートさせた。区史編纂室は、立地条件の良さから、それからの数年間、現代史研究の事務室の観を呈していた。

こうして仕事をつづけ、結局、本編三巻、資料編三巻の計六巻の大著になった。

一橋大の私の大学院ゼミは、六八年にゼミに入った学生が卒業する七〇年度からはじまった。この年第一回のゼミには、学部の一期生の芳井研一君が一人入ってきた。それに増淵龍夫ゼミの市川亮一君が参加し、他に東大大学院の粟屋憲太郎君が加わった。また国立在住の早稲田の助教授の由井正臣君も出席して、ようやくゼミの形をとることになった。このゼミでは、『西園寺公と政局』や『レーニン全集』の輪読をすることではじめたが、その後にはもっぱら各人の個別報告をすることに切り換えた。

このころ、安保再改訂問題が佐藤内閣による期間の無期限延長の措置によってあっさりとかわされたため、目標を見失った全共闘派は、ますます過激となって、よど号事件（七〇年三月）や、浅間山荘事件（七二年二月）をおこしていた。こうした中で、大学に残って学問の道を進んだ大学院生たちは、問題意識も高く、その後の日本の学界を支える勢力に成長していった。私のゼミナールも、私が一橋に勤務しはじめた当初に出会ったのがこの世代にあたるが、その後の学界で中心的役割を果たしている。

七　『天皇制と軍隊』について

一橋大学に就職した当初の私は、いきなり学務委員として大学紛争に取り組まされ、さらに一九七〇年から七三年にかけて学部長に二期任ぜられるなど、紛争の時期の学校行政に携わってきわめて多忙であった。しかしその合い間を縫って書いた論文は、それなりに問題が鮮明に取り上げられていたと思う。六九年に大学の紀要に書いた「日本軍隊における革命と反革命」や、七〇年に講座『近代日本政治思想史』に書いた「宮中グループの政治的態度」や「戦争指導者の精神構造」などがそれである。後にこの時期のものをまとめた『天皇制と軍隊』（青木書店、一九七八年）が私の代表作となっているのも、こうした問題意識からであろう。

一九七三年に二期目の社会学部長を辞任した後の七月、サンフランシスコで開かれた第二次大戦史研究国際委員会で「日本の政治と戦略」について報告することになった、報告は英文だったがペーパーを用意して行った。趣旨は、日本においては政治と戦略、つまり国務と統帥との分裂が致命的だった、ということであった。ところが、日本はナチスに匹敵する全体主義によって政治と戦略が一体化していたと思っていた欧米の研究者から、質問が殺到した。質問の言葉が理解できないので、もっぱら江口さんの教え子でカナダ在住の鹿毛達雄君に答弁を援助してもらって、その場を切り抜けた。

サンフランシスコの会議終了後、同行していた粟屋君と二人で、一カ月間ワシントンに滞在し、公文書館や国会図書館の戦時期の日本関係史料を閲覧した。歴研で米軍押収文書の返還運動をしていた私は、戦時期の日本の研究はワシントンに行かなければできないことを痛感した。

この第二次大戦史国際委員会は、五年に一回の国際歴史学会の分科会の一つとして開催されたので、その後のブカレスト、マドリードの会の時も出席し、ついでにヨーロッパの観光旅行もした。アメリカから帰ると、こんどは秋にモスクワでの日ソ歴史学シンポジウムで報告することになり、ソ連へ行くことになった。この日ソシンポは、二年に一回、日ソ交代で主催することになり、私は日本側の組織委員として、以後四年に一回訪ソすることになった。日ソシンポの会合は三日間だが、私たちは訪ソの度ごとに二週間、私費でソ連各地を旅行することにした。こうしてレニングラード、キエフ、オデッサ、クリミア、スターリングラードなど、ソ連の主要な場所を観光することができた。

またこのときの日ソシンポの後、私は単独でヨーロッパへ向い、イギリス、フランス、イタリアを旅行した。これは、紛争期の学部長の褒賞として如水会から海外研修旅行の費用が出たのを利用したものである。季節はクリスマス直前の十一、十二月で、旅行者は少なかったが、どこも空いているので旅行は快適だった。

第一回の日ソ歴史学シンポジウムの記録は、私が編者になった『革命ロシアと日本——第一回日ソ歴史学シンポジウムの記録』（七五年、弘文堂）として刊行されている。

この七〇年代前半、私の個人的関心は天皇制にあり、いくつかの論文を書いている。「軍隊と天皇制イデオロギー」（『科学と思想』七三年）、「戦前天皇制における天皇の地位」（『現代と思想』七四年）、「近代天皇制の変質——軍部を中心として」（『日本史研究』七五年）、「天皇の戦争責任」（『歴史地理教育』七七年）などである。（未完）

＊原稿はここで終わっているが、以後の活動を、「戦後五〇年と私の現代史研究（続）』（『年報日本現代史』第二号、一九九六年刊）により付記した。

七〇年代前半に、現代史研究の分野で、もう一つの問題であったのは、アメリカが押収した資料の返還と、公開を要求する運動である。戦争史の基本史料である陸海軍の文書がアメリカから防衛庁の戦史室に入ったまま、一部の人間以外には非公開で、とくに私を含めて四人の特定の人物には絶対見せないということを江口（圭一）氏が書いている。それはともかく、新憲法のもとで、旧軍とは何の関係もないはずの防衛庁が、旧軍の文書を抱えこんで独占していることは筋違いのはずである。またアメリカにはなお厖大な量の押収文書が存在していることも、七〇年代のはじめには明らかになってきた。そこで現代史の研究者の中で、アメリカにたいして押収文書の返還を、また防衛庁にたいしては史料の公開を、要求する運動をおこそうという気運が七二年ごろにはもり上がってきた。

歴研は七二年九月号にこの問題についての座談会と紹介を載せている。そして七三年にはこの座談会のメンバーが中心になり、松本清張さんや丸山真男さんなどにも呼びかけ人に入ってもらい、「アメリカ押収資料の返還・公開を要求する会」をつくって、要望書を外務省や学術会議などに提出した。また歴研が中心になり、日本歴史学協会を動かして、この問題についての二八の学会からなる学会連合をつくり、国立公文書館、各政党にも働きかけた。この運動の成果として、アメリカ議会図書館からの押収文書の返還が実現したこと、防衛庁官房長が国会の内閣委員会で史料の公開を約束したことがあげられよう。（中略）

七〇年代の後半に入ると、大学もやや落ち着きを取り戻し、私自身もようやく落ち着いて論文を書いたり、外国での学会で報告をしたりできるようになってきた。乱世の学部長をつとめた報酬としてか、七五年に一橋の後援会から短期の海外出張の旅費がでたことも幸いした。七五年八月のサンフランシスコの国際歴史学会のさいに、第二次大戦史研究国際委員会の共通テーマ「第二次大戦における政治と戦略」で、日本についての報告をしたのが、はじめての国際学会参加である。そのあとワシントンに廻って議会図書館を訪れたら、東洋部長のクロダさんが、私が史料返還運動をやっていることを知っていて、「ここにあるから先生方にお見せできるのだが、日本にお返ししたら、かえってごらんになれないかも知れませんよ」と笑いながら話してくれた。案の定その後、返還文書が国立公文書館に入ったら、「プライバシー」などと理由をつけて、相当の部分が非公開になってしまったのである。

この年は一一月にモスクワの日ソ歴史学シンポジウムでも、第二次大戦についての報告をした。それがきっかけで、その後の日ソシンポジウムに皆勤し、四年に一回ずつ訪ソすることになった。モスクワのあと一人で西ヨーロッパを廻り、ミラノでは私のところへ留学していたバロータ君がセットした、ボッコーニ商科大学でのファシズムの研究会で報告をしたりした。

はじめての論文集『天皇制と軍隊』を出したのは七八年である。また若い研究者を集めて、社会運動や民衆生活の通史として、『日本民衆の歴史』を出したり、同じく論文集として『体系日本現代史』全六巻を刊行したりした。こうした現代史関係の論文集や叢書、資料集などの編者としての仕事は、この後次第に多くなるのだが、同時にこのころから、社会的な発言を求められることも多くなり、時事論文のようなものの執筆も増えるようになった。

一九七五年は、戦後日本史の上でも大きな転換期であったろう。七一年のドルショック、七三年のオイルショックで日本の高度成長がとまり、世界は同時不況に陥った。この中で、三木内閣は合理化、減量化政策をすすめ、これに便乗し大企業は徹底したコスト軽減をすすめた。政府が先頭に立って国民的危機感を煽ることで、労働組合の戦闘力を奪い去った。七五年一一月のスト権ストの敗北いらい、労働運動の右傾化は一挙にすすんだ。合理化に成功し、国際競争力を増した日本企業の製品は、自動車を先頭に世界市場を制し、七〇年代後半の日本は、世界同時不況を抜け出してひとり安定成長をつづけることになった。

一方、七五年四月のサイゴン陥落は、アメリカの軍事力の低下をみせつける事件であった。この後アメリカは、ひとり経済発展をつづける日本にたいし、応分の軍事負担を強く求めるようになり、毎年の防衛折衝で常に防衛費の増額が課題となるようになった。七八年の日米防衛協力のガイドラインは日本の役割強化の象徴である。要するに七〇年代後半は、右傾化、軍事化がすすむのである。こうした状況の下で、戦争史、軍事史についてだけでなく、有事立法制定問題やガイドラインと日米防衛協力体制についてなど、時事問題についての評論執筆の機会が多くなった。軍事史を専門にしてきただけに、軍国主義復活を思わせるような事態の展開を、黙って見ているわけにはいかないという切迫感を持ったからである。これら時事論文のいくつかは、八二年に『戦後史と日本軍国主義』に収録した。

一九八〇年代に入ると、現代史研究が現実の政治課題とかかわりを持つことがいっそう多くなり、私自身にとってもそのような活動にかかわることが増えていった。枚数がなくなったので、その中で南京事件と沖縄問題についてだけ述べることにする。

一八八二年七月、日本の教科書検定が中国、韓国の抗議を受けて国際問題化したのをきっかけに、南京大虐殺論争が再燃した。鈴木善幸内閣の宮沢喜一官房長官談話が、「政府の責任で是正する」と約束したのを、外国の内政干渉に屈伏した軟弱外交だと非難する右翼や保守派が、軍事大国化をめざす次の中曾根康弘内閣の下で勢いを強めた。そして南京大虐殺を虚構だと主張する議論が、また『文藝春秋』や『正論』を賑わせるようになったのである。これにたいして、虐殺を論証する側には、前から早稲田の洞富雄さんや朝日の本多勝一さんが奮闘しているだけだった。教科書裁判の重要な争点の一つでもあるこの問題に、現代史研究者としても取り組むべきではないか。こうした考えから、八四年三月に発足した南京事件調査研究会に私も加わることになったのである。

この会には、洞、本多両氏をはじめ、日本現代史、中国現代史の研究者、それに家永裁判の弁護士たちが加わり、幹事には一橋大の助手の吉田裕君がなった。そして発足いらい月一回の研究会をつづけ、八四年一二月には私が団長になって調査団をつくり、南京に赴いた。まだ南京にはどこの虐殺記念碑もなく、江東門の現在の記念館の遺骨発掘現場には、礎石が一つおいてあるだけだった。南京歴史学会と私たちとの交流会で、日本には虐殺否定論の大きな流れがあることを知って、中国側はびっくりしたようだった。中国側で研究が進展したり、壮大な記念館を建てたりするのには、私たちの会の結成と調査団の訪問が大きな刺激になったように思う。

南京事件調査研究会の活動は、会としての刊行物の他にも、洞、本多両氏や、笠原十九司、吉田裕、それに私も個人として著作を出し、学問的には虚構説、まぼろし説を完全に粉砕したと思う。ただ南京事件は、ドイツにおけるアウシュヴィッツの場合と同じように、日本軍の残虐行為、日本の戦争犯罪の象徴的な出来事となっている。それだけに、否定派も執拗に反撃をくりかえし、まぼろし説破産後は不法殺害の数はそんなに多くないから大虐殺は誤りだとする少数論に頼って、論難をやめないので、研究会の役割もまだ終らないで、現在までつづいている。

月に一度、専門を異にする人たちが一つの目的で集まるこの研究会は、和気藹々とした雰囲気を持っていた。名古屋から江口圭一、水戸から石島紀之、新潟から古厩忠夫などの各氏が、遠路を厭わず毎回出席されたのも、この会の雰囲気と、終ったあとの懇親会が楽しみだったからでもあったろう。

同じころに、もう一つ「沖縄戦を考える会」という研究グループを発足させた。八二年の歴史教科書検定で、沖縄における日本軍の住民虐殺の記述が削除させられたことが、問題の発端であった。この事件で、沖縄の世論は沸騰したが、本土での反響はほとんどなかった。それは沖縄戦の受けとめ方が、他府県ではほとんど他人事のような状況だったからでもあった。そして八七年一〇月の沖縄国体への昭和天皇の出席が予定され、それで沖縄の戦後を終りにしようという流れが作られつつあった。

これでよいのだろうか、沖縄在住の歴史家の研究や、沖縄県民の体験記だけでなく、本土に住む歴史研究者も自らの問題として、沖縄戦に取り組むべきではないか、こう考えた私の呼びかけで、八六年六月に「沖縄戦を考える会（東京）」を発足させた。沖縄にすでに考える会があったので、私たちの会はカッコづきで（東京）ということにしたのである。この会には高嶋伸欣、江口圭一、山田朗、纐纈厚、林博史の各氏と私の六人が参加し、林君が幹事となった。数年後に沖縄の考える会のメンバーから、こちらはもう会活動はしていないので、（東京）はとってくれといわれ、その後はただの沖縄研と名のっている。

八七年秋の天皇の沖縄訪問前に、一応の成果を出そうということで、この会も短期間に精力的な研究活動をし、八七年に二冊の共著を出した。私は八六年に一橋大を定年で退職したので、このころは比較的研究会や執筆にも時間が割けるようになったこともあって、超特急で本が出来たのだが、共同研究者の皆さんには随分無理をお願いしたことになった。

この沖縄研も、月一回の例会をその後ずっとつづけている。そして高嶋、林の両氏の活躍もあって、研究対象は沖縄だけでなく、マレーシア、シンガポールとだんだんに東南アジア全体にひろがっていき、次第にアジアでの日本軍の虐殺研究会のような観を呈するようになった。そして会員も、フィリピンやインドネシアの専門家、捕虜や戦犯問題の研究者などにひろがっていった。

九〇年代に入って、戦争責任や戦後補償が大きな問題になってきているが、沖縄研の会員の中の多くの人々が、こうした課題にかかわり、市民運動の中でも活動的な役割を果たしておられるのである。

私の現代史研究にとっての戦後五〇年は、多くの優れた仲間たちに恵まれたといってよいであろう。私自身の仕事は大したことはできなかったが、友人、同僚たちに恵まれて、現代史そのものは、草創期から現在まで発展してきた。そして現在の日本にとって、不可欠の研究分野としての地位を、ようやく得ることができるようになったということができよう。

対談　日本の侵略戦争と軍隊、天皇

藤原　彰
吉田　裕

軍事史を志した理由

吉田　第二十七回野呂栄太郎賞の受賞、おめでとうございます。この機会に藤原先生の軍事史の研究に関していろいろとお話をうかがいたいと思います。

まず最初に、先生は、なぜ軍事史を志されたのかをお話し下さい。先生は、陸軍士官学校を卒業後、中国戦線に従軍されていますが、とくに『餓死《うえじに》した英霊たち』（二〇〇一年、青木書店）につながるような、ご自身の戦場体験が、先生の研究にどう関わったのか。また、戦後の歴史学界では軍事史研究は、どちらかと言えば忌避される傾向が強かったと思うのですが、その中でなぜあえて軍事史を選択したのか。そのへんのことを最初にお聞きしたいと思います。

《唯物史観との出会い》

藤原　戦時中に、戦場では、戦争の不合理さ、日本軍隊の矛盾を痛切に感じました。いろいろな問題に直面するたびに、これはおかしいという気がしていたので、戦争が終わって、これからもう一度、人生をやり直すに際しては、日本がなぜこんな間違った戦争をしたのかを、自分の目で史料にもとづいて確かめてみようと考え、迷うことなく大学へ入り、歴史の勉強をしようと思いました。

最初は、歴史の中で具体的に何をということまでは考えていませんでしたが、現代史、とくに戦争史をやるようになったのは、もう少し具体的な動機がありました。

私は、一九四六年五月一日に東大文学部史学科に入りましたが、ちょうど六月に伊藤書店から石母田正氏の『中世的世界の形成』（戦争中に書いた本です）が出て、評判になりました。国史の研究室でも、そのころの助手だった井上光貞さんと特別研究生になっていた山口啓二さんがよびかけて、この本の読書会を秋からやることになりました。参加したい人は夏休みに読んでおいた方がいいと言われ、時間をかけて読みました。

九月から週一回の読書会に参加して、非常に感動を受けました。内容は戦争中に書いたままで、もちろん言葉遣いなどは、「奴隷の言葉」で書かれているわけですが、歴史にはきちんとした法則性があり、どんな時代でもそれはつらぬいていることが、確信をもって書かれていました。私は、唯物史観が歴史を見るためには不可欠で、正しい考え方であるということを、その読書会で学びました。

そのころは私も若く、ずうずうしかったので、石母田さんの家まで教えを受けに出かけました。石母田さんは、学生が訪ねてきたのは戦争が終わって初めてだ、と歓迎してくれ、いろいろと話をしてくれました。その時、自分が何を専攻すべきかについて意見を聞くと、「私が今の君の歳《とし》だったら、迷うことなく現代史をやる」「われわれの時はいろいろな条件があって、現代史などできっこなかったから、言葉は悪いけれども中世に逃げ込んだ」と言われました。それで私は、現代をやるべきだと感じた。

もう一つは、その読書会が発展し、東大の国史学科で学生有志の研究会ができ、東大歴研と称していました。東大歴研が、一九四七年に日本歴史の連続講座を企画しました。それは『東大歴史学講座』という本になっています。その時、服部之総さんや羽仁五郎さんなど、いろいろな先生に講演を依頼したのですが、私はその講演依頼係を引き受けました。服部さんや羽仁さんは、「君が戦争が終わってからたずねてきた初めての学生だ」と言って、快く講演を引き受けてくれました。

その時の羽仁さんには「現代史」という題で、東大の二一番教室で講演をやっていただきました。壇上で、開口一番、「諸君、歴史は書くものではない、つくるものである」と言いました。羽仁さんらしいアジテーションですが、それに感動したわけです。現に歴史をつくっていくことに参加しなければいけないということです。それで現代史をやるという気分が強くなりました。

《誰もいなかった軍事部門の研究者》

私は一九四八年暮れに卒業論文を提出し、四九年三月、卒業しました。その卒論のテーマに、現代史の中で二・二六事件を選びました。論文には、「日本ファシズムの形成」というタイトルをつけましたが、二・二六事件の役割が大きいと思ったからです。もちろん、その当時ですから、きちんとした史料があるわけではありません。流行の暴露ものをたくさん集めて読んだりして、書きました。

もう一つ、現代史研究を始めたきっかけがありました。私は東大協同組合出版部（現在の東大出版会）の編集員をやっていたのですが、東大出版会で現代史をつくろうとなり、現代史研究会を組織しました。その現代史研究会のチューターを誰にお願いするかを山口啓二さんに相談したら、井上清さんがいいとなり、私は井上さんのところに行ってチューターをたのみました。四八年の夏休みに東大の戸田の寮で合宿をして、学生たちで現代史の本の草稿を書きました。荒井信一君や私が主なメンバーでした。できあがった原稿を井上さんに見せると、井上さんは、「何だこれは。君たちの文章は一行の中に、何々的という『的』が二つも三つも出てくる。こんなに『的』を並べたってダメだ」と全文ボツにされて、「かわりに俺が書いてやる」と言って書いたのが、東大出版会から五一年に出た『日本現代史1　明治維新』です。

またこのころ、歴史学研究会が現代史部会をつくりましたが、現代史の専門家がいない。五一年に講和条約が結ばれ、条約発効を前にして、戦争の歴史をまとめようという話が歴史学研究会でかたまり、『太平洋戦争史』という本をつくることになりました。太平洋戦争史研究会が組織され、そこで研究をすすめると同時に、『太平洋戦争史』全五巻の執筆分担をしました。すると、戦争そのものの部分、軍事部門を担当する人が他に誰もいないのです。「藤原は元軍人だから戦争のことがわかるだろう」と言って、結局、東洋経済から出版された『太平洋戦争史』の戦闘そのものの部分は、全部、私が担当させられました。いつの間にか軍事史の専門家になってしまった。

当時、五〇年から五一年にかけて、私は、マルクス・レーニン主義研究所（ML研究所）の歴史部会に参加していました。そこでも、私にわりあてられるテーマは、日清戦争、日露戦争、第一次大戦などで、みんな私が報告しました。結局、軍事史の専門家と世間から見られるようになり、東洋経済の『日本現代史大系』という双書をつくる時に、軍事史という部分が私にわりあてられることになりました。若造のくせに臆面《おくめん》もなく大家とならんで、『軍事史』という本を書くことになったわけです。

吉田　そのことと関連しますが、とくに科学的社会主義との出会いということで考えますと、エンゲルスの「軍事論」との出会いがどうだったのか興味があります。エンゲルスの「軍事論」は、ヨーロッパでは非マルクス主義系の軍事研究者の中でも評価が高いと思いますが、やはりエンゲルスの軍事論は体系的に勉強される機会があったのでしょうか。

藤原　ＭＬ研究所で、もっぱらそれによって報告していました。そのころは、なかなか本が手に入りませんでしたが、神田の古本屋をまわるのが趣味で、せっせとそこで戦前のものを、あれこれと買い集めてきました。その中でエンゲルスの「軍事論」が自分のやっていることに一番近いものですから、それを学んだという面があります。

《史料の点での苦労》

吉田　軍事史に関する最初の先生の著作は、今、お話しにも出た東洋経済新報社の『軍事史』が一九六一年に出版されています。これをまとめる際のご苦労を少しお聞きしたいと思います。

軍事関係の史料を独占してきた感がある、防衛庁の防衛研修所の戦史室、ここで『戦史叢書《そうしょ》』の刊行が始まるのが一九六六年の段階です。そのかなり前に軍事史をまとめられるのは、とくに史料の面でご苦労があったと思いますが、そのへんのことを少しお聞かせ願えますか。

藤原　この『軍事史』の前にも、先の『太平洋戦争史』、また『昭和史』にも戦争のところを私は書いていました。雑誌の『思想』が五〇年代の前半に、軍国主義の研究会を組織していますが、ここでも五四年から五五年にかけて何本かの論文を書いています。「日本軍国主義の政治思想」「確立期における日本軍隊のモラル」などの論文です。これらの論文を書くために私は国会図書館へ行き、そこにある本を片っ端から借り出して読みました。

その時に驚いたことに、国会図書館の「軍隊」や「歩兵」、「騎兵」のカードボックスごとそっくり貸し出し中なのです。後に憲政資料室で活躍された桑原伸介さんが、当時、考査係にいて、彼に、「みんな貸し出し中で、ないけれどもどういうわけだ」と言ったら、彼は、「私もそのことを怒っているんだ。実は防衛庁（そのころは防衛庁になっていませんでしたが）が、全部借りていって返さないんだ。機関としてそっくり借り出していった。〝これは戦史をつくるためだ〟と言って返さない。〝研究者が来て借りたいと言った時に困るから〟と言ったら〝研究者が来た時には、こちらへまわしてくれれば、その人に貸します〟とのことだ。あなたは防衛庁に行きなさい」と言われたのです。

しかし、防衛庁に行ったら玄関払いです。身分をくわしく問いただされ、研究目的をさんざん聞かれた。後に江口圭一君が、防衛庁は絶対に史料を見せない人が四人いると書いています。「井上清と犬丸義一と藤原彰ともう一人、光栄にも私だ」と、江口圭一君は書いています。それならば防衛庁の史料をいっさい見ないで書いてやろうと思い、まわりの資料で書きました。

また当時、アメリカ軍が押収文書のうちの相当部分を、戦史室ができた時に返してきます。六〇年代のはじめ、六一年くらいだと思います。それが今の防衛庁の図書館の主体になっています。旧陸海軍文書が返ってきたことは知っていましたが、私はこれも見ることができませんでした。これを見て書いたのが、朝日新聞社の国際政治学会編の『太平洋戦争への道』です。この本が史料の点でくわしいのは、それを使っているからです。

これに対し、「使わなくても書けるぞ」と書いたのが、この『軍事史』です。苦労しましたけれども。だから、国会図書館にあるような本以外に使えていません。そのほかは、戦後に流行った、軍事史の類、たとえば林三郎氏（『太平洋戦争陸戦概史』、岩波新書、一九五一年）とか高木惣吉氏（『太平洋海戦史』、同、一九四九年)、服部卓四郎氏(『大東亜戦争全史』全四巻、鱒書房、一九五三年)の著作です。また、服部卓四郎氏は、歴史学研究会の太平洋戦史研究会を始めた頃に、三笠宮の紹介でよびました。私は、「あなたは作戦課長として戦争を始めるのに一番貴重な役割を演じたはずだけれども、勝つつもりがあったのか」と質問しました。服部さんは「いや、今になってみれば国を誤った責任がある。実はドイツが勝つと思ったんだ」と答えました。そういう人の聞き書きなどもある程度はありますが、大部分は旧来の刊行書をもとに書きました。

《軍事史のトップランナーに》

吉田　当時の軍事史研究の状況ですが、一つは戦前からの松下芳男さんの研究があります。それをどう評価されていたのでしょうか。

また、同時代の軍事史ということになりますと、幕僚クラスが書いたもの、先ほど話に出た高木惣吉氏や林三郎氏の著作がありました。これら、後に一九六六年から刊行がはじまる、防衛庁戦史室の『戦史叢書』につながるような軍事史研究について、一方でどういうふうにお考えになっていたのでしょうか。

藤原　松下さんについては、軍事史の先にすすんだ人として、著作を全部手に入れ、また、史料の点で教えを受けようと思い、家を訪ねたことがあります。その時、松下さんは、「私はもう全部、書いてしまった。有斐閣から出た『明治軍政史論』は私の全力展開で、後になにも残っていない。だから君に教えることはない」と言った。本から学べということでしょう。

その他の人たち、戦前、軍隊について書いた田中惣五郎さんなどもすでに現役ではなかったし、新しく左翼で軍事史をやる人がいない。「戦争は悪」「軍隊反対」が世間一般の世論ですから、それを自分の研究テーマに選ぶ人がぜんぜんいない。結局、私が軍事史のトップランナーになってしまいました。

防衛庁の戦史については、雑誌『歴史学研究』に、『戦史叢書』が完結した頃に、長い書評を書いています。全一〇二巻を、全部一巻ずつ書評しました。そこに「この戦史は参謀の目から見た戦史である」「作戦中心の戦史だ」と書いています。つまり一般兵士、あるいは庶民の目から見ていない。この点が決定的な欠陥です。

ただし史料はくわしく、役に立ちます。役所が総力をあげての、しかもアメリカの史料を独占してつくったものですから。ただ、そういう基本的な観点についての批判が必要だということを、当時から感じていましたし、今でもそう思っています。

天皇の戦争責任をめぐって

《『天皇制と軍隊』について》

吉田　先生の代表的な著作の一つである『天皇制と軍隊』が青木書店から一九七八年に出ています。これについていくつかお話しをうかがいたいと思います。

最初にこの本の意義を私なりに三点に整理してみました。一つは、天皇制の中における軍事官僚機構の位置づけを明確にしたこと。とくに侵略戦争の一番の推進力となった、陸海軍の幕僚層について、その社会的な基盤やイデオロギーにまで踏み込んで分析をした点で、非常に重要な著作だと思います。もう一つは、天皇の軍隊の軍紀です。その奴隷的な軍紀の特質を歴史的に解明されたということです。そして三番目が、国家機構の内部における天皇の位置とその役割、さらには、その歴史的変化を明らかにしたことがあげられると思います。

とくにいわゆる「宮中グループ」に光をあてることによって、従来の天皇制研究がどちらかと言えば機構分析に終始しがちな面があったわけですが、その天皇制研究に政治過程論的な分析、あるいは政治史的な分析を導入した。そういう意味では、「宮中グループ」という概念を設定されたことが非常に重要な意味を持っていたと思います。

また、この「宮中グループ」に着目することによって、井上清さんの天皇の戦争責任論が、どちらかと言えば昭和天皇個人の言動の分析に特化しすぎている感がありますが、それとは異なる独自の視座を確立されているように思います。

この『天皇制と軍隊』についていくつかうかがいたいのですが、一つは、天皇制だけではなく、昭和天皇個人の責任の問題、あるいは大元帥としての実態の問題を分析の対象としたのはなぜかということです。この視点は、後に、青木書店から一九九一年に出された『昭和天皇の一五年戦争』に引き継がれていくものですが、昭和天皇個人の責任の分析に焦点の一つがあると思います。そこに焦点を合わせた理由をうかがいたい。

少し具体的に言いますと、岩波新書の共著『昭和史』（一九五五年）では、東京裁判における天皇の免責問題についての言及はありますが、天皇の戦争責任の問題については正面から論じられているわけではありません。また、『軍事史』でも大元帥としての天皇の実態についての分析は、とくにないと思います。ですから、『昭和史』や『軍事史』の段階と『天皇制と軍隊』のあいだに、先生自身の問題意識にも変化があったのではないかということを感じますが。

藤原　私が戦争と天皇の問題について、最初に強く感じたのは、一九四五年八月一五日です。天皇は、一五日の詔書の中で「朕はここに国体を護持し得て」と言ったのです。私はそれまで、自分はどうせ死ぬと思っていました。また、まわりの部下、同僚がどんどん死んでいく中で、戦争の結末などは考えられませんでした。しかし、降伏と決まった時には、天皇は当然、自殺すると思いました。ところが平然として、「国体を護持し得て」などと言っている。これはおかしいと思ったのが、私の思想が変わった決定的な原因でした。

ただ、そのことが具体的によく事柄としてわかっていなかった。天皇の責任の問題で、私が変わったのは、旧軍人の書いた、『戦史叢書』などの稲葉正夫さんたちの解説、また『太平洋戦争への道』の中で、大元帥としての天皇が、どういう発言をしたかということが出てくるのを見るなかでです。雲の上の人で、部下のお膳立てにハンコを押していただけではないことが、だんだんわかってきた。そのことを問題にしなければいけないだろうと感じていったのです。

ただ、山田朗君は『大元帥昭和天皇』（一九九四年、新日本出版社）では、防衛庁の史料の、とくに『御下問奉答録』を使っています。当時は、それらをまだ見ることはできませんでしたが、その『御下問奉答録』に出てくることがらについて、元参謀たちが書いていた。それから、昭和天皇個人の問題、天皇の資質の問題や個人の性格の問題にも考えがおよんでいったのです。

吉田　一九六七年には、大本営政府連絡会議や御前会議の審議を克明に記録した、杉山元《はじめ》参謀総長の『参謀本部編杉山メモ』が原書房から出版されました。また、一九六六年には、内大臣として天皇を補佐した木戸幸一の『木戸幸一日記』が東大出版会から出されています。

藤原　もっぱらそれを使っています。

吉田　「宮中グループ」というところに光をあてられたところが、先生のこの本のユニークさだと思います。なぜ「宮中グループ」に着目するようになったのでしょうか。

藤原　政治の決定的な瞬間に、天皇は役割を果たすわけです。たとえば開戦を決定する、あるいは降伏を決定する。同時に、その時に天皇にいちばん影響をあたえたのが「宮中グループ」です。実は、岡義武さんら木戸日記研究会による『木戸幸一日記』の序文の中に、「宮廷グループ」という言葉が出てきます。そこでは、この日記が、このグループがいかに軍の横暴とたたかい、戦争を食い止めようと努力したのか、そしてその努力が報いられなかったか、の記録であると書いてあります。

しかし、彼らにこそ、序文で言っていることとは裏腹に、大いに責任があるのです。決定的な力を持っている天皇を動かす立場にありながら、戦争の方向へ行ってしまった責任がある。ただ、そのまま「宮廷グループ」の名前を使うのはしゃくだから、「宮中グループ」として、それで書いていきました。

その後、橋川文三君たちが編集した『近代日本政治思想史』（一九七一年、有斐閣）にも書きました。『昭和天皇の十五年戦争』（一九九一年、青木書店）では、そのころ、目にすることのできる、公開された史料を使い書いたものです。そこで、天皇の戦争責任問題は明らかになっていると思います。

《ビックス『昭和天皇』のこと》

吉田　さて、最近の天皇制研究の状況、進展についてどうご覧になっているかをお聞かせ願いたいのですが。一つは、最近、ハーバード・ビックスさんの『昭和天皇』が講談社から出ました。これは日本人の先行研究を非常にていねいにフォローしていて、そこから多くのものを学びとっていると思います。とくに藤原先生の天皇制研究がもっている影響力の大きさを、あらためて感じました。

同時に講談社からこの本が出た意味は、かなり大きいと思います。おそらく一〇年前であれば、大手の出版社がこういう本を引き受けることはなかったと思います。天皇の戦争責任をめぐるタブーがかなりこの間、後退してきている面があると思います。

それからとくに天皇関係で目立っているのは、天皇の側近の記録です。そうした天皇関係の史料があいついで公開され、それにもとづく研究もすすんできたという、新しい状況があります。こうした最近の研究動向をどうご覧になっているかをお聞かせ下さい。

藤原　ビックスの本は今読んでいるところです。私の本もたくさん引用していますね。アメリカではこういう本がピューリツァー賞を受けるぐらい、一般に広がっている。日本でも講談社からの翻訳が五万も出ている。アメリカの、自由に物を言ったり書いたりできる雰囲気のあらわれだと思います。

日本の場合には天皇批判には遠慮がありました。とくに昭和天皇が死ぬまでは。昭和天皇の死後、急に側近の本が出るようになって、いろいろなことが具体的に明らかになってきました。最近、この一〇年間は天皇について具体的に事柄がわかるようになってきたことが、大きな進展だと思います。これを材料にして、もっと天皇の研究がすすめられていいと思います。

吉田　ビックスは、一橋大学に何年かいたこともあり、私が、『昭和天皇』の翻訳の監修を担当しました。彼とは、当時、毎日のようにいろいろな議論をし、食事をしたりしながら意見交換をしていましたが、そういう日本とアメリカとの大げさに言えば国民国家の枠を超えた交流が、今、研究者のレベルでは強くなってきています。ジョン・ダワーの『敗北を抱きしめて』（二〇〇一年、岩波書店）もそうです。日本の研究を非常にていねいに追ったうえで、自分の体系をつくっていく。そういう点での交流が格段にすすんできたと思います。

ですからビックスさんの本は、問題意識を同じくする日本の研究者との交流の中で生まれている。それは藤原先生の世代から始まって私たちの世代にいたるわけで、そこは状況として非常によくなってきた気がします。

こういう交流が、今度は韓国とか中国とのあいだでできるようになれば、非常に大きく違ってくると思います。韓国は日本で博士号をとった人たちがだんだん第一線の研究者として活躍し始めていますから、だいたいそういう方向に行くのではないかと思います。

それにしても、アメリカの研究水準が非常に上がってきましたね。

藤原　水準が高いです。ダワーの本でもビックスの本でも、史料面でも、日本のなかでもレベルが高い。

《史料の公開をめぐって》

吉田　話をもとに戻します。史料の公開という点では、情報公開法の施行が重要だと思います。しかし、これは歴史史料は対象になっていません。現有の行政文書だけで、歴史史料は情報公開法の対象にならない。ただ、情報公開法に準じたかたちで、たとえば宮内庁の書陵部の利用規則が定められています。そこで問題になるのが、情報公開法では、個人情報や国の安全に関わる情報は開示しなくてもよいという規定があることです。それが利用規則の中に横滑りしてきて、今、若手の研究者や新聞記者がさかんに宮内庁に情報の公開請求をしていますけれども、どうも個人情報は開示しないという、これがネックになって、思ったように公開がすすまないという状況があります。

その結果、あるべきものがないのです。天皇関係の史料で言えば、一九三四年に、学習院教授から侍従となり、その後侍従長となった入江相政氏の『入江相政日記』（一九九〇年、朝日新聞社）などに出てくるのですが、『聖断拝聴録』というのが『独白録』――昭和天皇が戦争の時代を回顧して口述したものとして一九九〇年に公表され、話題になった（『昭和天皇独白録』と題して、文藝春秋社より刊）――とは別につくられています。これを朝日新聞の記者が情報請求をしても、存在しないと言う。おそらくお手元文庫などという形で、私史料の中に組み込んでしまい、情報公開法の対象からはずすということをやっているのではないか。

また、『大正天皇実録』の公開が始まりましたが、個人情報は開示しないという規定をタテにとって、個人情報の部分は全部墨塗りになって公開されるという、時代錯誤的な状況が生まれています。こういう情報公開の現状――これは宮内庁に限られませんが――も、歴史家の側が問題にしていく必要があると思います。

藤原　情報公開については、七〇年代の中頃に私が歴史学研究会に関係していた時に、歴史学研究会を中心にして、アメリカに押収された文書の返還・公開の運動をしたことがあります。この運動のある程度の効果は、その後、まとまってアメリカからまた押収文書が返ってきたことにあらわれています。

しかし、その時に、アメリカに行って当時のアメリカの国会図書館の東洋部長のクロダさんという方に会ったら、クロダさんが「先生がそういう運動をなさっていることは知っています。しかし、ここにあるからあなた方は日本のそういう史料を自由に見ることができる。もし返還したらかえって見られなくなるのではありませんか」と言われたことがありました。それは事実でした。

返還されたものは、日本の国立公文書館に入っています。かなりの部分が非公開になっています。そういう問題が日本の場合は大きい。現在でも、情報公開の問題は歴史家にとって決定的な意味をもっています。このことについて組織的な運動をすすめるべきだと思います。とくに今のような、覆いをかけるような動きに対し、何とか食い止めなければ、事実は永久に明らかになりません。これはたいへんな問題だと思います。

戦争犯罪研究と歴史家の責任

《南京大虐殺の研究》

吉田　戦争犯罪研究は、先生の研究史の中では八〇年代にとくに力をいれられた研究分野だと思います。『南京大虐殺』（岩波ブックレット、一九八五年）、『南京の日本軍』（大月書店、一九九七年）など、戦争犯罪研究に精力的に、この時期にとりくまれるようになったきっかけについて、お話ししていただきたいと思います。

藤原　南京事件を始めることになったのは、南京事件調査研究会に誘われて参加したことが直接のきっかけです。当時は、洞富雄さんのほかには歴史家で手がける人がいなかった。戦争をなぜおこなったのかということは問題にするが、その中で具体的にどういうことをしたのかということまでは、研究も執筆もおよんでいかなかったのが実態でした。それで、八〇年代になってその研究会に参加したことが、直接の契機になって、調べ始めました。

吉田　とくに『南京の日本軍』は、膨大な量の防衛庁防衛研究所戦史部の所蔵史料を分析し、南京事件の背景を克明に分析されています。とくに日本軍の戦時動員体制の特質という問題は藤原先生ならではの分析だと思います。ようやく八〇年代から九〇年代にかけて、問題をもちながらも防衛庁の戦史部の所蔵史料が公開されるようになり、『南京の日本軍』は藤原先生の研究としてはそれを最初に本格的に分析した著作ということになると思います。防衛庁戦史部の所蔵史料を見られて、その史料的な価値とともに限界ということもふくめて、どんなご感想をお持ちですか。

藤原　研究会に参加することがきっかけで、防衛庁の史料をみなさん見に行くようになった。ただし、史料公開に防衛庁は限界があります。あるものについて隠すのです。たとえば、昭和七、八年を調べていると、次の九年、十年を新しい紙で封をしてあるのです。いろいろと口実をつけては隠すという面がまだあります。ただ、前よりはよくなっています。前のように藤原彰には見せるなということはなくなりましたから。係官も旧軍人ではなくなり、防衛庁にも若い研究者もいます。その点でようすが変わってきていると思います。

吉田　戦史部の部長が旧軍人出身者でなくなるのが八〇年代の半ばです。この時期にほぼ、軍歴があった人が去って、防大出身の戦史部長が生まれてきますし、防衛研究所の中に大学院出身者が増えてくるということも、以前とはかなり違った状況だと思います。

《三光作戦と『餓死した英霊たち』》

吉田　今後の先生の研究課題とも関連しますが、先生は、三光作戦のことに前から関心をお持ちで、ぜひこれにとりくみたいということをうかがっています。なぜ三光作戦を問題にするのかをお聞きしたい。これは私の受けとめですが、三光作戦や南京事件は、先生のお仕事の中で言えば、『餓死した英霊たち』とメダルの裏表の関係にあるように思います。第二次世界大戦での日本軍の戦没者二三〇万人のうち六割強が広い意味での餓死だったという驚くべき事実を検証した『餓死した英霊たち』に代表される先生の研究との関連についてお話し願いたいと思います。

藤原　中国にいる時に華北の准治安地区の警備を二年くらいしていました。その時に、八路軍の影響がある地域に行きますと、壁に日本向けの宣伝スローガンが書いてあります。それは拙い日本語ですが。そこで多かったのが、「中国人民の家を焼くな」というものでした。家を焼かれることがいかに人民にとって苦痛だったかということがあらわれています。

もう一つは、ある村に入ったとき、聯隊長自身が大きな声で、「燼滅《じんめつ》」と命令したことです。燼滅とは焼き滅ぼすということです。家に火をつけて燃やしてしまう。すると、家を守るために部落に残っている老婆――とても強姦《ごうかん》なんかされる心配のない年寄りが、兵隊の足にすがりついて、「火をつけないでくれ」と嘆願する。それを蹴《け》倒して火をつけてまわっているのを見、ショックを受けました。

日本の戦史を見ても、火をつけるということがわりあいおこなわれています。戦国時代などもそうです。近代の史料を見てみると、たとえば『日清戦史』――日清戦争のあとの台湾の平定の話でも、賊の部落だと言ってやたらに部落を焼いている。

これで植民地統治がうまくいくわけがないと思うのですが、つぎは朝鮮の義兵運動でも行われた。一九〇〇年代のはじめに、日本軍は朝鮮に駐留し、朝鮮の軍隊を解散させました。これに対して朝鮮独立を守るために義兵闘争が起こります。この鎮圧で日本がどうしたか。山の中のゲリラが潜みそうな部落を焼き払い、平地に降ろして生活させる。そこに軍隊と憲兵を配置するわけです。そこまでして、独立武装闘争を鎮圧する。

朝鮮での成功の戦訓があるものだから、今度は満州を占領した時に、同じことをやるわけです。ここではゲリラを根絶できませんでしたから、成功したとはいえない。華北でも大規模に行う。それが三光作戦です。

家を焼いたり、無人地帯をつくったりするのは、これは日本軍にとって特徴的な問題だったのではないか。これを歴史的系統的に検討してみる必要がある。今、防衛庁に時々、三光作戦の史料を見に行っています。そこでは、中国のはある程度わかりますが、史料が乏しいのは、シベリア出兵です。シベリア出兵でも行っているはずです。『シベリア出兵史』という戦史があるのですが、そのことは書いていないのです。

吉田 『餓死した英霊たち』の関連はいかがですか。

藤原 日本軍の兵士の生命や人権を無視していることと関連があると思います。日本軍は肉弾主義、白兵主義です。兵隊の生命は問題にせず、突撃で戦争をするという基本姿勢です。このことは、山田朗君の方がくわしく分析しています。同時に、補給・兵站《へいたん》・輸送を軽視している。だから、進め、進めで作戦計画を立てるが、出かけていった兵隊の戦力をどうやって維持するか、生命をどうやって維持するか、食べ物をどうするかをほとんど無視している。

たまたま中国だったから、物資豊富で、奪いとれば食っていけたのですが、最後の大陸打通作戦になると、それもきかなくなり、たくさんの餓死者を出す。そういう軍隊の特質がありました。それと、敵国の占領地の住民から、物を盗り、家を焼き、食料を奪うということとは同じことになるわけです。表裏の関係になっていることを感じます。

つまり日本軍のそういった特質が、『餓死した英霊たち』に書いたような兵隊の生命をまったくムダに失っていくことと同時に、今度は占領地、相手国の人民を苦しめることとつながっていると思います。

吉田 戦没者の過半数が餓死ですが、あとは海没の問題も見逃せません。乗船していた輸送船が撃沈されて、溺《おぼ》れ死んだ兵隊が四〇万とか五〇万とかいう数になると思います。これは遺骨すら収集されないで遺棄されているわけです。この問題も大きいと思いますが、これについてはほとんど記録が残っていません。

藤原　残りにくいのです。それから南方で多いのは、人間だけはなんとかして助かっても、丸裸になっていて兵器もなにも失っている。そのまま上陸しても戦力にならないですから、結局、補給もないから、みんな餓死してしまうというケースが多い。

吉田　餓死の問題は、ある意味では政治的な立場を超えて深刻な影響をあたえているように思います。たとえば東レ経営研究所顧問の森本忠夫さんという方が、今度『カダルカナル――勝者と敗者の研究』（光人社）という本を書かれています。東欧との貿易でかなり大きな役割を果たした方ですが、この本ではガダルカナルのことを、愚鈍な戦争指導のもたらした日本人による日本人のホロコーストと書いています。この方が、このような思いをもっているのかと、少し驚きました。

藤原　本を出すと、ずいぶん手紙が来るのですが、こんどの本は、「そのとおりだ」「よく書いてくれた」「私もこういう目にあった」という手紙をずいぶんもらいました。それをまとめて資料集にしてもいいぐらいです。

吉田　餓死に象徴される「被害」問題は、南京事件に象徴される「加害」の問題とつながっているというのが先生のご研究だと思いますが、その点は私自身も非常に重要な問題だと思います。

《若い研究者への希望》

吉田　最後に一つ、研究者としての先生の生き方に関わる問題についてもお聞きしたいと思います。藤原先生は南京事件の否定論や、いわゆる歴史修正主義とのたたかいなどの中でも非常に大きな役割を果たしてこられたと思います。現実が提起する問題をつねに正面から受けとめて、ご自分の研究を発展させていくというスタイルをずっととり続けてきた。それからまた、共同研究のオルガナイザーとして、大きな役割を果たしてこられたと思います。そういう点で今までのご苦労とか、あるいは若い研究者への希望などをご自由にお話し下さい。

藤原　第一に、組織者という点ですが、それ以前には何もなかったからなのです。現代史、とくに戦争史・軍事史を研究する人が誰もいなかった。しかし、研究する必要があるわけで、たとえば歴史学研究会でも、太平洋戦争史をやろうとか、南京事件研究会をつくろうとかいう動きが起こってきます。しかし、組織者としてオルグをしなければ人が集まらないわけです。

今までやったことのない人にも、「君、これをやらないか」とすすめる。たとえば、ちょうど沖縄国体を前に、昭和天皇が沖縄に行く、行かないの問題があった時、戦争と沖縄の問題が大きな問題になった。その時に、沖縄戦がいかに日本国民である沖縄県民を苦しめたかという問題が、大きくクローズアップされてきた。しかし、東京では、それを研究している人はいないわけです。研究会を東京でもつくらなければいけないと思いついて、沖縄戦研究会（東京）をつくったわけです。その時に、声をかけたのが高嶋伸欣さんや林博史君です。その人たちが、研究者として成長しているわけですから、そういうきっかけをつくったという意味はあります。しかし、前にだれもいなかったから、やむをえずそういう役を果たしたのが一つのきっかけだったと思います。

それから、たとえば、「新しい歴史教科書をつくる会」や自由主義史観研究会などがいろいろな発言をしている。それについて、誰かがきちっと反撃しなければならないのに、歴史研究の団体でも、若い研究者たちが、あんなのを相手にしていたのではくだらないと思っている。歴史研究者がそういう問題を、もっと発言し、もっと戦列に加わってやってもらわないと困る。大状況の中で考えれば、そういうことを考えるべきだろうと思いますね。

吉田　たとえば南京事件は、論争のおかげで、ある意味では史料は豊富になりました。この点も大事なことだと思います。日本軍がたたかった攻略戦の中では、皮肉なことにですが、軍司令官レベルの日記から末端の兵士の日記にいたるまで、あるいは外国の報道、中国側の報道、そういうものをふくめて、かなり豊富に史料が逆に発掘された攻略戦になっています。

しかし、三光作戦はほとんどまだ研究の対象になっていません。これはぜひ、おまとめいただきたいと思います。

もちろん、私たち自身も先生のお仕事を自分なりにどのように発展させるのかという問題を常に突きつけられていると思います。その点をあらためて心に刻んで、この対談を終えさせていただきます。今日は、どうもありがとうございました。

『前衛』(二〇〇二年一〇月号)、所収

【追　悼】

藤原彰さんを偲ぶ会　発起人代表あいさつ

荒井信一

さる二月二六日、藤原彰さんが亡くなりました。すでに葬儀はお家族の手で丁重におこなわれたと聞いております。

生前に藤原さんと親交のあった私たちもあらためて追悼の意をあらわしたい、藤原さんの学問と人生を偲ぶ集まりをもちたいとおもい、蓁子夫人のお許しをえて本日の会を発起しました。私たちの呼びかけにこたえ、このような悪天候のなか多数の方々にお集まりいただいたことを感謝いたします。

私は戦後初期の、いわば藤原史学の生成の時期を振り返り、発起人のあいさつに代えたいとおもいます。勝海舟の言葉に、「一生にして二生を見つ」という言葉があります。敗戦をさかいに二つの異なった世の中を生きたという思いは、われわれの世代に共通でありますが、とくに藤原彰さんにはその思いが深かったのではないでしょうか。

戦争がアジア太平洋の各地に拡大する直前に陸軍士官学校を卒業した藤原さんは、歩兵の小隊長、中隊長として四年間、中国戦線を北から南に横断する形で戦闘を体験しました。日本の軍隊では、歩兵の下級指揮官の消耗率はもっとも高いものとされていました。藤原さんの同期も多くの戦死者をだしました。藤原さんの体のなかには亡くなるまで弾丸の破片が残っていました。そのことが何よりも雄弁に、かれが下級将校として戦場で直面した経験の苛酷さを物語っていたとおもいます。

敗戦後、藤原さんは歴史研究者として異なった人生を歩み始めました。一九四六年に東京大学の国史学科に入学した藤原さんは、はじめ中世史専攻をめざしましたが、やがて現代史研究を志すようになりました。私が藤原さんとめぐり合ったのはその頃です。

私は藤原さんより一年早く西洋史専攻の大学生となりましたが、戦争の末期に陸軍二等兵として短い軍隊生活を送りました。私が召集により最下級の兵隊として入営する道をえらんだひとつの理由は、周囲の職業軍人に人間として尊敬できる人がほとんどいなかったからでした。

私は藤原さんとめぐり合ってはじめて、軍人にも信頼できる人がいたことを知りました。私と藤原さんとは近代以来の日本の戦争の解明を中心とする現代史研究を志す仲間となりました。藤原さんはなぜ現代史の研究を志すようになったのでしょうか。

彼の尊敬していた石母田正さんの示唆などいくつかの要素がありますが、当時の私は、根底に天皇ないし天皇制の問題があるとおもっていました。簡単に言えば「天皇に裏切られた」という「気持ち」です。この「気持ち」はのちに天皇の戦争責任論として深化させられてゆきますが、戦争中に天皇の誇示した戦争目的を信じつつ精励してきた下級将校や下士官の間に当時ひろく見受けられた「気持ち」でした。

藤原さんの現代史家としてのスタートに重要な役割を果したのは、井上清さんです。井上さんの現代史研究についての史学史的総括はまだ果されていません。私は井上さんの現代史研究は、その違いをも含めて藤原さんがもっともよく継承したとおもいます。石母田さんもそうでしたが、井上さんもわれわれ青っぽい書生とよく付き合い、いやな顔一つしませんでした。石母田さんの荻窪の家、井上さんの田無の家など今でも戦後の学問の出発を支えた親密な私的空間として懐かしくおもいだされます。藤原さんは、若い人を家に呼び、またコンパの席などで徹夜を辞さずよく飲みよく語りましたが、私はそこにも同じ学問を志す仲間たちの私的空間のあり方が受け継がれていたようにおもいます。

面白いことに、私の仲人は日本史の井上さんでしたが、藤原さんの仲人は西洋史の江口朴郎さんでした。藤原さんは、江口さんの帝国主義論、とくに日本帝国主義の国際的契機の問題提起に影響を受けました。江口さんの藤原さんに対する評価もたかく、ある論文の一部を藤原さんに任せたほどでした。

藤原さんは、卒業論文に二・二六事件を取り上げました。事件直前の総選挙（社会大衆党が一八名当選）の意義を、ファシズムと人民戦線の国際的対抗のなかでとらえ、事件の反革命性を強調する背景としたことが私には印象にのこりました。当時、彼なりに江口理論をとりいれようと苦労しているなという感想を持ったことをおぼえています。

私は藤原さんと同じ時に卒論を提出しました。自分の卒論以上に藤原さんの卒論の行方が気になりました。それは東大の国史学科は現代史の卒論は受け付けないという話があったからです。それまで受理された卒論のテーマでいちばん新しいものは自由民権運動でした。固唾を呑んで見守っていましたが、結局藤原さんの卒論は受理され、めでたく卒業できました。二・二六事件の論文は、藤原さんの現代史家としてのデビュー作でしたし、藤原さんがこの卒論を書いて卒業したことは、東大国史のアカデミズムがはじめて現代史研究の市民権を認めたといってよい出来事でした。

藤原さんの亡くなったのは奇しくも今年の二月二六日でした。事件のころはかれが軍人としての進路を選んだ時期ではなかったかとおもいます。父上も軍人であった藤原少年が事件をどのように受け止めたのかは分かりませんが、二・二六から始まり、二月二六日に終わったかれの生きかたが、いずれにせよこの昭和史のシュトゥルム・ウント・ドゥランクと密接に結びついていたことだけはたしかです。

藤原さんの入学した一九四六年は東大の入学の歴史の上でも画期となりました。軍学校の出身者ばかりでなく、はじめて女性の入学を認めたからです。後に藤原さんと結婚する佐藤蓁子さんは確か二回目の入学生でしたが、その二年後に東洋史学科に入る小島晋治さんは入学式の時に女性である佐藤さんが文学部の学友会（自治会）委員長としてあいさつをしたときの驚きを回想しています。藤原さんは、教え子などの結婚式のあいさつで必ず憲法二四条を引用しました。ここに宣言された男女同権の思想も、藤原さんの生活のひとつの原点であったようにおもいます。

他に戦後の学生運動のこと、歴研のことなど取り上げたい問題はたくさんありますが、発起人があまり多く語るのもよくないのでこのあたりであいさつを終わらせていただきます。

二〇〇三年五月三一日の「藤原彰さんを偲ぶ会」での挨拶

藤原彰氏を悼む

江口圭一

日本軍事史研究の開拓者で泰斗である一橋大学名誉教授藤原彰氏が去る二月二六日急逝された。八〇歳であった。

藤原氏は数多い日本近現代史研究者のなかでも稀有の存在であった。第一に、氏は日本陸軍将校として中国各地を転戦するという経歴の持主であった。一九二二年東京中野で生まれた氏は、日中戦争下の一九三八年一二月、中学四年の途中から陸軍士官学校の予科に入り、四一年七月本科を卒業し、一〇月一九歳の陸軍少尉として、華北の支那駐屯歩兵第三連隊の小隊長となった。

氏は四三年まで華北で紅槍会・八路軍の討伐、警備に従事し、この間に連隊旗手、さらに中隊長となった。四三年八月から関東軍に転じたが、四四年三月一号作戦いわゆる大陸打通作戦参加を命じられ、中国大陸を縦断した。四五年三月歩兵学校への転勤命令をうけ、最後は決戦師団の大隊長となり、一一月陸軍大尉として復員した。

以上の戦争体験は氏の絶筆となった『中国戦線従軍記』（大月書店、二〇〇二年）に生き生きと記述されている。

藤原氏の軍事史研究の根底にはこのような戦場体験、実戦経験が存在している。それも作戦目的をよく知らされぬまま従軍させられた兵卒レベルのものでもなく、また第一線の実情を掌握しないまま命令を下した後方の司令官や参謀レベルのものでもなくて、約二〇〇名の部下を率いて戦闘に従事した中隊長レベルのものであったことが特に貴重である。藤原氏は軍の上層を下から、また兵士の実態を上から、それぞれ観察できるという絶好のポジションを占めていた。

藤原氏には、単に文献・資料・記録からしか問題に接近できない研究者とは異なり、実体験にもとづく厖大な情報がインプットされていた。一例だけをあげる。

一九八八年、当時名古屋市立大学教授であった芝原拓自氏は、日中戦争の全面化のもとに召集され、中国戦線に動員された一兵士が、一九三七年九月入隊した日から、三九年八月除隊するまでの約二年間、一日も欠かさずに書かれた従軍日記を発掘された。日記の筆者は三重県出身で千葉県の小学校教員をしていた小原孝太郎氏で、第一六師団輜重兵第一六連隊（京都伏見）に入隊し、華北戦線、南京戦、徐州作戦、武漢作戦などに従軍した。まるでドラマのような貴重な記録であり、私は芝原氏に協力し、両名の編書として『日中戦争従軍日記　一輜重兵の戦場体験』（愛知大学国研叢書1、法律文化社、一九八九年）を公刊した。

ところでこの日記には、「半輪した」「半輪する」という記述がしばしば登場する。いったい何のことか、見当がつかない。防衛庁戦史部図書館へ赴いて調べたが、わからない。何かの機会に藤原氏に質問した。藤原氏はこともなげに、「それは、ハンワというんですよ」と御教示下さった。輜重兵の縦隊の進行方向を一八〇度変える、つまりユーターンを表わす用語なのであった。

第二に、藤原氏はその戦争体験をのっけから生の形で吐露されたのではなく、一九四六年五月東京大学文学部史学科（国史学専攻）に入学され、四九年三月卒業されるまで、まさに最高学府において、歴史研究の方法について正統的な修練をつまれたうえで、それを戦争史・軍事史として仕上げられていったことである。

戦争体験をしたからといって、戦争の姿を正確に書けるとは限らない。旧軍人による記録類は山ほどあるが、歴史叙述の基本的手続きを欠いているため、自閉的、独善的、自己弁護的な作品が余りにも多い。逆に、最高学府とか史学科を出たからといって、研究成果が保証されるわけではない。たとえば本多勝一・森村誠一らの諸氏の場合、それぞれ作家やジャーナリストとして独自の修行を重ねられた結果、並の歴史研究者の及ばぬ成果を結実されている。

藤原氏の学風の特徴は歴史研究の基本である実証をふまえた平明・明快な歴史叙述にある。藤原氏は東大卒業論文を「二・二六事件」（『歴史学研究』一六九号・一七一号、一九五四年）として発表された。当時の日本現代史研究では、天皇制ファシズム論、軍封帝国主義論、二重帝国主義論などの抽象的論争にあけくれていたが、私は歴史科学協議会編『歴史科学大系　第十二巻「日本ファシズム」論』（校倉書房、一九七七年）で、この藤原論文を、「いわば総論の域にとどまっていた」従来の研究を進展させた「代表的な個別的研究論文」として紹介し、「当時公表されていたかぎりの史料を駆使して二・二六事件に精細な分析をくわえ、その歴史的意義を明確にしたものであり、従前の研究水準から大きくぬきんでた労作であった」と評している。

その後、藤原氏は軍事史・戦争史に関する著作を次々と発表されたが、それを貫くのは日本帝国主義と天皇制、日本軍とその戦争にたいする確固とした実証にもとづく批判であった。そしてその根底にあった自らの戦争体験をはじめて全面的に記述されたのが一七冊目の単著、前掲『中国戦線従軍記』であるが、それがはからずも絶筆となったのである。

第三に、藤原氏は定職をえられず、非常勤講師として諸大学を転々とされるという厳しい生活条件のなかで、自己の研究に閉じ込もるのではなく、歴史学会や諸研究会また共同研究の組織、運営に文字通り挺身され、特に一九六七年一一月一橋大学社会学部助教授、六九年四月同教授に就任された後は、多数の後進・若手研究者を育成された。そのプロセスについては「戦後五〇年と私の現代史研究」「同（続）」（『年報日本現代史』創刊号、第二号、一九九五年、九六年）に詳述されている。

私も一九六七年秋までは京都、以後は名古屋という東京との距離があり、日常的とはいかなかったが、著作・論文・学会・研究会等を通じて藤原氏から大きな影響・教示を受けた門下の一人である。その最初の大きな機会は、右の論文で藤原氏が書いておられるが、一九六九年九月に湯河原温泉で開催された最初の現代史セミナーで、私は報告者の一人となった。

一九八二年教科書検定が国際問題化したことを契機に、八四年三月洞富雄・本多勝一・藤原彰の三氏を中心に南京事件調査研究会が発足し、月一回の研究会が東京で開催されたが、私はそのメンバーとして毎回ほぼ欠かさず参加した。また八六年六月に藤原氏の呼びかけで組織された沖縄戦を考える会にも参加し、藤原氏編の沖縄戦に関する二冊に分担執筆をした。

この間、小学館『昭和の歴史』取材のため一九八一年九月中国へ、一二月沖縄へ、小学館『大系日本の歴史』取材のため八六年四〜五月韓国へ、八七年三月高嶋伸欣氏の主催によりシンガポールへ、一二月南京事件調査研究会による南京訪問へ、それぞれ一週間前後、私は藤原氏と海外旅行を共にした。

いずれも藤原氏が団長ないし事実上の団長格であったが、そのリーダーシップは見事というほかないものであった。エキサイトされることはまったくなく、冷静にメンバーの動きと状況を把握され、的確に行動された。藤原氏は「戦後五〇年と私の現代史研究」で、中隊長としての御自身を「部下の温存を心がける隊長ぶりだったようである」と回想しておられるが、藤原氏と海外旅行を重ねて、そのかつての名中隊長ぶりが偲ばれた。

藤原氏は二〇〇二年度の野呂栄太郎賞を受賞された。その祝賀会が準備されている矢先、入院された。祝賀会の機会は永遠に失われた。痛恨の極みである。藤原氏の今年の年賀状には、「私は今年で人工透析四年目に入りました。毎年一冊の著書を刊行することなどなんとか歴史研究者でありつづけたいと努力するつもりですのでどうぞ御支援下さい」とある。後進へのこの強烈な励ましに、胸を打たれずにおかない。

謹んで御冥福をお祈りする。


現代史懇話会『史』（一一一号、二〇〇三年）、所収

藤原彰さんの学問について思う

由井正臣

本年（二〇〇三年）二月二六日、日本現代史家藤原彰さんが急逝された。享年八〇であった。

藤原さんは、一九二二年七月東京の軍人の家庭に生まれ、その影響もあって中学四年修了で陸軍士官学校に入学、アジア太平洋戦争開戦間近四一年七月に同校を卒業すると直ちに中国戦線に派遣された。弱冠一九歳で少尉に任官し、以後小隊長、中隊長を歴任し、華北から各地を転戦した。四四年には大陸打通作戦にも参戦し、その戦跡は華南にまで及んだ。敗戦直前に本土決戦の要員として内地に転勤を命ぜられ、大隊長となり、敗戦を迎えた。青年将校としての四年余、「聖戦」と称えながら矛盾に満ちた戦争の実体と苛酷な体験が、藤原さんの戦後の生き方と学問の性格を決定した。それは、つぎの藤原さんの言葉に端的に示されている。「日本の侵略戦争の実態を解明し批判すること、そして戦争の肯定美化論とたたかうこと、それが歴史研究者としての私の戦後であった」（永原慶二・中村政則編『歴史家が語る戦後史と私』吉川弘文館、一九九六年、三〇頁）。

敗戦後、藤原さんは東大文学部史学科国史専修に入学し、在野の日本近代史家の井上清さんの指導のもとにマルクス主義史学の影響を受けて現代史研究を志した。卒業論文では、「五〇年以上たたない時代は歴史研究の対象とみなさない」とする東大国史学科の不文律にあえて挑戦して、二・二六事件を対象とした「日本ファシズムの形成」と題する論文を提出した。これは後に『歴史学研究』一六九、一七一号（一九五四年）に発表された「二・二六事件（一）、（二）」である。藤原さんは学生時代から、歴史学研究会の常任書記として委員として再建期の会活動に深く関わった。しかし五一年には歴研内の内部対立のあおりをうけて書記局を辞任し、一時民間企業に就職した。しかしこの間も研究活動を中断することなく、対日講和条約締結前後から企画、刊行された歴研編『太平洋戦争史』（全五巻、一九五三～五四年、東洋経済新報社）では軍事史部門を担当した。五四年には会社を退職し、以後東京都立大学、千葉大学、東京大学などの非常勤講師を勤めるとともに執筆活動によって生計を支えるという長い困難な道を歩んだ。

こうしたなかで、藤原さんは遠山茂樹・今井清一両氏と共著『昭和史』（岩波書店〈新書〉、一九五五年）を執筆した。侵略戦争の実態と原因を究明した本書は、ミリオンセラーとして広く国民に迎えられた。同時期に藤原さんは雑誌『思想』を舞台に、日本軍国主義、ファシズムに関するモノグラフを発表しているが、それらの論文を柱に一九六一年に『軍事史』（東洋経済新報社『日本現代史大系』の一冊）を刊行し、現代史なかんずく軍事史研究者としての地歩を確立した。

これらの著作にみられる藤原さんの研究の特徴はつぎのような諸点にあると考えられる。第一に、それまでの軍事史研究にみられる制度、軍事技術等の枠にとどまらず、広く政治・経済・社会との関連において把握する。第二に、戦争史を世界史的視野において捉えること。これらの点は歴史学研究会の各国史を越えた研究の利点から学ぶことが多かったと思う。第三に、日米安保体制下での日本の再軍備進行の現状を見据えつつ、現状分析との緊密な関係のもとに歴史事象を分析する姿勢である。この点は、安保闘争直後に刊行された歴研編『戦後日本史』（全五巻、青木書店、一九六一～六三年）の企画・編集・執筆の中心的役割にもみられる。その後もつぎつぎと継起する現代の事象の歴史分析に力を尽くした。そして第四に、つねに新しい史料の調査発掘を心がけ、現代史研究の実証水準を高めた。藤原さんは戦前の軍部の秘密主義を指摘するとともに、戦後になっても防衛庁当局の史料秘匿と秘密主義がいぜんとして強いことを批判し、その公開を求めていった。

非常勤講師のかけもちと著述活動という困難な道を経て、藤原さんが一橋大学社会学部の政治学担当の助教授として迎えられたのは、ようやく一九六七年一一月であった（六九年に教授に昇格）。藤原さんの明析な講義と温かみのあるおおらかな人柄は、たちまち多くの学生の心をとらえ、大学院ゼミの院生からは多くの研究者を輩出することになった。藤原さんが一橋大学に就職した前後から、各地で大学紛争が起こり、大学は大揺れに揺れた。一橋大学も例外ではなかった。その中で藤原さんは評議員、社会学部長（それぞれ二期）の要職につかれた。その激務のなかでさらに藤原さんは一九六八年には歴研の編集長、ついで翌年には委員長に選出された。

学内外にわたる多忙のなかで、研究者として藤原さんがめざしたものは、日本現代史研究者の育成と、各地に散在する研究者の組織化、ネットワークづくりであった。その拠点はいうまでもなく一橋大学の藤原ゼミであった。藤原さんは一橋出身者に限らず多くの大学（東大、廃学後の東京教育大、東京女子大、早稲田大、立教大など）から藤原さんを慕ってくる人びとを迎え入れ、長い目でこれらの人たちを育てられた。さらに大学のゼミを拠点に、古屋哲夫、粟屋憲太郎氏や私を誘って軍事史研究会をつくり、その手始めに科研費を得て、アメリカ軍押収文書の一部のマイクロフィルム資料の「旧陸海軍関係文書目録」の日本語版や、「外務省文書目録（稿）」の謄写印刷本を作成し、これらを広く研究者に頒布した。これは防衛庁当局の資料独占と排他的利用の状態を打破し、研究者の基本史料利用の基礎条件をつくろうとするものであった。軍事史研究会はのちに現代史研究会として発展し、在京若手研究者の研究・討論の場として現在もつづいている。第二に藤原さんが力を注いだのは、全国に散在する研究者の連絡、協力のためのネットワークづくりであった。この点で大きな役割を果たしたのは、藤原さん宅での現代史研究会員との酒席の間に藤原さんが提唱し、実現した現代史サマーセミナーである。六九年にプレセミナーを、そして七〇年に第一回を開いた現代史サマーセミナーは、日・東・西の枠を越えて現代史研究者の交流の場となって、現在までつづいている。こうして始まった現代史研究の組織化をいっそう固めたのが、藤原さんを中心に荒井信一・今井清一・野沢豊・江口圭一氏らを編集委員として企画された第二次の歴研編『太平洋戦争史』（全六巻、青木書店、一九七一～七三年）であった。この共同研究には八〇人以上の執筆者が参加したが、藤原さんは若手研究者を積極的に起用するとともに、明治期の研究者までコンバートした。それだけに編集と全体の統一のための労力は大変であったと思われる。しかしこの共同研究をつうじて現代史研究者の層は厚くなり、全体のレベルアップにつながった。

日本現代史研究の組織者としての役割を果しながら藤原さん個人の研究業績も膨大なものがある。『天皇制と軍隊』（青木書店、一九七八年）、『戦後史と日本軍国主義』（新日本出版社、一九八二年）、『太平洋戦争史論』（青木書店、一九八二年）等は、天皇制軍隊の特質、昭和天皇の戦争責任、宮中グループの政治的役割の解明など、いずれも日本現代史研究に新たな視点と知見をもたらした。それに加え、藤原さんは多くの日本歴史シリーズの現代史部門を担当し、通史的叙述をおこなっているが、それらの多くが全体をバランスよく叙述し、時代の構図と実態を明確に分析している。そこに貫ぬかれている視点は、戦後進行しつつある日米安保体制下の軍備拡大と日本軍国主義思想――それらは多く過去の侵略戦争の肯定と美化の言論として保守・右翼政治家・言論人によってくり返し表明された――に対する実証性をもった批判であった。

藤原さんは、晩年の三年余を週三回の人工透析を受けるという困難な状況のなかで、二冊の著作を出版した。『餓死《うえじに》した英霊たち』(青木書店、二〇〇一年)と『中国戦線従軍記』(大月書店、二〇〇二年)である。後者は青年士官としての自己の体験記であるが、藤原さんの歴史家にいたる原点が語られている。前者は、アジア太平洋戦争での日本兵士の戦没者二一二万余のうちの六〇パーセント強が栄養不良とその結果として罹病、餓死であったことを確実な資料にもとづいて実証し、なぜそのような事態が起こったのかを日本軍隊の諸特質から究明している。この書は、これらの死者を「靖国の英霊」として美化し、戦争を肯定し、愛国心を喚起しようとする現在の保守政権と右翼的な社会的潮流にたいする批判であるとともに、現代史家としての藤原さんの餓死した兵士たちへの鎮魂の書物である。

有事法制三法が成立した今、藤原さんの現代史研究の遺産を継承し、深めることが、われわれに求められていると思う。

『歴史学研究』(二〇〇三年九月号)、所収

藤原先生を悼み、惜しむ

本多勝一

藤原彰先生が亡くなった二月二六日のまさに当日、私は入院中の東京労災病院で全身麻酔による手術を受けていました。ご逝去を知ったのは数日後のことです。その瞬間に襲われた感情は、哀悼や愁嘆以上に、口惜しさであり無念さでした。

一橋大学で長らく教職にあった藤原先生ですが、私が教えられたのはそうした大学等での〝教え子〟としてではありません。はじめはその編著書を通じてでしたが、直接お近づきになったのは一九八四年に発足した南京事件調査研究会に私も参加してからです。

ナチの犯罪に対するドイツの戦後とは対照的に、日本は戦争責任（侵略・加害責任）問題を自らの手で追及してこなかったという国家的・体制的大状況がありますが、そのような基本姿勢は国民の意識の反映でもあります。これは同時に、そうした意識の変更に貢献してこなかったジャーナリストや歴史家や法律家の責任でもある。この研究会は、直接的には家永教科書裁判への支援が動機で組織されたものの、一方ではそのような反省の上に立って実践をめざす性格のものでした。

研究会で中心的役割を果たしてきたのはやはり歴史学者たちで、とりわけ日本のアジア諸国侵略にかかわる近現代の中国史・日本史の研究者たちです。会の代表は、南京大虐殺問題を最も早くから先駆的に調べて発表してこられた洞富雄先生ですが、次の世代の心強いリーダーが藤原彰先生でした。

藤原先生が「心強い」のは、もちろんその学識や人柄を含めてのことですが、「特に心強い」点は、陸軍士官学校を出て中国に出陣・転戦し、日本軍の体質を深く知りぬいておられたことです。いや、単に知りぬいているだけなら、同じような士官学校出の他の中国戦線体験将校についても共通であり、当然のことでしょうが、藤原先生は中国に対する明白な侵略を反省し、個人として及ぶかぎりその戦争犯罪を償う努力をされてきた点で、多くの士官学校出とは隔絶した稀有の存在でした。しかもそのお仕事は、真の学者としての実証的かつ論理的検証を経た結果ですから、磐石の信頼に値しました。私たちのように、小学生や中学生のうちに敗戦を迎えた世代とか、もっと若い戦後生まれの世代の研究会員にとっては、日本軍の内実について分からぬことがあっても、藤原先生に聞きさえすれば直ちに具体的な内容で教えられたのです。

そのような心強いリーダーが、突然といえるほど俄かに消えてしまって、これは研究会一同のみならず、日本にとっても重大な損失と言わねばなりません。とくに最近の日本は「右傾化」して、このままでは世界の良識から孤立し、かつて侵略したアジア諸国の強い警戒と疑念を招き、結果としてまた一九四五年八月一五日に向かう恐れがあります。しかもアメリカ帝国の属国としてですから、一九四五年よりもっと始末が悪い。こんな世相にあって一層たよりになる存在だからこそ、「日本の損失」と言いたいのです。実際、藤原先生は現役研究者としても全く衰えを知らぬお仕事を傘寿になられてもつづけておられ、三光作戦についてなどは私も特に待ちこがれているテーマでした。

藤原先生をめぐる懐かしい想い出は限りないものの、二カ月に一度くらい開かれた研究会のあとの、立教大学近くの飲み屋での夕食会がいつも楽しみでした。お酒を手にしつつまさに談論風発、研究会とは別のくだけた日本軍論も含めて、今にして思えば録音すればよかったような話がずいぶんあります。

　そして、私にとって一番の思い出は、一九八七年一二月、南京大虐殺五〇周年を期して研究会が南京市に派遣した現地調査団の旅です。藤原先生を団長に、代表の洞先生も加わっての一一人。八日間ほど起居を共にしたこの調査行は、普通には団体旅行を好まぬ私にとっても、実に楽しくかつ勉強になりました。そんな日々の藤原先生の表情、たとえば南京市当局との会合で挨拶されるときの、少し首を傾けた、太い眉毛の下の微笑とか、宿泊先での夜の団欒中の、やや口をすぼめた語り口とかが、つい数日前の旅のように鮮明に脳裏に残っています。

　個人的な直接のご恩としては、拙著『南京への道』（朝日文庫・一九八九年）に解説文を寄せて下さったこともあります。私のルポをめぐる背景や、反動側からの攻撃に対する反撃も含めて、実に適確ですばらしい解説でした。残念だったのは、藤原先生も熱中しておられたらしいスキーツアーに同行する機会を逸したことです。山スキーに好適な季節に私の外国出張が重なることが多く、いずれぜひと思ううちに、藤原先生の体調がスキー登山を許さなくなっていました。

　無念なご逝去ですが、先生の遺志は南京事件調査研究会をはじめとする若い世代が着実に受け継いでいくことでしょう。先生の遺徳をあらためて嚙みしめつつ……


（二〇〇三年五月一八日　記）

『中帰連』（二五号、二〇〇三年六月）、所収

藤原彰先生を偲ぶ

急逝を悲しむ

笠原十九司

二〇〇三年二月二六日午後、藤原彰先生が急性心筋梗塞のために急逝された。行年八〇歳であった。先生からは、二月一三日付のお手紙をいただいたばかりだったので、訃報に接した時には、落胆して体から力が抜けてしまった。手紙は、都留文科大学比較文化学科編『記憶の比較文化論』（柏書房、二〇〇三年二月）を贈呈したその礼状であった。著書を献呈すると、何時も一番早くに礼状を下さるのが先生だった。先生が私に下さった最後の手紙には「先日〔二月二五日〕の南京研は調子が悪く失礼しました。この会の中心として今後ともよろしくお願いします。いま私は三光作戦について歴史的に考察したものをまとめようとしていますが、いつになるやら。寒さきびしい折柄、どうぞ御自愛下さい。」と書いて結ばれていた。

藤原先生は、一九八四年に発足した南京事件（南京大虐殺事件の略称）調査研究会の二代目の代表として（初代は洞富雄先生）、ほとんど休むことなく例会や主要な企画に参加されてきた。昨年の一一月三〇日の例会が、先生が出席された最後となったが、いつもの通り研究会終了後、池袋の飲み屋で、飲食しながらお話をしたのが、お目に掛かった最後になってしまった。

先生自身も予期しなかった不意の心臓麻痺に命を奪われてしまったことは、私への最後の手紙からも分かるとおりで、遺憾の極みである。先生の死後に届けられた『中帰連』第二四号(二〇〇三年三月一日発行)には、二〇〇三年一月一四日の小泉純一郎首相の靖国神社参拝を批判した「靖国神社の本質とは何か」と題する先生へのインタビューが掲載されていた。天皇制護持のために建てられた靖国神社の歴史的本質を指摘しながら、戦死者への追悼という論理でその政治的意図を隠蔽しようとする自民党政府を明快に、鋭く批判したものであった。同稿が結果的に先生の遺稿の一つとなってしまった。

今となっては、先生が最後に書き下ろした単著になってしまった『中国戦線従軍記』(大月書店、二〇〇二年)には、陸軍の経理部将校を父に東京で生まれた先生が、軍医であった森鷗外を尊敬し、自らも職業軍人を目指して陸軍士官学校に入学(第五五期)、アジア太平洋戦争開戦の五ケ月前の一九四一年七月に卒業して、華北の戦場に派遣され、大陸打通作戦(一九四四年四月中旬から四五年二月上旬)で重傷を負うなどしながら中国戦場を転戦し、最後は国内転勤を命ぜられ、本土決戦師団の大隊長(大尉)として敗戦を迎えるにいたる、皇軍将校であった藤原彰先生の半生が記されている。

敗戦の翌年、二三歳で東京帝国大学国史学科に入学した先生は、自分が将校として関わった戦争の実態、とくに開戦責任の解明、なぜあんなひどい戦争をしたのか、その責任はどこにあるのかなどという問題に関心をもって、当時まだ学問として認知されていなかった日本現代史を専門に選んだ。卒業論文は、「日本ファシズムの形成」と題して、日本現代史とくに戦争への転機となった二・二六事件を分析したものであった。それは、同事件は農村出身の青年将校たちが「社会変革をめざしたもの」というそれまでの通説を批判し、高級軍人の子弟らによる革命運動の抑圧を図ろうとした反革命のクーデターであったと結論づけた論文であった。当時の東大国史学科では異例のテーマであった先生の卒業論文を教官たちが受理するかどうか、学生たちの大きな関心事になったという。

この卒業論文は、『歴史学研究』に連載されて先生の最初の研究業績となり（藤原彰「二・二六事件（一）（二）」『歴史学研究』一九五四年二月号、七月号）、「こうして私の現代史研究者としての第一歩が踏み出された」（前掲書、「終節　歴史家をめざす」）のであった。その藤原先生が、二・二六事件と同じ二月二六日に、現代史研究者として現役のまま生涯を閉じられたことは、一つの歴史的因縁であるように思える。

人生の師・藤原彰先生

私はかつて「人生において、感動できる人と出会えることは、それだけ自分の人生が豊かになることだと思うが、私は南京事件研究をめぐってそうした邂逅を経験することができた」と書いたことがある（拙稿『南京大虐殺事件』アメリカ取材記」、『近きに在りて』第二〇号、一九九一年一一月、汲古書院）。藤原先生はその一人で、私にとっては、南京事件研究の恩師であるとともに、現代史研究者としての先生の学問研究の姿勢、歴史研究と社会運動との関わり方、さらには現在の日本と世界を変革の展望をもちながらどのように生きていくかということなどを、先生を鏡にして学んだということにおいて、私にとって先生は人生の教師であった。

私の人生の師である藤原先生から学んだことは多岐にわたるが、ここでは中でも大切な二つの点について、記してみたい。

南京事件調査研究会は、家永教科書裁判において、南京大虐殺の記述の検定不合格が一つの争点になっていたことから、同裁判を支援する目的で、歴史研究者、ジャーナリスト、弁護士などが組織した研究会である（一九八四年三月に発足）。同研究会のメンバーから藤原先生、本多勝一さん、江口圭一先生そして私が家永側の証人として教科書裁判の法廷に立って証言したが、その結果南京大虐殺と七三一部隊の記述に対する国側の検定を違法とする判決を勝ち取ることができた。同研究会の指導者であり、研究と実践を結合させた同会の活動の牽引車の役割を果たしてこられたのが、藤原先生であった。

同研究会は発足以来現在まで、途絶えることなく例会を続けてきているが、昼の研究会を第一部とすると、夜に飲み屋でおこなう雑談会が第二部といえた。この第二部では、酒を飲みながら藤原先生から、日本の軍隊と日本の侵略戦争について、実に多くのことを教えていただいた。戦争と軍隊、作戦と戦闘と戦場などについて、先生はまさに生き字引であり、私が辞典や文献を調べても分からないことでも、先生に聞けばほとんど全てが判明したのは、何とも有り難かった。軍隊内部の複雑な組織系統、武器の種類、将兵の心理、作戦行動の実際等々、いずれも文献、資料からは読み取れないものを先生から教えていただいた。先生が他の旧日本軍将校と違って傑出していたのは、自らの軍隊、戦闘、戦場における体験史に対して、歴史学研究の理論と方法によって厳密な批判と検討を加え、実証性、論理性に裏付けられた歴史事実として再認識する作業をしていたことである。別な言い方をすれば、日本の軍事史研究者、戦争史研究者の中で、こうした実戦体験に基づいて日本の軍事史、戦争史を歴史学的に厳密に分析、研究できた学者はおそらく藤原先生だけではなかろうか。

いわゆる「南京大虐殺論争」において、南京事件研究会のメンバーが中心になって活躍し、右翼的政治勢力ならびに保守的・右翼的なマスメディアのバックアップを受けた南京大虐殺「まぼろし派」「虚構派」を完全に論破、粉砕することができたのも、旧日本軍将校出身者の研究者という「強い味方」の藤原先生が我々の側にいたからである。

藤原先生はまた、現代史ウインターセミナーを二〇数年間にわたって主催されてきた。この十数年間は、新潟県の石打丸山スキー場で毎年二月に行われ、昼はスキーを楽しみ、夜は研究発表、討論を行い、さらに深夜まで酒を飲みながらの雑談となった。スキーが趣味の私はずっと参加してきたが、文字通り寝食を共にしたこのセミナーでも藤原先生から実に多くのことを学んだ。ここでは、先生の生きて来られた同時代、すなわち日本現代史の貴重な体験談、目撃談をじっくりとお聞きすることができた。先生の人柄を反映して交流してきた人たちは多分野にわたって多彩であり、戦後世代の私たちにとって歴史上の人物である戦争指導者の性癖、言動、素行についてまでも具体的な見聞を語ってくれた。まさに先生自身が昭和史の生き証人であり、先生の語る体験が歴史の証言としての意味をもっていた。

歴史研究者の社会的責任

藤原先生から私が学んだもう一つの大切なことは、歴史研究者は何を目的に研究し、その目的のためにどのように歴史を叙述し、どのような読者を対象にして歴史書を公刊するのか、という歴史学研究の根幹の目的、さらにいえば、歴史研究者の社会的責任のあり方にかかわることであった。二〇年前になるが、藤原先生の還暦をお祝いする会に出席したことがある。その時先生は、挨拶の中で「私が一般国民向けの歴史書を書いていることに対して、歴史学界からの批判を聞いているが、私は多くの国民に読んで貰う歴史書を書くことは、国民の歴史認識、戦争認識を変革するために大切なことだと思っている。しかし、大衆向けの歴史書だからといって、学問的な質や厳密さは落としていないつもりである」と述べられた。

ちょうどその頃、先生が編集委員となって企画した小学館の「昭和の歴史」シリーズ全一〇巻がベストセラーになっていた。先生自らも『日中全面戦争』（第五巻）を執筆している。先生は同様な一般国民向けの歴史書を、それ以前にも、文英堂の「国民の歴史」シリーズの中の第二三巻『太平洋戦争』（一九七〇年）として書いていた。

歴史学者がこうした一般大衆向けの歴史書を出版することに対して、当時、アカデミズムからの逸脱だとして、批判する風潮があった。先生は挨拶の中でこのことに反論したのである。

歴史学者が国民の戦争認識、歴史認識の変革を促すために、一般国民を読者対象に歴史書を書く、そのために分かりやすく読みやすい歴史叙述をする、しかし、学問的な質や厳密さは落とさない、という藤原先生の信念は、その後の私の歴史書執筆の指針となっている。

先生は、この数年間、腎臓機能障害のため、二日おきに病院で人工透析をするという困難な生活を余儀なくされながらも、『餓死した英霊たち』（青木書店、二〇〇一年）を出版された。この本は、上述した先生の信念が結実した歴史書であり、これからも日本国民の戦争認識を変革していくために読み継がれていくべき名著である。

私への最後の手紙にあったように、先生は「私の最後の仕事として、台湾征服戦争、シベリア出兵、満州事変、日中戦争へと継続して行われた日本軍の三光作戦について、通史的にまとめたい」と決意され、調査研究を深め、執筆の準備作業を進めている最中の急逝であった。藤原先生の学恩に報いるためにも、先生の三光作戦の研究を受け継いで世に残す仕事をしたいと思っている。

藤原彰先生のような生涯の師に出会えたことを感謝するとともに、歴史研究と社会活動を統一された先生の遺志を受け継いで、私も頑張っていきたいと思います。先生のご冥福をお祈り申し上げます。

『中帰連』（二五号、二〇〇三年六月）、所収

藤原彰先生の人と学問

吉田　裕

二〇〇三年二月二六日、藤原彰先生が死去された。あまりにも突然の死であり、また、葬儀が密葬で行われたこともあって、先生が亡くなられたという実感が、ほとんど私自身のなかにはない。それだけに、この追悼文を書きあげることによって、先生の死という冷厳な現実を認めてしまう結果になるのは、あまりに口惜しい気がするが、教えをうけた者の一人として、やはり私なりのやり方で、先生の人と学問について書いてみたいと思う。

先生の学問の原点にあったのは、士官学校出身の下級将校として第一線で戦った中国戦線での従軍体験だった。先生は、遺著となった『中国戦線従軍記』（大月書店、二〇〇二年）のなかで、中国人の避難民に遭遇した時に受けた衝撃について、次のように書いている。

そのなかの一人のガリガリに痩せ細った母親が、これも骨と皮ばかりの赤ん坊に母乳の代わりに草の茎をしゃぶらせていた。私はこの光景につよい衝撃を受けた。日本軍はアジア解放のため、中国民衆の愛護のために戦うのだと教えられてきたのに、貧しい農民たちは飢えに追いやられているではないか。それを討伐するというのが皇軍の姿なのか、という疑問をもった。

先生の戦後史は、まさにこの疑問を歴史学の問題として、とらえ直そうとするところから始まったのである。

先生のもう一つの原点は、国民を無謀な戦争に駆り立てながら、自ら戦争責任を引き受けようとはしなかった日本の国家指導者に対するぬぐいがたい不信感である。『中国戦線従軍記』のなかで、先生が、「敗戦の現実を聞かされたとき、私は天皇は自殺するのが当然だと考えた」と書き、その一方で、敗戦直後の第八八臨時議会における下村定陸相の報告について、その内容は「陸軍の責任を国民に詫《わ》びるというもので、たいへん感動的であった」と書いているのは、当時から指導者の責任問題に大きなこだわりを抱いていたことをよく示している。

そしてさらに、もう一つの原点は、将校としての職責上、やむをえないことであったとはいえ、少なからぬ数の兵士を死地に追いやったことへの自責の念、あるいは、それにもかかわらず自分自身が生き残ったことに対する負い目の感覚である。そのことについて、先生は必ずしも明示的に述べられてきたわけではなかったが、『餓死した英霊たち』（青木書店、二〇〇一年）のなかの次の一節は、そうした自責の念や負い目の感覚が、常に先生を突き動かしていたことを暗示しているように、私には思われる。いかにも先生らしい研《と》ぎ澄まされたような簡潔な文章である。

> 戦死よりも戦病死の方が多い。それが一局面の特殊な状況でなく、戦場の全体にわたって発生したことが、この戦争の特徴であり、そこに何よりも日本軍の特質をみることができる。悲惨な死を強いられた若者たちの無念さを思い、大量餓死をもたらした日本軍の責任と特質を明らかにして、そのこと

を歴史に残したい。大量餓死は人為的なもので、その責任は明瞭である。そのことを死者に代わって告発したい。

こうした原点に常に立ちもどりながら、新しい研究課題を設定していったところに「藤原史学」の大きな特徴があるが、研究分野での先生の業績は、次の三点にまとめることができるだろう。

第一には、日本現代史研究の開拓者として大きな役割を果たされたことである。特に、未だ戦争の記憶が生々しい一九五五年に出版された岩波新書の『昭和史』(遠山茂樹・今井清一両氏との共著) は、「なぜ私たち国民が戦争にまきこまれ、おしながされたのか、なぜ国民の力でこれを防ぐことができなかったのか」という鮮明な問題意識が多くの国民の心をとらえ、一大ベストセラーとなった。同時代史、とりわけ政治史を学問の対象とみなしてこなかった戦前以来の官学アカデミズムの伝統が強固に残されているなかにあって、同書は、そうした状況にいわば風穴をあけ、現代史研究が市民権を獲得するうえで大きな役割を果たしたのである。

ちなみに、一九四九年に東京大学文学部史学科を卒業された先生が、一橋大学社会学部に助教授としてむかえられたのは、一九六七年のことであり、それまでは非常勤講師と文筆によって生活をたてられていた。今では現代史の講座は数多くの大学で開講されているが、現代史研究の先駆者としての先生の御苦労がしのばれる。

第二に軍事史研究の分野で先生は大きな足跡を残された。戦前の天皇制国家の下では、軍隊や戦争に対する批判的研究は徹底的に抑圧されていたため、松下芳男の実証的な軍制史研究などを別にすれば、戦後に継承されるべき学問的業績は、ほとんど存在しなかったといってよい。また、戦争の悲惨さを直接体験した研究者のなかにも、軍事史研究を忌避し、警戒する傾向がみられた。そうしたなかにあって先生は、F・エンゲルスの軍事論に深く学びながら、マルクス主義歴史学の立場から早くから軍事史研究に取り組まれた。その集大成が、『軍事史』（東洋経済新報社、一九六一年）だが、その「はしがき」に、「本書は、近代史の中の軍事部門を概観し、それを全体の歴史との関連で位置づけようとしたものである」とあるように、この著作は、軍事史を日本近現代史全体のなかに位置づけた最初の本格的研究となったのである。

また、軍事史研究の分野では、戦争犯罪研究における先生の貢献を忘れることはできない。一九八四年に設立された南京事件調査研究会の中心的メンバーとして先生は、南京事件・毒ガス作戦・三光作戦などの研究に精力的に取り組み、豊富な軍事知識を持つ歴史家として戦争犯罪研究の牽引車の役割を果たされたのである。その到達点は、『南京の日本軍』（大月書店、一九九七年）に示されている。

第三は、天皇制研究である。この分野では先生は、国家機構内部における軍事官僚機構の位置や天皇の役割を分析することによって、天皇制の機構上の特質を明らかにされた。『天皇制と軍隊』（青木書店、一九七九年）がその代表的著作である。同時に、この著作では、天皇を中心にした宮中グループの存在とその政治思想に注目し、彼らが軍部に妥協・同調したことによって初めて、侵略戦争の開始と国内体制のファシズム化が可能になったと論じている。先生は、その後、この研究をさらに深められ、その成果は、昭和天皇の戦争責任を正面から追及した『昭和天皇の十五年戦争』（青木書店、一九九一年）に結実してゆく。

以上のように先生は、終始一貫して戦後歴史学をリードしてこられたが、共同研究のオルガナイザーとしても大きな役割を果たしてこられたことを忘れてはならないだろう。歴史学研究会、日本現代史研究会、現代史サマーセミナー、南京事件調査研究会、沖縄戦を考える会などの場を通じて、先生はつぎつぎに新しい研究テーマに取り組まれるとともに、実に多くの若手研究者を育てられたのである。
多くの研究者が先生にひきつけられたのは、先生の抱擁力にあふれたお人柄のせいでもあった。先生には春の日の日だまりのような暖かさがあり、まわりには常に明るい笑声が絶えなかった。その先生を失なったことは、あまりにさびしいが、とても若手とはいえない年齢になった研究者の一人として、先生の遺志を少しでも引きついでゆきたいと思う。

『歴史地理教育』(二〇〇三年八月号)、所収

編集にあたって

本書は、故藤原彰先生の論文集です。日本現代史研究、特に政治史・軍事史研究をリードしてこられた藤原先生は、二〇〇三年二月二六日、八〇歳で亡くなられました。先生は多くの著書を出されているだけでなく、編者・編著者として数多くの論文集や資料集などの著作を送り出しました。またさまざまな本や雑誌などに発表された論文も多数あります。そうした論文の多くは、先生の著書に収録されたり、内容的に組み込まれていますが、そうでないものも少なくありません。本書は、一九九〇年代以降に雑誌などに書かれた論文のなかから、先生ご自身の著書には含まれていないものを中心に集めたものです。

先生は七〇歳をすぎてからも新しい史料に取り組み、新たな分野の研究成果を発表されており、最後まで開拓者としての姿勢と努力を続けておられました。たとえば先生は、三光作戦についてまとめようとされていましたが、残念ながらその仕事は途中で終わってしまいました。本書には三光作戦について二つの論文を収録していますが、もう少し時間があれば体系的な著作にまとめあげられただろうと思うと残念です。分量の関係で割愛せざるをえなかった論文も少なくありませんが、すでに刊行されている著書とあわせて、本書によって先生の主な業績がこれでカバーできると思います。

本書では、総論的な論文である「天皇の軍隊の特色」を最初にし、それ以外の論文は発表された順に掲載しました。一九八〇年代より南京大虐殺事件についての著書・編著書をたくさん出されていますが、さらに三光作戦や性暴力、戦後補償問題にも関心を広げられていることがわかります。また山西省に残留した元日本兵についての論文は先行研究のない貴重なものでしょう。本書では明らかな誤植や誤字などを除いて、発表時のまま直さずに収録しました。

また先生の人と学問について、先生ご自身の回想録と対談、研究者やジャーナリストの方々による追悼文を収録しました。先生は陸軍士官学校を卒業し陸軍将校として中国戦線に行かれていますが、こうした研究をおこなうようになった経緯や理由、人柄もよくわかっていただけると思います。追悼文をお寄せいただいたみなさんにはあらためてお礼申し上げます。追悼文についてはすでに発表されているものに限定させていただきましたので、ご容赦いただければ幸いです。ただ残念ながら江口圭一氏はこの追悼文を書かれてまもなく、二〇〇三年九月二六日に亡くなられました。謹んでご冥福をお祈りいたします。

本書の編集にあたっては、一橋大学大学院社会学研究科の藤原ゼミで学んだゼミ生の在京組である吉田裕、平賀明彦、林博史の三人が、収録論文の選択など編集作業をおこないました。先生が亡くなられてすでに三年がすぎてしまい、もっと早く出すべきだったと反省するとともに、先生へのささやかなお礼をようやくできたという思いです。蓁子夫人には本書の刊行をご快諾いただき、あらためて感謝申し上げます。

ところで私事になりますが、はじめて先生にお会いしたのは私が大学四年生のときです。その後、先生を慕って一橋大学の大学院に入学してから最後の最後まで研究会やそのほかさまざまなところで暖かく指導していただきました。大学院時代は戦争や日本軍のことを研究していませんでしたが、大学に勤めはじめてすぐに、沖縄戦の研究会をやらないかと先生に誘われたのが戦争犯罪や日本軍のことを研究するようになったきっかけでした。二〇年余りにわたって先生の側で研究できたことは何よりも幸運なことだったと痛感しています。

私は大学院藤原ゼミのほぼ最後の院生になりますが、修士課程に入ったときは、上にはオーバードクタ一〇年目の大先輩をはじめそうそうたるメンバーがそろっており、それぞれの院生の報告に対して辛らつな議論がたたかわされていました。そのなかで先生はいつも院生の報告のよい点を挙げて擁護し励ましていました。私も先生からいつも励まされたという記憶はあっても怒られたという記憶はありません。

これまで日本軍についてなにかわからないことがあると先生に聞けばすぐに教えていただけましたが、もうそれができません。戦争を体験していない世代が、さらにその下の体験していない世代に語らなければならない、そのことを私たちは、体験者に頼ることなくおこなわなければならない、その責任の重さをあらためて感じています。

二〇〇六年三月

林　博史

主な著作

『昭和史』（共著）岩波書店，1955 年
『昭和史　新版』（共著）岩波書店，1959 年
『軍事史』東洋経済新報社，1961 年
『体系日本歴史 6　日本帝国主義』日本評論社，1968 年
『国民の歴史 23　太平洋戦争』文英堂，1970 年
『世界史における 1930 年代』（共編著）青木書店，1971 年
『日本民衆の歴史』8-11 巻（編著），三省堂，1975-76 年
『日本近代史 Ⅲ』岩波書店，1977 年
『天皇制と軍隊』青木書店，1978 年
『体系日本現代史』全 6 巻（共編著），日本評論社，1978-79 年
『図説昭和の歴史 7　太平洋戦争』集英社，1980 年
『太平洋戦争史論』青木書店，1982 年
『戦後史と日本軍国主義』新日本出版社，1982 年
『昭和の歴史 5　日中全面戦争』小学館，1982 年
『南京大虐殺』岩波書店，1985 年
『日本現代史』（共著）大月書店，1986 年
『天皇の昭和史』（共著）新日本出版社，1986 年
『沖縄戦――国土が戦場になったとき』（編著）青木書店，1987 年
『沖縄戦と天皇制』（編著）立風書房，1987 年
『南京事件を考える』（共編著）大月書店，1987 年
『日本軍事史』上下，日本評論社，1987 年
『南京大虐殺の現場へ』（共編著）朝日新聞社，1988 年
『十五年戦争と天皇』あずみの書房，1988 年
『十五年戦争史』全 4 巻（共編）青木書店，1988-89 年
『体系日本の歴史 15　世界の中の日本』小学館，1989 年
『昭和天皇の十五年戦争』青木書店，1991 年
『南京大虐殺の研究』（共編著）晩聲社，1992 年
『新版　日本現代史』（共著）大月書店，1995 年
『南京の日本軍――南京大虐殺とその背景』大月書店，1997 年
『侵略の証言――中国における日本人戦犯自筆供述書』（共編著）岩波書店，1999 年
『餓死した英霊たち』青木書店，2001 年
『中国戦線従軍記』大月書店，2002 年
その他，編著書，論文など多数.

著　者

藤原　彰（ふじわら　あきら）

1922年　東京に生まれる
1938年　東京府立第六中学校四年中退，陸軍士官学校入学
1941年　陸軍士官学校卒業，中国へ派遣
1945年　陸軍大尉で復員
1946年　東京大学文学部史学科（国史専攻）入学
1949年　同　卒業
1954年　千葉大学文理学部講師（非常勤，1968年まで）
その後，東京都立大学人文学部，東京大学教養学部，東京教育大学文学部などで講師（非常勤）を歴任
1967年　一橋大学社会学部助教授
1969年　一橋大学社会学部教授
1970年　一橋大学社会学部長（～1973年）
1986年　一橋大学停年退職
1989年　女子栄養大学教授（～1993年）
一橋大学名誉教授
2003年2月26日没

天皇の軍隊と日中戦争

2006年5月12日第1刷発行
2007年3月2日第4刷発行

定価はカバーに表示してあります

著　者©　藤　原　　彰
発行者　中　川　　進

〒113-0033 東京都文京区本郷 2-11-9

発行所　株式会社　大　月　書　店

印刷　三陽社
製本　関山製本

電話(代表)03-3813-4651　03-3813-4656(FAX) 振替 00130-7-16387
http://www.otsukishoten.co.jp/

ISBN 978-4-272-52076-3　C0021